全国高职高专教育精品规划教材

新编管理学原理与实务

主　编　刘俊贤　　刘　娟

副主编　史秀云　　王　蕊

主　审　迟　到

北京交通大学出版社

·北京·

内 容 简 介

本书围绕高职高专"培养生产、建设、管理服务一线所需要的高等技术应用型人才"的培养目标，本着实用性、适应性、趣味性相结合的原则编写而成。

全书共 11 个章节，分别为管理总论、管理理论的发展过程、计划与决策、组织、人力资源管理、领导、激励、沟通、控制、比较管理、管理的新趋势。

本书可作为高职高专学校、成人高校及本科院校举办的二级职业技术学院和民办高校的管理学基础课教材和参考书，亦可作为开展工商管理培训的教材和参考书，还可供从事管理工作的人员学习参考。

图书在版编目（CIP）数据

新编管理学原理与实务／刘俊贤，刘娟主编. — 北京：北京交通大学出版社，2013.2
（全国高职高专教育精品规划教材）
ISBN 978 – 7 – 5121 – 1396 – 1

Ⅰ. ① 新… Ⅱ. ① 刘… ② 刘… Ⅲ. ① 管理学 – 高等职业教育 – 教材 Ⅳ. ① C93

中国版本图书馆 CIP 数据核字（2013）第 029969 号

责任编辑：薛飞丽
出版发行：北京交通大学出版社 电话：010 – 51686414
　　　　　北京市海淀区高粱桥斜街 44 号 邮编：100044
印 刷 者：北京鑫海金澳胶印有限公司
经 　销：全国新华书店
开 　本：185×260 印张：16.75 字数：409 千字
版 　次：2013 年 2 月第 1 版 2013 年 2 月第 1 次印刷
书 　号：ISBN 978 – 7 – 5121 – 1396 – 1/C·142
印 　数：1～4 000 册 定价：32.00 元

本书如有质量问题，请向北京交通大学出版社质监组反映。对您的意见和批评，我们表示欢迎和感谢。
投诉电话：010 – 51686043，51686008；传真：010 – 62225406；E-mail：press@bjtu.edu.cn。

出 版 说 明

　　高职高专教育是我国高等教育的重要组成部分，其根本任务是培养生产、建设、管理和服务第一线需要的德、智、体、美全面发展的应用型专门人才，所培养的学生在掌握必要的基础理论和专业知识的基础上，应重点掌握从事本专业领域实际工作的基础知识和职业技能，因此与其对应的教材也必须有自己的体系和特点。

　　为了适应我国高职高专教育发展及其对教育改革和教材建设的需要，在教育部的指导下，我们在全国范围内组织并成立了"全国高职高专教育精品规划教材研究与编审委员会"（以下简称"教材研究与编审委员会"）。"教材研究与编审委员会"的成员所在单位皆为教学改革成效较大、办学实力强、办学特色鲜明的高等专科学校、成人高等学校、高等职业学校及高等院校主办的二级职业技术学院，其中一些学校是国家重点建设的示范性职业技术学院。

　　为了保证精品规划教材的出版质量，"教材研究与编审委员会"在全国范围内选聘"全国高职高专教育精品规划教材编审委员会"（以下简称"教材编审委员会"）成员和征集教材，并要求"教材编审委员会"成员和规划教材的编著者必须是从事高职高专教学第一线的优秀教师和专家。此外，"教材编审委员会"还组织各专业的专家、教授对所征集的教材进行评选，对所列选教材进行审定。

　　此次精品规划教材按照教育部制定的"高职高专教育基础课程教学基本要求"而编写。此次规划教材按照突出应用性、针对性和实践性的原则编写，并重组系列课程教材结构，力求反映高职高专课程和教学内容体系改革方向；反映当前教学的新内容，突出基础理论知识的应用和实践技能的培养；在兼顾理论和实践内容的同时，避免"全"而"深"的面面俱到，基础理论以应用为目的，以必要、够用为尺度；尽量体现新知识和新方法，以利于学生综合素质的形成和科学思维方式与创新能力的培养。

　　此外，为了使规划教材更具广泛性、科学性、先进性和代表性，我们真心希望全国从事高职高专教育的院校能够积极参与到"教材研究与编审委员会"中来，推荐有特色、有创新的教材。同时，希望将教学实践的意见和建议及时反馈给我们，以便对出版的教材不断修订、完善，不断提高教材质量，完善教材体系，为社会奉献更多、更新的与高职高专教育配套的高质量教材。

　　此次所有精品规划教材由全国重点大学出版社——北京交通大学出版社出版。适合于各类高等专科学校、成人高等学校、高等职业学校及高等院校主办的二级技术学院使用。

全国高职高专教育精品规划教材研究与编审委员会

2013 年 2 月

总　　序

　　历史的年轮已经跨入了公元 2013 年，我国高等教育的规模已经是世界之最，2010 年毛入学率达到 26.5%，属于高等教育大众化教育阶段。根据教育部 2006 年第 16 号《关于全面提高高等职业教育教学质量的若干意见》等文件精神，高职高专院校要积极构建与生产劳动和社会实践相结合的学习模式，把工学结合作为高等职业教育人才培养模式改革的重要切入点，带动专业调整与建设，引导课程设置、教学内容和教学方法改革。由此，高职高专教学改革进入了一个崭新阶段。

　　新设高职类型的院校是一种新型的专科教育模式，高职高专院校培养的人才应当是应用型、操作型人才，是高级蓝领。新型的教育模式需要我们改变原有的教育模式和教育方法，改变没有相应的专用教材和相应的新型师资力量的现状。

　　为了使高职院校的办学有特色，毕业生有专长，需要建立"以就业为导向"的新型人才培养模式。为了达到这样的目标，我们提出"以就业为导向，要从教材差异化开始"的改革思路，打破高职高专院校使用教材的统一性，根据各高职高专院校专业和生源的差异性，因材施教。从高职高专教学最基本的基础课程，到各个专业的专业课程，着重编写出实用、适用高职高专不同类型人才培养的教材，同时根据院校所在地经济条件的不同和学生兴趣的差异，编写出形式活泼、授课方式灵活、满足社会需求的教材。

　　培养的差异性是高等教育进入大众化教育阶段的客观规律，也是高等教育发展与社会发展相适应的必然结果。只有使在校学生接受差异性的教育，才能充分调动学生浓厚的学习兴趣，才能保证不同层次的学生掌握不同的技能专长，避免毕业生被用人单位打上"批量产品"的标签。只有高等学校的培养有差异性，其毕业生才能有特色，才会在就业市场具有竞争力，从而使高职高专的就业率大幅度提高。

　　北京交通大学出版社出版的这套高职高专教材，是在教育部"十一五规划教材"所倡导的"创新独特"四字方针下产生的。教材本身融入了很多较新的理念，出现了一批独具匠心的教材，其中，扬州环境资源职业技术学院的李德才教授所编写的《分层数学》，教材立意新颖，独具一格，提出以生源的质量决定教授数学课程的层次和级别。还有无锡南洋职业技术学院的杨鑫教授编写的一套《经营学概论》系列教材，将管理学、经济学等不同学科知识融为一体，具有很强的实用性。

　　此套系列教材是由长期工作在第一线、具有丰富教学经验的老师编写的，具有很好的指导作用，达到了我们所提倡的"以就业为导向培养高职高专学生"和因材施教的目标要求。

教育部全国高等学校学生信息咨询与就业指导中心择业指导处处长

中国高等教育学会毕业生就业指导分会秘书长

曹　殊　研究员

前　言

　　管理学是一门迅速发展的学科。1911 年，美国管理学家泰罗出版了划时代的著作《科学管理原理》，该书的问世标志着管理理论的产生。管理理论自诞生之日起就以惊人的速度发展，其参与人数之多、涉及范围之广为其他学科所罕见。

　　近 30 年来，我国经济发展取得了举世瞩目的成就。在经济发展的过程中，科学管理日益为人们所重视。尤其是近年来经济全球化、管理本土化等一系列新问题的出现，使得思考和研究管理学发展的新课题显得更为重要和迫切。在当前的管理环境下，不断探索新的管理学教学方式、编写能够适应社会需要的实用的管理学教材，已成为管理学教学工作者的重要使命。

　　本书围绕高职高专"培养生产、建设、管理服务一线所需要的高等技术应用型人才"的培养目标而编写，包括管理总论，管理理论的发展过程、计划与决策、组织、人力资源管理、领导、激励、沟通、控制、比较管理、管理的新趋势等方面的内容。突出了高职高专教育对学生管理技能培养的特征；注重管理理论和社会实践相结合，特别是突出了实用性与技能养成性；坚持能力、素质、知识相统一的原则，体现出高职高专教育人才专业技能与管理才能的统一。

　　本书特色主要体现在以下几方面。

　　一是在内容安排上，结构完整，理论够用，突出应用。由于高职高专教育的培养目标是应用型人才，并且要在三年时间里完成人才培养任务，因此本教材不追求理论的系统性和完整性，理论教学以"够用"为基本条件，无须盲目加大教材难度。

　　二是对教学内容进行适当的扩展，根据每一章的学习目标，选择有针对性的管理故事、精彩阅读、管理定律、思考与讨论、管理游戏、综合分析供学生研读。这些内容或是介绍事件的背景材料，或是对部分重点知识的补充，或是对某个理论问题的深入探讨，或是对一些管理现象的评述，这些都可以锻炼学生拓展视野，联系实际，学以致用。

　　三是紧扣高职高专管理学教学的培养目标，特别注意处理好理论与能力的关系，重点突出实践性训练，在每一章都有管理游戏的项目，供学生进行实践练习，训练学生用学过的知识点分析和解决管理问题，以提高实际操作能力。

　　四是综合分析案例均由作者经过精挑细选，参考了大量的案例加工而成，使读者通过案例对管理知识有更深层次的理解和掌握，学习起来更加轻松有效。

　　本书由哈尔滨金融学院、黑龙江东方学院、哈尔滨职业技术学院、河北工业大学等院校教师共同合作编写。由刘俊贤、刘娟任主编，史秀云、王蕊任副主编，迟到任主审。具体的编写分工如下：王靖华、付宪杰撰写第一章，史秀云撰写第二章，史秀云、王兰君撰写第十章，王蕊撰写第三章，王蕊、王兰君撰写第八章，刘娟撰写第四章、第五章、第六章，刘俊贤撰写第七章、第九章、第十一章。

　　在编写过程中，我们参阅了许多管理学教材，吸收、借鉴与引用了大量国内外学者的理论成果，引用了有关资料、案例等，在此一并表示诚挚的谢意！

本书提供课件、讲义、案例分析答案等配套教学资源。

由于我们的能力和水平有限，特别是高职高专教育改革的不断深入，本书存在一些不足之处与缺憾在所难免，恳请读者批评指正，以便我们再版时给予更正。

编　者

2012 年 12 月

目　录

第一章

管理总论

1. 掌握管理的含义和重要性；
2. 理解管理的两重性；
3. 掌握管理学的特点；
4. 理解管理的基本职能；
5. 掌握管理者的分类；
6. 掌握管理者应具备的技能；
7. 正确理解管理的环境。

管理故事

　　一个犹太人走进纽约的一家银行，来到贷款部，大模大样地坐下来。

　　"请问先生有什么事情吗？"贷款部经理一边问，一边打量着来人的穿着：豪华的西服、高级皮鞋、昂贵的手表，还有镶宝石的领带夹子。

　　"我想借些钱。"

　　"好啊，你要借多少？"

　　"1美元。"

　　"只需要1美元？"

　　"不错，只借1美元。可以吗？"

　　"当然可以，只要有担保，再多点也无妨。"

　　"好吧，这些担保可以吗？"

　　犹太人说着，从豪华的皮包里取出一堆股票、国债等，放在经理的写字台上。

　　"总共50万美元，够了吧？"

　　"当然，当然！不过，你真的只要借1美元吗？"

　　"是的。"说着，犹太人接过了1美元。

　　"年息为6%。只要您付出6%的利息，一年后归还，我们可以把这些股票还给你。"

　　"谢谢。"

　　犹太人说完，就准备离开银行。

　　一直在旁边冷眼观看的分行长，怎么也弄不明白，拥有50万美元的人，怎么会来银行借 1 美元？他慌慌张张地追上前去，对犹太人说："啊，这位先生……"

"有什么事情吗？"

"我实在弄不清楚，你拥有 50 万美元，为什么只借 1 美元？要是你想借三四十万美元的话，我们也会很乐意的……"

"请不必为我操心。只是我来贵行之前，问过了几家银行，他们保险箱的租金都很昂贵。所以嘛，我就准备在贵行寄存这些股票。租金实在太便宜了，一年只需要花 6 美分。"

点评：贵重物品的寄存按常理应放在金库的保险箱里，对许多人来说，这是唯一的选择。但犹太商人没有困于常理，而是另辟蹊径，找到让证券等锁进银行保险箱的办法，从可靠、保险的角度来看，二者确实没有多大区别，除了收费不同。

通常情况下，人们是为了借款而抵押，总是希望以尽可能少的抵押争取尽可能多的借款。而银行为了保证贷款的安全或有利，从不肯让借款额接近抵押物的实际价值，所以，一般只有关于借款额上限的规定，其下限根本不用规定，因为这是借款者自己就会管好的问题。

有效管理，使这位犹太商人以尽可能少的投入达到了目标！

（资料来源：http://zhidao.baidu.com/question/5352072.html）

第一节 管 理

一、管理的含义

什么是管理？这是每个初学管理的人首先遇到的问题。众所周知，管理有许多特殊的领域，如行政管理、经济管理、企业管理，以及各种行业、部门和过程的管理。这些领域都有专门的学科进行研究，但是稍加分析就可以发现，这些专门的学科有许多共性的内容，如人、财、物的组织与计划问题，对人进行领导和激励的问题等。一般地说，这些专门的学科都有管理这一含义。本书所要研究的正是这种一般意义的管理。遗憾的是，直到目前为止，管理一词还没有一个统一的为大多数人所接受的定义。

强调工作任务的人认为："管理就是由一个或多个人来协调其他人的活动，以便收到个人单独活动所不能收到的效果。"这种定义的出发点为：在社会中人们之所以形成各式各样的组织和集团，这是由于集体劳动所能取得的效果是个人劳动无法取得的，或者仅能在很小的规模上很长的时间内取得。美国的阿波罗登月计划曾经聚集了几万名科学家、几千家企业为其研究、设计和制造。这样巨大的项目所需要的知识是任何人都无法全面掌握的，更谈不上具体地实现这项计划。即使像建造住房这种相对来说比较简单的工作，单凭个人去做也仅能局限在一个很小的规模上，而且要花费相当长的时间才有可能完成。总之，组织活动扩大了人类的能力范围。然而，要真正收到这种集体劳动的效果，必须有个先决条件，即集体成员的活动必须协调一致。类似于物理学中布朗运动的活动方式，是无法收到这种效果的。为此，就需要一种专门的活动，这种活动就是管理。

　　强调管理者个人领导艺术的人认为："管理就是领导。"该定义的出发点为：任何组织都有一定的结构，而在结构的各个关键点上是不同的职位，占据这些职位的是一些具有特殊才能或品质的人，这些人被称之为领导者。组织中的一切有目的的活动都是在不同层次的领导者的领导之下进行的，组织活动是否有效，取决于这些领导者个人领导活动的有效性。所以，他们认为管理就是领导。

　　强调决策作用的人认为："管理就是决策。"狭义地说，决策就是作出决定的意思。广义地说，决策是一个过程，它包括收集各种必要的资料，提出两个或两个以上备选方案，对备选方案进行分析评价，找出最佳方案，以及跟踪检查。该定义的提出者强调：决策贯穿于管理的全过程和所有方面；组织是由一些决策者所构成的系统；任何工作都必须经过这一系列的决策才能完成。如果决策错误，执行得越好，所造成的危害就越大。因此，任何一项组织工作的成败归根结底取决于决策的好坏。所以，他们认为管理就是决策。

　　管理一词还有许多定义，这些定义都是从不同的角度提出来的，也仅仅反映了管理性质的某个侧面。为了对管理进行比较广泛的研究，而不局限于某个侧面，本书采用下面的定义：管理是通过计划、组织、控制、激励和领导等环节来协调人力、物力和财力资源，以期更好地达成组织目标的过程。

二、管理的二重性

　　马克思在分析资本主义管理的性质和职能时指出，凡是直接生产过程具有结合过程的形态，而不表现为独立生产者的孤立劳动的地方，都必然会产生监督劳动和指挥劳动。不过它具有二重性。马克思论述的管理的二重性的主要内容如下。

　　(1) 任何社会的管理都具有二重性，即管理的自然属性和管理的社会属性。

　　(2) 管理的二重性表现为合理组织生产力和维护生产关系两种管理职能。

　　(3)"指挥劳动"是同生产力直接相联系的，是由共同劳动的社会化性质产生的，是进行社会化大生产的一般要求和组织劳动协作过程的必要条件，它体现了管理的自然属性。

　　(4)"监督劳动"是同生产关系直接相联系的，是由共同劳动所采取的社会结合方式的性质产生的，是维护社会生产关系和实现社会生产目的的重要手段，它体现了管理的社会属性。

(一) 自然属性

　　管理的自然属性是由共同劳动的社会化性质决定的、与生产力相联系的、不以人的意志为转移也不因社会制度不同而改变的一种客观存在的性质。正如马克思在百余年前的论证：一切规模较大的直接社会劳动或共同劳动，都或多或少地需要指挥，以协调个人的活动，并执行生产总体的运动（不同于这一总体的独立器官的运动）所产生的各种一般职能。一个单独的提琴手是自己指挥自己，一个乐队就需要一个乐队指挥。

　　人类的任何活动都需要管理，这是由人类的共同劳动的社会化性质决定的。管理是人类社会活动的客观需要，如果没有管理，社会的生产、交换、分配活动都不可能正常进行，社会劳动过程就会发生混乱。管理也是生产力，任何社会、任何企业，其生产力水平的高低取决于各种经济资源是否得到有效利用以及社会劳动者的积极性是否得到充分发挥，而这两者都依赖于管理。对具有同样资源和劳动力的社会和企业，之所以表现出不同的生产力水平和经营效果，原因主要在于管理水平不同。因此，管理是生产力。

由于管理贯穿于各种社会活动中，从这点上讲体现的是管理的一般职能，但是这些一般职能是需要通过管理的基本职能表现的。

（二）社会属性

管理的社会属性是由共同劳动所采取的社会结合方式的性质决定的，是同生产关系直接相联系的，是由维护社会生产关系和实现社会生产这一目的决定的一种性质。管理的社会属性实际上体现的就是"为谁管理"的问题。在漫长的人类历史中，管理历来是为统治者实现社会生产目的服务的，因此，管理就必然是维护生产关系的。

马克思曾对资本主义社会作过深刻的论述：资本家的管理不仅是一种社会劳动过程的性质产生并属于社会劳动过程的特殊职能，它同时也是剥削社会劳动过程的职能，因而也是由剥削者和他所剥削的原料之间不可避免的对抗决定的。

随着社会经济的发展，在资本主义社会，管理的社会属性已经不能简单地体现为资本家剥削工人的工具。因为管理者在行使管理职能时，既要满足资本家及所有股东对股息和红利的要求，又要满足职工物质和精神的需要；既要保证扩展企业实力的需要，又要考虑到广大消费者的利益；既要追求企业的最大利润，又要处理好企业与政府的关系。但是，从本质上讲，管理仍没有改变剥削性，只是披上了一层公平和民主的面纱，从形式上看更巧妙了。

在社会主义社会中，管理的社会属性体现为任何组织和个人在行使管理职能时，都要从全社会的整体利益出发，自觉地让局部利益服从全局利益，让个人利益服从集体利益。我国随着经济体制改革的深入，公有制的形式正在向多样化方向发展，但是，管理的社会属性并没有发生根本改变。管理是为人民服务的，管理的目的就是为了使人与人之间的关系，国家、集体和个人之间的关系更加协调。任何管理者都应当成为人民的公仆，人民应当真正成为社会组织的主人。

管理二重性的理论是指导人们认识和掌握管理特点和规律，实现管理目标的有力武器。只有认识和掌握管理二重性的原理，才能分清不同社会制度下管理的共性和个性，正确处理学习与创新的关系。

三、管理的重要性

在现实社会中，人们都是生活在各种不同组织之中的，如工厂、学校、医院、军队、公司等，人们依赖组织，组织是人类存在和活动的基本形式。没有组织，仅凭人们个体的力量，无法征服自然，也不可能有所成就；没有组织，也就没有人类社会今天的发展与繁荣。组织是人类征服自然的力量的源泉，是人类获得一切成就的主要因素。然而，仅仅有了组织也还是不够的，因为人类社会中存在组织就必然有人群的活动，有人群的活动就有管理，有了管理，组织才能进行正常有效的活动。简而言之，管理是保证组织有效地运行所必不可少的条件。组织的作用依赖于管理，管理是组织中协调各部分的活动，并使之与环境相适应的主要力量。所有的管理活动都是在组织中进行的，有组织，就有管理，即使一个小的家庭也需要管理；从另一个方面来说，有了管理，组织才能进行正常的活动，组织与管理都是现实世界普遍存在的现象。

不过，当组织规模还比较小时，管理对组织的影响还不大，组织中的管理活动还比较简单，并未形成独立的管理职能，因而也就显现不出管理的重要性。例如，对于小生产企业来说，也可以凭借经验，维持自身的发展。但随着人类的进步和组织的发展，管理所起的作用越来越大。概括起来说，管理的重要性主要表现在以下两个方面。

（一）管理使组织发挥正常功能

管理，是一切组织正常发挥作用的前提，任何一个有组织的集体活动，不论其性质如何，都只有在管理者对它加以管理的条件下，才能按照所要求的方向进行。

组织是由组织的要素组成的，组织的要素互相作用产生组织的整体功能。然而，仅仅有组织要素还是不够的，这是因为各自独立的组织要素不会完成组织的目标，只有通过管理，使之有机地结合在一起，组织才能正常地运行与活动。组织要素的作用依赖于管理。管理在组织中协调各部分的活动，并使组织与环境相适应。例如，在乐队里，一个不准确的音调会破坏整个乐队的和谐，影响整个演奏的效果。同样，在一个组织中，没有管理，就无法彼此协作地进行工作，就无法达到既定的目的，甚至连这个组织的存在都是不可能的。集体活动发挥作用的效果大多取决于组织的管理水平。

组织对管理的要求和对管理的依赖性与组织的规模是密切相关的，共同劳动的规模越大，劳动分工和协作越精细、复杂，管理工作也就越重要。一般地说，在手工业企业里，要进行共同劳动，有一定的分工协作，管理就成为进行生产所不可缺少的条件。但是，如果手工业企业的生产规模较小，生产技术和劳动分工也比较简单，管理工作也比较简单。现代化大工业生产，不仅生产技术复杂，而且分工协作严密，专业化水平和社会化程度都高，社会联系更加广泛，需要的管理水平就更高。

工业如此，农业亦如此。一个规模大、部门多，分工复杂，物质技术装备先进，社会化、专业化、商品化水平高的农场，较之规模小、部门单一、分工简单、以手工畜力劳动为主、自给或半自给的农业生产单位，就要求有高水平、高效率的管理。

总而言之，生产社会化程度越高，劳动分工和协作越细，就越要有严密的科学的管理。组织系统越庞大，管理问题也就越复杂，庞大的现代化生产系统要求有相当高的管理水平，否则就无法正常运转。

（二）管理的作用还表现在实现组织目标上

组织是有目标的，组织只有通过管理，才能有效地实现组织的目标。

在现实生活中，常常可以看到这种情况：有的亏损企业仅仅由于换了一个精明强干、善于管理的厂长，很快扭亏为盈；有些企业尽管拥有较为先进的设备和技术，却没有发挥出其应有的作用；而有些企业尽管物质技术条件较差，却能够凭借科学的管理，充分发挥其潜力，反而能更胜一筹，从而在激烈的社会竞争中取得优势。

通过有效的管理，可以放大组织系统的整体功能。因为有效的管理，会使组织系统的整体功能大于组织因素各自功能的简单相加之和，起到放大组织系统的整体功能的作用。在相同的物质条件和技术条件下，由于管理水平的不同而产生的效益、效率或速度的差别，就是管理所产生的作用。

在组织活动中，需要考虑到多种要素，如人员、物资、资金、环境等，它们都是组织活动不可缺少的要素，每一要素能否发挥其潜能，发挥到什么程度，都对管理活动产生不同的影响。有效的管理，正在于寻求各组织要素、各环节、各项管理措施、各项政策以及各种手段的最佳组合。通过这种合理组合，就会产生一种新的效能，可以充分发挥这些要素的最大潜能，使之人尽其才，物尽其用。例如，对于人员来说，每个人都具有一定的能力，但是却有很大的弹性，如能积极开发人力资源，采取有效管理措施，使每个人的聪明才智得到充分发挥，就会产生一种巨大的力量，从而有助于实现组织的目标。

四、管理的职能

管理作为一个工作过程，管理者在其中要发挥的作用，就是管理者的职能，也即通常所说的管理职能。这里职能一词的意思是"活动"、"行为"，因此，一项职能就表示一类活动，而管理的基本职能就是管理工作包括的几类基本活动内容，具体如下。

（一）计划

计划是对未来活动如何进行的预先筹划。人们从事一项活动之前，首先要制订计划，这是进行管理的前提。计划工作主要包括以下内容。

1. 研究活动条件

组织的业务活动是利用一定条件在一定环境中进行的。活动条件研究包括内部能力研究和外部环境研究。内部能力研究主要是分析组织内部在客观上对各种资源的拥有状况和主观上对这些资源的利用能力；外部环境研究是要分析组织活动的环境特征及其变化趋势，了解环境是如何从昨天演变到今天，以找出环境的变化规律，并据以预测环境在明天可能呈现的状态。

2. 制定业务决策

活动条件研究为业务决策提供了依据。所谓业务决策，是指在活动条件研究的基础上，根据这种研究所揭示的环境变化中可能提供的机会或造成的威胁，以及组织在资源拥有和利用上的优势和劣势，确定组织在未来某个时期内的活动方向和目标。

3. 编制行动计划

确定了未来的活动方向和目标以后，还要详细分析为了实现这个目标，需要采取哪些具体的行动，这些行动对组织的各个部门和环节在未来各个时期的工作提出了哪些具体的要求。因此，编制行动计划的工作，实质上是将决策目标在时间上和空间上分解到组织的各个部门和环节，对每个单位、每个成员的工作提出具体要求。

（二）组织

计划要能够实现，还必须落实到组织的每个环节和岗位，这是组织工作的任务。为了保证计划活动的有效实施，管理的组织职能要完成下述工作。

1. 设计组织

设计组织包括设计组织机构和结构。设计组织机构是指在分解目标活动的基础上，分析为了实现组织目标需要设置哪些岗位和职务，然后根据一定的标准将这些岗位和职务加以组合，形成不同的部门；设计组织结构是指根据组织业务活动及其环境的特点，规定不同部门在活动过程中的相互关系。

2. 人员配备

人员配备是指根据各岗位所从事的活动要求以及组织员工的素质和技能特征，将适当的人员安置在组织机构的适当岗位上，使适当的工作由适当的人去从事。

3. 开动组织

开动组织是指向配备在各岗位上的人员发布工作指令，并提供必要的物质和信息条件，以开动并维持组织的运转。

4. 监视组织运行

监视组织运行是指根据业务活动及其环境特点的变化，研究与实施组织机构与结构的调整与变革。

（三）领导

为了有效地实现业务活动的目标，不仅要设计合理的组织，把每个成员安排在适当的岗位上，还要努力促使每个成员以高昂的士气、饱满的热情投身到组织活动中去。这便是领导工作的任务。所谓领导，是指利用组织赋予的权力和自身的能力去指挥和影响下属为实现组织目标而努力工作的管理活动过程。有效的领导要求管理人员在合理的制度（领导体制）环境中，利用优秀的素质，采用适当的方式，针对组织成员的需要及行为特点，采取一系列措施去提高和维持组织成员的工作积极性。

（四）控制

控制是为了保证组织按预定要求运作而进行的一系列工作，包括根据计划标准，检查和监督各部门、各环节的工作，判断工作结果与计划要求间是否存在偏差；如果存在偏差，则要分析偏差产生的原因以及偏差产生后对业务活动的影响程度；在此基础上，如果有必要，还要针对原因，制定并实施纠正偏差的措施，以确保计划活动的顺利进行和计划目标的有效实现。

控制不仅是对某时点以前的组织活动情况的检查和总结，而且可能要求某时点以后对组织的业务活动进行局部甚至全局的调整。因此，控制在整个管理活动中起着承上启下的连接作用。

以上简明地介绍了管理的基本职能。从这些职能在时间方面的逻辑关系来看，它们通常按照一定的先后顺序发生，即先计划，继而组织，然后领导，最后控制。但从不断持续进行的实际管理过程来看，在进行控制工作的同时，往往又需要编制新的计划或对原计划进行修改，并开始进行新一轮的管理活动。这意味着管理过程是一个各职能活动周而复始的循环过程，而且由于管理工作过程的复杂性，实际的管理职能并不一定会按某种固定的模式顺序进行。

关于管理职能问题，还需补充说明以下几点。

（1）不同业务领域在管理职能内容上有所差别。虽然管理工作和作业工作是两类性质不同的工作，但管理工作通常需要紧密地联系作业工作去做。由于不同组织、不同部门的具体业务领域各不相同，其管理工作也就表现出各自不同的特点。例如，同为计划工作，营销部门做的是产品定价、推销方式、销售渠道等的计划安排，人事部门做的是人员招募、培训、晋升等的计划安排，财务部门做的则是筹资规划和收支预算，它们各自在目标和实现途径上表现出很不相同的特点。当然，在不同的组织层次上，管理工作与作业工作联系的密切程度是不一样的。一般说来，低层次的管理工作与作业工作联系得较为紧密，而高层次的管理工作与作业工作的联系就相对少些。

（2）对管理职能的认识不断深化。对计划、组织、领导和控制四个基本职能，早在20世纪初管理界就已有认识。时至今日，这种认识也未发生根本性的变化，只是随着管理理论研究的深化和客观环境对管理工作要求的变化，人们对管理职能有了进一步的认识。这表现在，一方面人们对于上述各项基本职能所涵盖的内容和所使用的方法已经加深了理解；另一方面人们在此基础上又提出了一些新的管理职能，或者更准确地说，是对原有四个职能的某些方面进行强调，从中分离出新的职能，其中特别值得一提的是决策和创新这两个职能。

决策职能从20世纪50年代开始受到人们的重视。"管理就是决策"，决策贯穿于管理过程的始终。因为无论计划、组织、领导还是控制，其工作过程说到底都是由决策的制定和决策的执行两大部分活动所组成的。决策渗透于管理的所有职能中，所以管理者在某种程度上也被称作决策者。

管理界对于创新职能的重视始于20世纪60年代。因为当时市场正面临着急剧的变化，竞争在日益加剧，许多企业感到不进行创新就难以生存下去，所以有不少管理学者主张将创新看成是管理的一项新职能。所谓创新，顾名思义，就是使组织的作业工作和管理工作都不断地有所革新、有所变化。创新与使组织按照既定方向及轨迹持续运行——谓之"维持"——常常是有矛盾的。有效的管理工作，就是要在适度的维持与适度的创新之间取得平衡。

五、管理的环境

组织作为一个与外界保持密切联系的开放系统，需要与外界环境不断地进行各种资源和信息的交换，其运行和发展不可避免地受到种种环境力量的影响。管理者的行为受现实环境的严格制约，环境是任何管理者在任何时刻都必须面对的事实。

管理环境分为外部环境和内部环境，外部环境一般有政治环境、社会文化环境、经济环境、技术环境和自然环境。内部环境有人力资源环境、物力资源环境、财力资源环境及内部文化环境。

（一）环境的概念

斯蒂芬·P. 罗宾斯将环境定义为"对组织绩效起着潜在影响的外部机构或力量"。环境是组织生存发展的物质条件的综合体，它存在于组织界限之外，并可能对管理当局的行为产生直接或间接影响。

（二）外部环境

外部环境是组织之外的客观存在的各种影响因素的总和。它是不以组织的意志为转移的，是组织的管理必须面对的重要影响因素。

对非政府组织来说，政治环境包括一个国家的政治制度，社会制度，执政党的性质，政府的方针、政策、法规法令等。文化环境包括一个国家或地区的居民文化水平、宗教信仰、风俗习惯、道德观念、价值观念等。经济环境是影响组织，特别是企业的重要环境因素，它包括宏观和微观两个方面。宏观经济环境主要指一个国家的人口数量及其增长趋势、国民收入、国民生产总值等。通过这些指标能够反映国民经济发展水平和发展速度。微观经济环境主要指消费者的收入水平、消费偏好、储蓄情况、就业程度等。科技环境反映了组织物质条件的科技水平。科技环境除了直接相关的技术手段外，还包括国家对科技开发的投资和支持重点、技术发展动态和研究开发费用、技术转移和技术商品化速度、专利及其保护情况等。自然环境包括地理位置、气候条件及资源状况。地理位置是制约组织活动的一个重要因素。

对于不同的组织有一般的共同环境，同时也要在一定的特殊领域内活动。一般环境对不同类型的组织均产生某种程度的影响，而与具体领域有关的特殊环境则直接、具体地影响着组织的活动。如企业需要面对的特殊环境包括现有竞争对手、潜在竞争对手、替代品生产情况及用户和供应商的情况。外部环境与管理相互作用，一定条件下甚至对管理有决定性作用。外部环境制约管理活动的方向和内容。无论什么样的管理目的，管理活动都必须从客观实际出发，脱离现实环境的管理是不可能成功的。"靠山吃山，靠水吃水"一定程度上反映了外部环境对管理活动的决定作用。同时外部环境影响管理的决策和方法。当然，管理对外部环境具有能动的反作用。

（三）内部环境

内部环境是指组织内部的各种影响因素的总和。它是随组织产生而产生的，在一定条件下内部环境是可以控制和调节的。人力资源对于任何组织都始终是最关键和最重要的因素。人力资源的划分根据不同组织、不同标准有不同的类型。例如，企业人力资源根据他们所从事的工作性质的不同，可分为生产工人、技术工人和管理人员 3 类。物力资源是指内部物质环境的构成内容，即在组织活动过程中需要运用的物质条件的拥有数量和利用程度。财力资源是指组织的资金拥有情况、构成情况、筹措渠道、利用情况等。它是一种能够获取和改善组织其他资源的资源，是反映组织活动条件的一项综合因素。财力资源的状况决定了组织业务的拓展和组织活动的进行等。文化环境是指组织的文化体系，包括组织的精神信仰、生存理念、规章制度、道德要求、行为规范等。

内部环境随着组织的诞生而产生，对组织的管理活动产生影响。内部环境决定了管理活动的可选择的方式方法，而且在很大程度上影响到组织管理的成功与失败。

（四）环境的不确定性

环境是不断变化的，而且大多数变化不可预测，因此环境具有一定的不确定性。根据环境不确定性的程度，可以把环境分为动态环境和稳态环境。动态环境是指组织环境要素大幅度改变的环境；反之，则称为稳态环境。在稳态环境中，组织所处的环境较为简单，确定性较强，管理当局易于在稳态环境中作决策。任何一个组织都希望自己处于一个较为稳定的环境之中。从某种程度上讲，这也有利于组织发展。但组织并不总是处于稳态环境中，组织经常面临环境的变化，如突然出现的竞争者，竞争对手新的技术突破，竞争对手出人意料的经营决策等。

环境的不确定性可以从两个角度来衡量。一是环境的复杂性。复杂性程度可用组织环境中的要素数量和种类来表示。在一个复杂性环境中，有多个外部因素对组织产生影响。通常外部因素越少，环境复杂性越低，不确定性越小。一般而言，一个组织要与之打交道的顾客、供应商、竞争者及政府机构越少，组织环境的不确定性就越小。二是环境的多变性，即组织环境中的变动是稳定的还是不稳定的。它不仅取决于环境中各构成因素是否发生变化，而且还与这种变化的可预见性有关。可预测的快速变化还是管理者必须应付的不确定性。当谈到环境多变性时，通常是指不可预见的变化。例如，啤酒酿造公司一般在第二季度和第三季度要创造一年中 3/5～4/5 的营业额，第四季度营业额便急剧下降。对于这种可预见的消费需求变化并不会使啤酒酿造公司的环境具有不确定性。环境的不确定性威胁着一个组织的成败，因此管理者应尽力将这种不确定性减至最低程度。

精彩阅读

世界著名企业缘何长盛不衰

在市场竞争中，品牌的地位和作用越来越突出，名牌已成为当今企业经营者与消费者共同的追求。然而，面对同样的市场，一些企业的品牌知名度迅速提升，声誉日见提高；而大多数企业却"名落孙山"，少有起色。研究世界品牌的成功之路不难看出，无可匹敌的质量优势，用户至上的服务宗旨，勇敢面对机遇和挑战的胆略，灵活多变的经营战略，重视技术人才，运用科技成果创名牌以及善于经营无形资产等，正是世界著名企业长盛不衰的奥秘所在。

一、沃尔玛成功三大高招

1. 发展连锁经营

20 世纪 50 年代，沃尔玛从"5～10 美分"的廉价商店起步，到今天，已逐渐成为包括折扣商店、购物广场、山姆会员店、家居商店等四种形式为主的一种直营连锁方式。沃尔玛的成功经验告诉人们，这种方式能够有利于企业直接挂钩，减少中间环节，从而降低成本。同时对供应商直接配送产品，加强质量的监督与管理，使假冒伪劣产品无可乘之机。

2. 推进现代物流配送

运用高新技术，沃尔玛专门建立了世界上第一流的计算机管理系统、卫星定位系统和电视调度系统先进技术。全球 4 000 多个店铺的销售、订货、库存情况，可以随时调出查阅。公司还和休斯公司合作，发射了专用卫星，用于全球店铺的信息传送与运输车辆的定位及联络。公司的 5 500 辆运输卡车，也都全部装上了卫星定位系统。

3. 重视企业的文化发展

沃尔玛公司创始人山姆·沃顿，早在创业之初就为公司制定了三条座右铭："顾客是上帝"、"尊重每一位员工"、"每天追求卓越"。时至今日，沃尔玛公司依然重视对员工的精神鼓励，在总部和各个商店的橱窗中，都悬挂着先进员工的照片。公司还对特别优秀的管理人员，授予"山姆·沃尔顿企业家"的称号。同时，将员工的收入与销售业绩相挂钩，有效地调动了各个层次的员工的积极性。沃尔玛的创始人山姆·沃尔顿有句名言："请对顾客露出你的 8 颗牙。"他还教导员工："当顾客走到距离你 10 英尺的范围时，你要温和地看着顾客的眼睛，鼓励他向你求助。"这就是"10 英尺态度"。

二、雀巢重视科研创名牌

世界著名公司之所以长盛不衰，原因固然很多，但重视科技人才，运用高科技成果不断研制、改进、推出新产品，则是他们共同具有的一大特征。瑞士是盛产名牌产品的国家，各企业为广揽科技人才，增强自身科研实力，纷纷跳出本国人才资源的圈子，广揽各国精华。瑞士为保证本国人员能优先就业，对企业招聘外国人实行了种种限制，但对科研人员却开放绿灯。企业可以不必考虑科研人才的国籍以及他们是否在瑞士定居等，只要他们有能力就可以聘用，如有必要还为其办理定居手续。有些企业则干脆到美国、德国、法国等科技人才云集的国家兴建实验室，在当地招聘专业科技人才，从事科研活动。瑞士著名的雀巢公司已在美国、英国、法国、德国、瑞典、马来西亚及新加坡等 11 个国家建立了 22 个技术开发中心，每个开发中心均专注于适应本地区消费特点的食品开发研究。如德国的技术中心主要开发肉类食品；英国的技术中心主要开发奶类食品；低温、冷冻食品的技术开发中心设在瑞典；面类食品技术开发中心设在意大利；而大豆系列食品的技术开发中心则设在新加坡。雀巢公司用于开发的经费每年竟高达 4.9 个亿瑞士法郎。当然巨额投资换来的则是雀巢公司每年高达 5 454 亿瑞士法郎的销售额。

三、宝洁公司入乡随俗有的放矢

抢占中国市场，有的放矢创新，不断培育出中国市场知名品牌，这就是美国宝洁公司的中国市场创牌的成功之道。对于美国宝洁公司，中国大多数消费者并不全然知晓。然而她的“中国孩子”却无不深入千家万户。在日用消费品行业，飘柔、潘婷、海飞丝、舒肤佳、汰渍、玉兰油等具有中国美丽名字的品牌产品都是宝洁公司的产品。美国宝洁公司 10 多年前扎根于中国南方后，就不断孕育出“中国娃”。宝洁公司的众多品牌，10 多年来一直引导着中国日用消费品市场，品牌知名度极高。宝洁品牌在中国的成功，主要得力于它依据中国特点创新。

宝洁公司公共事务部经理说，宝洁在市场研究方面始终处于领先地位。对消费者需求的研究，宝洁创造了很多市场调研技术，不仅满足了全球消费者的共同需要，还尽力满足具体市场的独特需求。10 多年来，宝洁公司向中国市场推出七大类 17 个品牌的产品，其中国名字都是广泛调研后产生的，也有不少是中国消费者参与的结果。仅从 1996 年以来，宝洁公司广州总部就收到了消费者来信 3 万多封，对产品、包装、广告等提出了许多建议，为宝洁公司在中国市场创新创牌提供了重要信息。与此同时，宝洁公司还根据中国人的消费层次和消费习惯，先后推出了不同档次、不同功能的产品，把技术创新与质量过硬放到突出位置。宝洁公司每年用于创新开发的资金达 50 亿美元，年均申请专利两万件，可见“宝洁”品牌的成功在于根据不同市场特点进行创新的不断追求。

（资料来源：市场报，2001 - 12 - 25）

第二节　管　理　者

一、管理者的定义

美国管理学大师德鲁克对“管理人员”的定义为：在一个现代的组织里，每一个知识工作者如果能够由于他们的职位和知识，对组织负有贡献的责任，因而能够实质性地影响该组织经营及达成成果的能力者，即为管理人员。这一定义，强调作为管理人员首要的标志是必须对组织的目标负有贡献的责任，而不是权力；只要共同承担职能责任，对组织的成果有贡献，他就是管理人员，而不在于他是否有下属人员。依据这一分析，管理人员的定义应为：管理人员是指履行管理职能，对实现组织目标负有贡献责任的人。

二、管理者的类型

管理人员的类型，可以从一个组织的纵面和横面进行分类。

（一）纵面分类

从纵面，即按管理层次划分，大多数人把管理人员分为高级、中级和第一线（又称基层或作业线）管理人员。

（1）高级管理人员。是指一个组织中最高领导层的组成人员，他们在一个组织内的管理人员中占的数量很小，主要包括企业组织中的董事会董事、总裁、总经理和副总经理以及其他高级职员等。高级管理人员负责制定组织目标、总战略，掌握方针政策和评价整个组织的业绩。他们在对外交往中，往往以代表组织的"官方"身份出现。

（2）中级管理人员。这一层管理人员的数量较多，包括分厂、分公司的厂长、经理，总公司下属分部经理等。他们的主要职责是执行高级管理层作出的计划和决策，把高层制定的战略目标付诸实现。他们负责向高级管理层直接报告工作，同时负责监督和协调第一线管理人员的工作。与高级管理层相比，他们更注意组织日常的管理事务。最新的调查研究报告表明，如果中级管理人员被授权的话，组织内生产和改革的步伐会进行得更快。

（3）第一线管理人员。主要包括车间主任、工长、基层单位主管人、监督人和办公室负责人等。他们的主要职责是给下属人员分派具体工作任务，监督下属人员的工作情况、协调下属人员的活动，使大家都能完成既定的目标。他们直接向中级管理人员报告工作。

（二）横面分类

从横面，即按管理工作的性质与领域划分，一般有以下类型的管理人员。

（1）市场管理人员。他们的基本工作都与市场有关——市场调查分析、产品促销、市场推广、广告宣传、顾客服务、营销策划、网络销售等。市场经济条件下市场对企业的重要性决定了市场管理人员的重要作用。

（2）财务管理人员。他们基本上都与组织的金融资源打交道。具体来说，财务管理的主要职责包括资金的筹措、预算、核算、投资和财务监控等。

（3）生产管理人员。他们主要的工作包括建立能为组织制造产品和提供服务的系统，负责制订计划和控制组织日常的生产活动、生产规划、质量控制、工厂及设备的选择和布局等。现在，越来越多的人都更为注意改进生产工艺、提高产品质量、保护及充分利用有限的资源等问题，这就使生产管理人员在企业组织中的地位变得越来越重要。

（4）人事管理人员。人事管理人员的主要职责是从事对人力资源的管理。具体地说，人事部门是从事人力资源的计划、招聘和选择组织所需要的合格人才，并对这些人才进行有效的培训和合理的使用，建立合理而有效的业绩评估、晋升、奖励和惩罚以及报酬制度等。在市场经济条件下，企业之间的竞争本质上是人才的竞争。随着国内外对人才竞争态势的日趋加剧，人事部门的工作将会变得越来越繁多和重要。

（5）行政管理人员。对一个组织来说，行政管理人员也是极为重要的。比起从事某一专业方面的管理人员来说，他们从事的工作更加综合化，管理实践的面更广，因此，他们更富有各个方面的管理经验，对管理职能也更加熟悉。

（6）其他方面的管理人员。除了上述的各种管理人员外，在国内外的企事业单位还有其他专职的管理人员。例如，公共关系管理人员，主要负责处理公共关系方面的事务；研究与开发方面的管理人员，专门负责协调科技人员和工程师，以便进行科技项目和新产品的开发。

三、管理者应具备的技能

一个管理人员要想把计划、组织、领导、控制和创新这些管理职能付诸实践，要想在变化万千的复杂环境中进行有效管理，实现组织目标，获得成功，就必须使自己具备必要的管理技能。这些管理技能主要包括以下 3 个方面。

（一）技术技能

技术技能是指管理人员掌握与运用某一专业领域内的知识、技术和方法的能力。技术技能包括专业知识、经验；技术、技巧；程序、方法、操作与工具运用熟练程度等。这些是管理人员对相应专业领域进行有效管理所必须具备的技能。

特别是第一线管理人员，技术技能尤为重要。第一线管理人员大部分时间都是从事训练下属人员或回答下属人员有关具体工作方面的问题，因此，他们必须知道如何去做自己下属人员所做的各种工作。只有这样，才能成为下属所尊重的有效的管理人员。例如，工厂的生产车间主任，就必须懂得有关机器设备操作方面的知识，而且还要负责给下属人员做示范，教会他们，在组织车间工人的生产和各种活动中，还要有正确的工作方法。

（二）人际关系技能

一个管理者的大部分时间和活动都是与人打交道的：对外要与有关的组织和人员进行联系、接触；对内要联系下属，了解下属，协调下属，还要善于激励诱导下属人员的积极性（即做人的工作）。所有这些都要求管理人员必须具备人际关系方面的技能。许多实践证明，人际关系技能是管理者必须具备的技能中最重要的一种技能。这种技能对各层次的管理人员都具有同等重要的意义。

（三）概念技能

概念技能是指一个管理者进行抽象的思考、形成概念的能力。作为一个管理者需要快速敏捷地从混乱而复杂的环境中辨清各种因素的相互联系，能抓住问题的实质，并根据形势和问题果断地作出正确的决策。概念技能包括对复杂环境和管理问题的观察、分析能力；对全局性的、战略性的、长远性的重大问题处理与决断的能力；对突发性紧急处境的应变能力等。其核心是一种观察力和思维力。这种能力对于组织的战略决策和发展具有极为重要的意义，是组织高层管理者所必须具备的，也是最为重要的一种技能。

上述 3 种技能，对任何管理者来说，都是应当具备的。但不同层次的管理者，由于所处位置、作用和职能不同，对 3 种技能的需要程度则明显不同。高层管理者尤其需要概念技能，而且，所处层次越高，对概念技能的要求越高。概念技能的高低，成为衡量一个高层管理者素质高低的最重要的尺度。而高层管理者对技术技能的要求就相对低一些。与之相反，基层管理者更重视的是技术技能。由于他们的主要职能是现场指挥与监督，所以若不掌握训练的技术技能，就难以胜任管理工作。当然，相比之下，基层管理者对概念技能的要求就不是太高。

四、成功的管理者需具备的条件

要做好自己所承担的管理工作，并获得成功，当然要学好管理学和管理学科中其他相关课程的基本思想、理论和方法，指导自己的管理工作实践，在实践中加以创造性地运用，不断总结，不断提高。做到这一点是完全必要的，但是还不够，还需满足以下条件。

（一）要具有优秀的品德

自党的十一届三中全会以来，我国的经济建设快速发展。目前又面临着两个根本性转变的重大时刻，往往在变革的时候、社会向前发展的时候，总会涌现出一大批杰出的人物，其中包括优秀的企业家，同时也总会有昙花一现的人物。这些人物风光一时，最终还是被历史无情地淘汰，究其原因，挡不住金钱的诱惑而贪婪成性、追求享乐而无穷尽地挥霍国家或集体的财富、权钱交易、自我恶性膨胀……根子还是人生观的问题——为什么活在世界上。正确解决人生观是具备优秀品德的首要之点。

一个人具有什么样的品德，核心是他有什么样的价值观。价值观是抽象的，它体现了每个人对周围客观存在的、影响自身发展的各种事物的重要性的看法和评价，从他的思想观念和行为准则上表现出来。中华民族的腾飞将是一个较长时间的过程，振兴中华、匹夫有责，作为管理者更要有强烈的使命感和紧迫的责任感，把小我融合到振兴中华的伟业中去，把远大的理想落实到本职工作中，怀着强烈的进取心，渴望在管理工作的岗位上有所作为，踏踏实实，勇挑重担，克服种种困难，在工作中作出贡献。

（二）要有丰富的知识

管理学是一门综合性很强的科学，在学习管理学时要涉及许多学科。在管理工作的实践中，也要接触管理学科和其他学科的知识。

以企业为例，要做好管理工作就要熟悉本企业相关的许多工程技术方面的知识。计算机在企业中的应用越来越广泛，办公自动化（Office Automation，OA）、管理信息系统（Management Information System，MIS）、决策支持系统（Decision Support System，DSS）等，已经成为管理工作中不可缺少的组成部分，这就需要管理者熟练掌握使用计算机的能力及管理工作中的业务知识，如要有心理学方面的知识，以便用于协调上下、左右的关系，做好人的工作；要掌握政治、经济方面的知识，以学好和掌握好党的方针、政策和国家的有关法规，把握经济发展的规律。

特别要强调的是掌握法律知识。市场经济在某种意义上可以说是法制经济，在市场经济体制中的企业与企业间、企业与消费者间的关系和行为要靠法律来规范。我国在历史上就是一个法制不健全的国家，在"文化大革命"以后，特别是最近以来，全国人大加紧制定各项法律，各省市人大也纷纷出台了许多地方性的条例，在全国持续开展法制教育，这都是为了使国家和经济能在一个健全的法律体系中正常运行。与企业有关的法律，如《中华人民共和国公司法》、《中华人民共和国合同法》、《中华人民共和国反不正当竞争法》、《中华人民共和国专利法》等越来越健全。企业要在法律允许的范围内运行，需要管理者自觉学习法律方面的知识，同时也要会运用法律武器来维护企业的正当权益，在市场经济错综复杂的情况下，企业被人钻了法律的空子而上当受骗的案例不在少数，这也迫使管理者非要认真学习法律知识不可。

也许有人会说，我的本职工作是管理工作而不是去当一个开业的律师，不可能熟知各种法律的条文。但是管理工作需要管理者学习法律方面的知识，建立法制观念，这样一旦有了问题就可以去找企业聘请的法律顾问或律师事务所的律师征求意见和寻求法律上的帮助。特别是企业在采取重大行动时，在签订重大合同时，事先都要详细征求律师的意见，避免因可能会出现的漏洞而造成的损失和遗憾。

（三）要有良好的心理素质

一个人具有很高的智商和很强的能力，未必能在他的事业中获得成功，这说明还有一个因素——心理素质在起着很重要的作用。而这一点往往容易被人忽略。

一个管理者在日常工作中可能由于疏忽而造成失误；也可能在与同事交往中，一片好意被人误解；也可能遇到了新问题，在新产品开发中、在开拓新市场中、在工作中采用新方法时能大胆创新，但未获成功；在解决困难的过程中，遇到了挫折；在与对手竞争中，遭到了失败。诸如此类，不胜枚举。此时，首先遇到的问题是：在困难、误解、风险、失败、挫折面前能否承受住巨大的压力。能，则还有前进和成功的可能；否则，为压力所压垮，什么也谈不上。在人的一生中，遭受挫折和失败是常事，而能否以良好的心理素质来承受各种压力就不是人人都能做到的了，再加上一些客观原因，事业上的成功者只是少数。

良好的心理素质要求有很强的自我控制能力，一个人不仅会有顺利的时候、成功的时候，也会遇到自己的好主意、好办法，不能被别人接受，甚至遭到拒绝，或下级未能按指示办，把事情办砸了；在工作中、生活中，遇到了不顺心的事；到了一个新环境，人生地不熟，焦虑不安，这时人的情绪往往波动大，这就需要有很强的自我控制能力才行，控制情绪、控制言行。在承受压力的同时，也需要自我控制能力。

在工作中也要承受压力，要能自我控制；在个人生活中和在家庭生活中也是如此。但是一个人不可能永远在压力下生活，这就需要自我调节，有张有弛。以乐观的态度看待人生，看待竞争和压力，适时调节一下自己的生活，参加一些娱乐活动，休几天假养精蓄锐；适当地转移一下自己的兴奋点，阅读几本书，做些手工，都对培养良好的心理素质有重要作用。

除了要具有优秀的品德、丰富的知识和良好的心理素质外，注意自己的穿着、仪表、举止和谈吐也都是必要的。

（四）重视实践

成功的管理者不可能是天生的。承认一个人的天赋在成长过程中的作用，但是更要强调教育和实践的作用。在学校里接受教育，学习各种知识，打好基础。走上工作岗位后，再回校深造。因此，接受教育是成长过程中不可缺少的，但又不是为了学习而学习，学是为了用，从这点上说，实践是成长的关键。

管理者要在事业中获得成功，必须要在管理工作的实践中经受磨炼，积累经验，增长才干，不断学习，不断提高素质，舍此别无他法。

精彩阅读

管理者角色

明茨伯格在《管理工作的本质》一书中，这样解释"角色"："角色这一概念是行为科学从舞台术语中借用过来的。角色就是属于一定职责或者地位的一套有条理的行为。"根据他自己和别人的研究成果，得出结论：经理们并没有按照人们通常认为的那样按照职能来工作，而是进行别的很多的工作。明茨伯格将经理们的工作分为10种角色。这10种角色分为3类，即人际角色、信息角色和决策角色。

1. 人际角色

人际角色直接产生自管理者的正式权力的基础。管理者所扮演的三种人际角色是代表人角色（作为头头必须行使一些具有礼仪性质的角色）、领导者角色（管理者和员工一起工作并通过员工的努力来确保组织目标的实现）和联络者角色（与组织内个人、小组一起工作，与外部利益相关者建立良好的关系所扮演的角色）。

2. 信息角色

管理者负责确保和其一起工作的人具有足够的信息，从而能够顺利完成工作。整个组织的人依赖于管理结构和管理者以获取或传递必要的信息，以完成工作。具体包括监督者角色（持续关注内外环境的变化以获取对组织有用的信息，接触下属或从个人关系网获取信息，依据信息识别工作小组和组织潜在的机会和威胁）、传播者角色（分配作为监督者获取的信息，保证员工具有必要的信息，以便切实有效地完成工作）和发言人角色（把角色传递给单位或组织以外的个人，让股东、消费者、政府等相关者了解，感到满意）。

3. 决策角色

处理信息并得出结论。管理者以决策让工作小组按照既定的路线行事，并分配资源以保证计划的实施。具体包括企业家角色（对作为监督者发现的机会进行投资，以利用这种机会）、干扰对付者角色（处理组织运行过程中遇到的冲突或问题）、资源分配者角色［决定组织资源（如财力、设备、时间、信息等）用于哪些项目］和谈判者角色（花费了大量时间，对象包括员工、供应商、客户和其他工作小组，进行必要的谈判，以确保小组朝着组织目标迈进）。

（资料来源：http：//baike. baidu. com/view/1351122. htm）

第三节　管　理　学

一、管理学的特点

（一）管理学是一门综合性的学科

管理活动是非常复杂的，管理者作为管理活动的主体，需要具备广泛的知识才能进行有效的管理活动。例如，作为公司的总经理，要处理决策、计划、生产等问题，因此必须具备统计学、工艺学、数学、经济学等知识；同时，总经理也要处理与人有关的问题，因此，必须具备心理学、社会学、生理学、论理学等知识。可见，管理活动的复杂性、多样性决定了管理学内容的综合性，管理学是一门综合性的学科。

管理学涉及的学科主要有哲学、心理学、人类学、社会学、经济学、历史、生理学、伦理学、数学、统计学、运筹学、系统论、会计学、理财学、工艺学、计算机应用、教育学和法学等。因此，管理者要在掌握管理知识的同时，具备广博的知识，以提高管理工作的有效性。

（二）管理学是一门具有艺术性的学科

管理学作为一门科学，主要体现在它以反映客观规律的管理理论和方法为指导，有一套分析问题、解决问题的科学的方法论。管理学发展到今天，已经形成了比较系统的理论体系，揭示了一系列具有普遍应用价值的管理规律，总结出许多管理原则。

管理学作为一门指导人们从事管理工作的科学，不可能为管理者提供所有管理问题的标准答案。管理学只是探索管理的一般规律，提出管理的一般理论、原则和方法等，而这些理论、原则和方法的应用，还要求管理者必须从实际出发，因地制宜地发挥作用。从这个意义上讲，管理学作为一门学科又具有一定的艺术性。正如美国管理学家哈罗德·孔茨（Harold Koontz）所指出的："最富有成效的艺术总是以对它所依借的科学的理解为基础。因此，科学与艺术不是相互排斥的，而是相互补充的。"

管理的科学性和艺术性是相互补充的。不注重管理的科学性，只注重管理的艺术性，这种艺术性就会表现为随意性；相反，不注重管理的艺术性，管理科学就会变成僵硬的教条。管理的科学性来源于实践，管理的艺术性要结合具体情况并在实践中体现出来，二者是统一的。

（三）管理学是一门不精确的学科

科学分为精确学科和不精确学科。精确学科是指在给定条件下能够得出确定结果的学科。例如，数学就是一门精确学科，只要给出一定的条件，按照一定的方法就能得出确定的结果。但是，管理学不同，在已知条件完全相同时，有可能产生截然不同的结果。例如，两个企业，即使在生产条件、资源等完全相同的情况下，其产生的经济效果也可能相差甚远。

造成管理学是一门不精确学科的原因主要是影响管理效果的因素很多，并且这些因素是不确定的，如国家的政策、法规，自然资源的变化，竞争者的决策，人的心理等因素的不确定性。

随着科学技术的发展，特别是数学和计算机科学的发展，定量分析在管理中得到了广泛的应用，但是，无论如何，管理学都不可能成为一门精确的学科。

（四）管理学是一门应用性学科

管理者要想实施有效的管理活动，不仅要掌握一定的管理知识和理论，而且要能熟练灵活地将所掌握的管理知识用于实践。这一点与其他学科不同。例如，学会了数学方法，就能解数学方程；学会了化学方程式，就能做化学实验。但是，如果管理者仅仅掌握一定的管理知识和理论，即使背会了所有的管理原理，也不一定能有效地进行管理活动。因此，管理学是一门应用性很强的学科。

管理学的应用性使管理者必须在掌握管理知识的基础上，通过实践和应用，培养灵活运用管理知识的技能。管理不可能脱离实践，管理理论必须与管理实践相结合。

二、管理学的学科体系

对于管理学的学科体系，可以从以下 3 个方面进行讨论。

（一）管理学是一个包括许多分支学科的学科体系

在整个人类社会中，人们会按照专业化分工的原则从事各种各样的工作，社会也因此形成各种各样的部门或行业，这样也就有各个部门或行业的管理活动，也就形成了以不同的部门或行业的管理活动的内在规律性作为自己研究对象的不同部门或行业的管理学，即形成了许多以不同的管理活动作为自己的研究对象的管理学的分支学科，诸如经济管理学、军队管理学、行政管理学、教育管理学和体育管理学等。而在每一个分支学科中，又形成了许多更细的分支学科。如在经济管理学中，又可以再分成宏观（国民）经济管理学、中观（部门）经济管理学、微观（企业）管理学等。在企业管理学中，可以按企业的类型不同分成工业企业管理学、农业企业管理学、商业企业管理学等；还可以按管理职能的不同分成生产管理学、财务管理学、质量管理学、技术管理学、营销管理学、劳动管理学和设备管理学等。

（二）管理学是一门吸收许多其他学科知识的交叉学科

对于人类的各种社会活动来说，要想取得有效的活动效果，就需要有效的管理。而人类所从事的各种社会活动各有其自身的内在规律性。作为协调他人活动的管理活动，要想取得有效的管理成效，就必须对自己的管理对象的活动规律性有清楚的了解。例如，要对科研活动进行有效的管理，就必须了解科研活动的内在规律性；要想提高教育管理工作的成效，就必须了解教育活动的内在规律性。因此，以管理活动的规律性作为自己的研究对象的管理学只有吸收其他各门学科的知识来充实自己，才能使管理的理论对管理的实践有真正的指导意义。这是一个方面。

另一个方面，就对人类的某一方面的社会活动进行协调的管理活动来说，要想有效地解决社会活动的协调问题，本身也需要有各个方面的知识。比如，在企业管理中的决策问题，就需要决策者具有有关工艺技术方面的知识，使决策者对决策问题本身的内在规律性有清楚的了解；需要决策者具有有关决策方法的知识，如数学、运筹学、排队论等方面的知识，使决策者能掌握科学的决策方法；需要决策者具有有关会计和财务管理方面的知识，使决策者在决策时有明确的经济效益的观点；需要决策者具有有关心理学方面的知识，使决策者在决策时能了解组织中员工的心理活动的规律，充分地调动员工的工作积极性。

因此，以管理活动的内在规律性作为自己研究对象的管理学，就必须吸收其他各门学科（如经济学、政治学、社会学、心理学、工艺技术学、数学、运筹学、会计学等）的知识来充实自己。它是一门新兴的交叉学科。

但是，管理学在吸收其他学科的知识来充实自己时，并不是把各门学科的知识进行简单的加总，而是以管理学自己的核心知识为基础，吸收其他各门学科中的有用知识，形成管理学自己的学科理论体系。管理学的核心知识包括管理过程理论、管理职能理论、管理决策理论等。管理学正是以这些核心知识为基础，吸收其他各门学科的知识来充实自己，形成管理学自己的理论体系。

管理学在吸收其他学科的知识来充实自己的同时，要注意把管理学与其他学科区分开来。管理学仅仅是吸收其他学科的有用知识来充实自己，其他学科并不能取代管理学。因此，要在管理学与其他学科之间划界限，其他学科的知识在管理学上的应用可能对管理思想、管理方法、管理工具和管理手段等的形成和发展有所帮助，但它们并不能代替管理学本身。

（三）管理学是一门包括多个知识层次的综合性的学科体系

管理学是以管理活动的内在规律性作为自己的研究对象的。尽管不同组织的管理活动有自己不同的特点，有自己活动的规律性，但是，在各种组织之间，管理活动仍然有其共同的普遍性的一面。以这种共同的普遍性的管理活动的内在规律性作为自己的研究对象，就形成了基础理论层次（即第一层次）的管理学，也就是本书所研究的管理学原理。

以管理学基本理论为指导，管理学要研究能适用于各种组织的管理方法、管理工具和管理手段，这就形成了管理学学科体系中的第二个层次的管理科学理论，即有关管理的方法、工具和手段的理论，如数量化管理方法、电子计算机在管理中的应用、管理信息系统、管理系统工程等。由于不同领域和不同组织的管理活动有其不同的规律性，因此在管理学的学科体系中就形成了以不同组织或不同的管理活动领域为研究对象的管理学理论，这就是属于专门领域（即第三层次）的管理学理论，如工业企业管理学、商业企业管理学、旅游企业管理学、财务管理学、生产管理学、质量管理学、劳动管理学和营销管理学等。

三、管理学的研究方法

（一）比较研究法

1. 比较研究法的定义

比较是和观察、分析、综合等活动交织在一起的，是一种复杂的智力劳动。比较研究法是一种思维方法，也是一种具体的研究方法。

比较研究法是对事物同异关系进行对照、比较，从而揭示事物本质的思维过程和方法。它是人们根据一定的标准或以往的经验、教训把彼此有某种联系的事物加以对照，从而确定其相同与相异之点，对事物进行分类，并对各个事物的内部矛盾的各个方面进行比较后，得出事物的内在联系，从而认清事物的本质。比较研究是对两个或多个事物进行对比性研究，这种对比性研究可以发现相同点或不同点，从而能够对有关研究对象的属性和特点有一个比较清楚的认识。

2. 比较研究法的特点

任何事物都是相比较而存在的。有比较，才有鉴别；有鉴别，才有认识。比较研究法是研究性课程实施中常用的一种研究方法。比较研究法是确定对象间异同的一种思维方法，即根据一定的标准，对某种事物的客观现象在不同情况下的不同表现，进行比较分析，从而找出客观事物的普遍规律及其特殊性本质，力求得出符合客观实际结论的方法。讨论多重或交互因果关系，显然不同于一般研究中常用的各式各样的比较。

（二）引文分析法

1. 引文分析法的定义

引文分析法是指利用各种数学及统计学的方法进行比较、归纳、抽象、概括等的逻辑方法，对科学期刊、论文、著者等分析对象的引用和被引用现象进行分析，以揭示其数量特征和内在规律的一种信息计量研究方法。

引文分析法的数学基础是概率论与数理统计。在进行分析比较时，已将其作用排除在测度结果之外了。从不同的角度和标准来划分，引文分析法有着不同的类型。如果从获取引文数据的方式来看，有直接法和间接法之分。前者是直接从来源期刊中统计原始论文所附的被引文献，从而取得数据并进行引文分析的方法；后者则是通过"科学引文索引"（SCI）、"期刊引用报告"（JCR）等引文分析工具，查得引文数据再进行分析的一种方法。

2. 引文分析法的特征

（1）广泛适用性。引文分析的素材是引文与被引文，而引文现象又是普遍存在的。以期刊论文为例，全世界范围约有90%以上的科学论文附设了引用文献，平均每篇论文有引用文献15篇。我国目前88%左右的重要科学论文带有引用文献，平均每篇中文科学论文有引用文献8.9篇，可以说，凡是有引用文献的地方，引文分析法就有用武之地，所以，引文分析法具有广泛适用性。

（2）简便易用性。由于引文分析不要求其他先决条件和辅助条件，不需要使用者具有十分专深的知识，研究的深度、广度可以由自己控制，所以一般的信息人员也可以借助这种方法，完成一些有价值的研究课题，解决一些工作中的实际问题。总之，这种方法的使用限制极少，简便易用，很值得在广大的信息人员中普及推广。

（3）功能特异性。由于引文分析法具有广泛适用性和简便易用性的特点，通过一些不太复杂的统计和分析，就可以确定核心期刊、研究文献老化规律及研究信息用户的需求特点，甚至可以研究学科结构、评价人才等，让人不得不为其功能而感叹。

（三）文献计量法

1. 文献计量法的定义

文献计量法研究的对象为文献的外部形式特征，文献计量学最本质的特征在于其输出量必定是"量"，是一种基于数学和统计学的定量分析方法。文献计量法主要研究文献情报的分布结构、数量关系、变化规律和定量管理，进而探讨科学技术的某些结构、特征和规律。

2. 文献计量法的特点

（1）有助于研究人员选定课题，使研究建立在科学的基础上。研究工作以从假说所期待的或所预料的相互关系开始，这些预期的关系，由观念和概念转换为收集资料的程序来检验，然后再以这些资料为依据的研究结果和发现转变为新的概念，从而使它们得到解释和扩展。但是，如何得到原始的观念和概念，如何在它们之间形成假设建立联系，这些工作都离不开文献的收集。在众多的研究变量中，研究者要选择一个自己感兴趣而且有意义、能够得以扩展的课题，并不是很容易的。查阅文献可以帮助人们发现已经证明重要和不重要的变量，避免重复。

（2）研究范围不受时空限制。每个人的亲身实践和经验总是受到时间和空间的限制，人们无法亲历前人的生活，也不可能直接观察、访问前人的思想和活动。即使是同时代人，因经费、时间等因素的限制，研究者也无法对难以接近的研究对象进行研究。例如，在研究孔子的教育思想时，必须借助记载其生平和思想的文献——《论语》，否则这项研究就无法进行。

（3）研究过程的真实性强。一般文献并不是为了研究目的而留下的，它多是在事件发生的当时，真实自然地记录下来的，它的信息真实度很高，而且研究者在收集资料的过程中，一般不会使被收集的资料本身发生变化，也不会受到原留下文献资料者的直接言行的影响，从而避免了对象反应性的干扰。而这种干扰在访谈、实验等方法中很难避免，这就会影响研究结果的准确性。

（4）研究简便易行、费用较低。与实地调查法、访谈调查法等直接接触法相比，文献调查法具有方便、自由、费用低等优点。只要查到文献，随时随地都能进行研究，不受研究对象、研究场所和研究情景等因素的限制。

（5）便于对调查对象做纵向分析。文献调查法适合于对研究对象在一段时期的发展变化开展研究。研究角度往往是探寻一种趋势，或弄清一个演变过程。例如，要研究改革开放以来我国师范教育和师资培养的发展，不可能在时间上倒退回 1997 年去调查师范院校的情况，或用调查法来请当事人回忆当时的情况，因为这种回忆也会由于主观误差太大而失去意义，这时，就可以依靠这些年积累的与师范教育有关的各种各样的文献资料来研究。

（四）实地研究法

1. 实地研究法的定义

作为一种具体的研究方式，实地研究法的基本特征是研究者作为真实的社会成员和行为者参与被研究对象的实际社会生活，通过尽可能全面、直接的观察和访谈，收集具体、详细的质化资料，依靠研究者的主观感受和体验来理解其所得到的各种印象、感觉以及其他资料，并在归纳、概括的基础上建立起对这些现象的理论解释。

2. 实地研究法的特征

实地研究法作为一种以定性为特征的研究方法，与统计调查法等以实证主义方法为基础的研究方法不同。它具有以下特征。

（1）实地研究法假设特定人群共享着一种知识，对事物有一种认识，研究者的目的就是要加入这个人群，并分享他们的知识。研究者要关注这些人群是怎么认识事物的，而不去解答这种认识的真实性问题。因此，研究者进入现场时，通常不带有理论假设，更不是去证实或证伪某种理论假设，而是从经验材料中归纳出理论观点。即实地研究法获得结论的途径是归纳推理，而非演绎推理。

（2）实地研究法强调互为主体性或主观互动的关系。研究者不是作为一个纯局外的主体，而是要设法成为要研究的人群中的一员，融入其中，尽量去共享他们的知识，直到与他们达成共识。研究者的身份在研究对象中有时是模糊的，甚至他们完全不知道研究者的身份。但即使被研究者知晓研究者的身份，研究者也不干涉他们的日常生活，而是让他们尽可能以"原汁原味"的状态活动。因为研究者的加入可能会对他们的生活方式产生干扰，研究对象会以"正确"的行为方式加以回应，从而使收集的资料失真，尤其是敏感的人群或现象更是如此。

（3）实地研究法所考察的对象较为具体和有限，强调对个案的深入观察，收集详尽的资料。因此这不同于强调广泛代表性的统计调查法。

（4）研究者通过实地研究所获得的资料以定性资料为主，主要进行深度描述分析，以达到对具体对象的理解和认识。这虽然以具体分析为主，但其目的还包括从具体分析中抽象出一般模式。

蘑 菇 定 律

"蘑菇定律"是指组织或个人对待新进者的一种管理心态。因为初学者常常被置于阴暗的角落，不受重视的部门，只是做一些打杂跑腿的工作，有时还会被"浇上一头大粪"，受到无端的批评、指责、代人受过；组织或个人任其自生自灭，初学者得不到必要的指导和提携，这种情况与蘑菇的生长情景极为相似。一般在管理机构比较正式的大企业和公司里，这种情况比较多。管理者要提早认识到这种现象并加以预防利用，才能取得事半功倍的管理效果！

1. 怎样理解管理的概念？
2. 论述管理者应具备的技能。
3. 如何理解管理的二重性？
4. 怎样理解管理的科学性与艺术性？
5. 管理学的特点是什么？
6. 管理者的类型有哪些？

荒 岛 求 生

[游戏背景] 私人飞机坠落在荒岛上，只有6个人存活，而逃生工具只有一个仅能容纳一人的橡皮气球吊篮，没有水和食物。

[角色分配] 孕妇：怀胎8个月；发明家：正在研究新能源（可再生、无污染）汽车；医学家：经年研究艾滋病的治疗方案，已取得突破性进展；宇航员：即将远征火星，寻找适合人类居住的新星球；生态学家：负责热带雨林抢救工作组；流浪汉：以流浪为生。

[游戏方法] 针对由谁乘坐气球先行离岛的问题，各自陈诉理由。先复述前一人的理由再陈述自己的理由。最后，由大家根据复述别人逃生理由的完整性与陈述自身理由充分的

人，自行决定可先行离岛的人。

[游戏说明的道理] 认真聆听别人的话，记住别人的想法，这样别人才会相信你，才会让你去求救。由此可见，聆听非常重要。

根据学员的表现回答以下问题。

（1）谁的表达是好的？

（2）谁的表达还不是很好？

（资料来源：http：//zhidao.baidu.com/question/157737782.html）

 **综合分析**

王新该做些什么

王新是一家生产小型机械的装配厂的经理。每天王新到达工作岗位时都随身带着一份列出他当天要处理的各种事物的清单。清单上的有些项目是总部的上级电话通知他需要处理的，另一些项目是他自己在一天多次的现场巡视中发现的或者手下人报告的不正常的情况。

一天，王新与往常一样带着他的清单来到办公室。他做的第一件事是审查工厂各班次监督人员呈送上来的作业报告。他的工厂每天24小时连续工作，各班次的监督人员被要求在当班结束时提交一份报告，说明这班次开展了什么工作，发生了什么问题。看完前一天的报告后，王新通常要同他的几位主要下属人员开一个早会，会上决定对报告中所反映的各种问题应采取些什么措施。王新在白天也参加一些会议，会见来厂的各方面访问者。他们中有些是供应商或潜在供应商的销售代表，有些则是工厂的客户。此外，有时也有一些来自地方、省、国家政府机构的人员。总部职能管理人员和王新的直接上司也会来厂考察。当陪伴这些来访者和他的下属人员参观时，王新常常会发现一些问题，并将其列入自己的那张待处理事项的清单中。王新发现自己明显无暇顾及长期计划工作，而这些活动是他改进工厂的长期生产效率所必须做的。他似乎总是在处理某种危机，他不知道哪里出了问题。为什么他就不能以一种使自己不这么紧张的方式工作呢？

（资料来源：http：//www.docin.com/p－114341346.html）

问题：

从管理职能的角度，可以对王新的工作做一种什么样的分析？

参考答案：

按照管理者在组织中所处的地位划分，王新应是一位高层管理者，组织的兴衰存亡取决于他对环境的分析判断，以及目标的决策和资源运用的决策。按照管理者责任划分，王新应属于决策指挥者，他的基本职责是负责组织或组织内各层次的全面管理任务，拥有直接调动下级人员，安排各种资源的权利。同时王新是这个工厂的领导者，他应该干领导的事，即完成计划和领导的职能，不能将时间与精力作不必要的消耗。在这个案例里王新应做一个计划者、指挥者和协调者，将具体的工作交给其他中层和基层管理者去做。王新应该用大部分时间去处理最难办的事情，减少会议，减少不必要的报告文件。

第二章

管理理论的发展过程

 学习目标

1. 理解学习管理史的价值;
2. 掌握泰罗的科学管理理论;
3. 掌握法约尔的组织管理理论;
4. 了解韦伯的行政组织理论;
5. 理解各种管理学派的观点;
6. 理解梅奥的人际关系学说的主要观点。

管理故事

　　我国宋真宗时期,一个叫丁谓的大臣提出的"一举三得"方案,集中反映了公元11世纪中国管理实践的伟大活动。当时由于皇城失火,宏伟的宫殿被烧毁,真宗命令丁谓将其修复。这是一个浩大的工程,不仅要设计施工,还要清理废墟、挖土、烧砖、运输材料。丁谓提出,首先在皇宫前挖沟,然后利用挖沟取出的土烧砖,再把京城附近的河水引入沟中,使大船直接从水路把大批建筑用料运到宫前,最后用废墟杂土填入沟中,就地处理碎砖烂瓦,复原大街。这既省去了运土制砖的时间,又大大加速了运输速度,一下子解决了就地取土、顺利运输、清理废墟3个问题。显然这是历史上罕见的一次伟大的管理实践。

　　管理是在人类集体协作、共同劳动中产生的。人类进行的计划、组织、领导、控制等管理活动,已有6 000多年的历史。在漫长而重复的管理活动中,管理思想逐步形成,人们把各种管理思想加以归纳和总结,就形成了管理理论。现代经营管理理论虽然主要起始于19世纪末20世纪初,但是在那之前,很早就有了关于管理的思想和理论探索。

　　　　　　　　（资料来源：zhidao. baidu. com/question/153612018. html,2010 - 5 - 23）

第一节　早期的管理实践及管理思想

　　管理活动是人类活动的内容之一,特别是人类组成集体以实现凭借个人力量无法实现的目标以后，管理就成了不可或缺的重要活动。随着管理实践的日益丰富，人类的管理思想也逐渐形成，而随着对管理思想系统化的归纳、总结，也就形成了管理理论，管理理论又在指导实践中得到不断的验证和完善。也就是说，在早期历史上，很长一段时间，人们在从事管理活动时，并没有科学的管理理论的指导。只有当人们开始去探讨他们在干些什么，思考如何干好的时候，管理思想才出现，而当人们把对管理活动规律性的认识上升为系统化、条理化的知识体系时，管理作为一门科学才诞生。了解早期的管理实践和管理思想，是为了追溯现代管理思想的起源，更好地掌握现在的管理理论。从古埃及建造的金字塔、中国修建的长城，直到威尼斯的兵工厂管理，可以看出管理思想的发展轨迹；从古巴比伦的汉谟拉比法典到18—19世纪的经济学家的专著，都可以发现管理思想的不断深化的过程。

一、早期的管理实践

管理活动是一项历史悠久的人类社会活动，自从有了人类的社会活动，就有了人类的管理活动。管理实践和管理思想的形成是与经济、技术活动密切联系在一起的。例如，16世纪意大利的繁荣与其管理实践、管理思想相辅相成；18世纪的英国工业革命造就了一批对管理理论卓有贡献的思想家；20世纪美国的经济成就与其管理理论和实践都为世人所瞩目；20世纪80年代日本的经济奇迹与世界上对日本管理模式的推崇也是紧密相关的。

（一）古代埃及的管理思想

古埃及人建造的金字塔，其宏伟的建筑规模足以证明早期人类的管理能力和组织能力。胡夫金字塔大约由230万块石块砌成，外层石块约115 000块，平均每块重2.5吨，像一辆小汽车那样大，而大的石块甚至超过15吨。假如把这些石块凿成平均一立方米的小块，把它们沿赤道排成一行，其长度相当于赤道周长的三分之二。据古希腊历史学家希罗多德的估算，修建胡夫金字塔一共用了30年时间，每年用工10万人。金字塔一方面体现了古埃及人民的智慧与创造力，另一方面也成为法老专制统治的见证。现代著名管理学家P. 德鲁克认为那些负责修建埃及金字塔的人是历史上最优秀的管理者，因为他们当时在时间短、交通工具落后及科学手段缺乏的情况下创造了世界上最伟大的奇迹之一。

首先，埃及人已经有了计划观念和组织观念。据记载，金字塔的建造历时20年之久，有10多万人参加劳动。如此规模宏大，旷日持久的建筑活动，如果没有严密的组织和精细的计划是不可能完成的。据猜想，在工程兴建之前，埃及人已经绘制出这项工程的蓝图，并对建筑的方式，所需的人力、时间、材料来源以及工程进度等，进行了规划和设想。

其次，埃及人已经具有分工与协作的思想。建筑金字塔需要进行各种不同性质的工作，要完成这些工作就必然要进行劳动分工。因为要把平均重约2吨半的石块一层层砌在高达146米的金字塔上，只有集体的协作劳动才能完成。

（二）古罗马帝国的管理思想

古罗马帝国的兴盛，在很大程度上归功于其有效的组织。罗马帝国强盛时期的疆域，西起英国，东至叙利亚，包括整个欧洲和北非，人口约5 000万。公元284年，戴克里即位后，实行了一种把集权与分权很好地结合起来的连续授权制度。他把整个罗马划分为4个大区，4个大区又划分为13个省，13个省又划分为100个郡。他自己兼任一个大区的领导，其他 3 个大区分别授权他人管辖。大区的首脑再授权给"总督"管辖各个省，总督授权给"郡长"管辖各郡。但对所属郡长的授权，只以内政方面的权物为限，而驻在各省的兵力由中央统治。

这样，戴克里在原有组织结构即大帝和郡长之间，增设了两个层次，其原有的郡长的重要性相对地降低，没有足够的力量来反抗中央政权；同时，分布在全国的 100 个郡长通过授权来管辖本郡的民政事务，能够较好地适应地方特点，从而使中央的集权控制和地方的分权管理得以很好地结合。这种基本观念，在现行的中央集权的组织中仍旧存在。

（三）中国长城的修建

万里长城始建于公元前 214 年，服役者 40 多万人，全长 6 700 公里，蜿蜒于崇山峻岭和荒漠的戈壁滩上。在当时的建筑条件下，如此浩大的工程，体现了当时的管理组织工作水平和能力。

二、早期的管理思想

早期的组织主要是家庭、部落、教会、军队和国家，占统治地位的价值观，流行的文化、信仰是反对商业，反对获取成就，厌恶追求利润，人们注重的不是改善现世的命运，而是等待来世的幸福。因而管理在那时并不能发展成为一个自成一体的独立研究领域，管理思想也是零散的、不系统的，主要是从治国角度出发的，专门集中于商业的思想是微乎其微的；而且，管理思想主要集中于如何保持安定、维持现状方面，与现代管理理论追求组织成长和繁荣是有所区别的。这种现象在我国历史上尤其突出。总之，正如丹尼尔·雷恩所说："在这种尚未工业化的环境下，很少或者完全没有创立正式的管理思想体系的需要"。

（一）古巴比伦王国的汉谟拉比法典

古巴比伦王国于公元前 2000 年左右就颁布了一部法典——《汉谟拉比法典》，它共有 282 条，内容几乎无所不包，其中许多条款都涉及了经济管理思想，如最低工资："某人租用他人之耕牛、牛车及驶车人者，应每天付给谷物 180KA（当时的重量单位），以为工资。"

（二）古希腊罗马的管理思想

古希腊罗马是世界近代文明的发源地。希腊哲人苏格拉底认为，管理主要是对人的管理，只有那些知道如何雇佣人的人才能在管理上取得成功。而管理就像合唱队的指挥或军队的首领一样，他不必精通各种乐器，但只要能找到最精通这行的人，并把他们组织起来，协调起来，就能从事有效的管理。管理者应该做什么事，并能够做到，这样，就能把他主持的事情做好。

（三）我国传统的管理思想

我国是一个具有几千年文明史的国家，我国古代各族人民以自己的智慧和辛勤劳动创造了许多举世闻名的劳动成果。这些成果的取得正是我国古代各族人民管理思想的应用和管理实践的结果。下面所列举的是我国早期的管理思想的一部分。

1. 我国古代的经营思想

在古代，人们就认识到要以利息和利润作为经营管理的两大法则；要开展竞争，反对国家垄断；要掌握经营的有利时机，善于预测未来的变化；要注意经营短线产品而避开长线产品。西汉时期司马迁在《史记》中透过农工商贸、官吏军士、赌徒歌女、猎人渔夫、医士工匠等从事各种活动的复杂社会现象，得出"天下熙熙，皆为利来；天下攘攘，皆为利往"的结论。他指出："农不出则乏其食，工不出则乏其事，商不出则三宝绝，虞不出则财匮少，财匮少而山泽不辟矣。此四者民所衣食之源也。"也就是说，农、工、商要顺利发展，就必须获得足够的利润。

明朝年间的丘浚对宋人真德秀的《大学衍义》进行修补，编成《大学衍义补》一书。在此书的开篇《总论朝廷之政》中，丘浚主张商业应当完全由民间去经营。他说："大抵民自为市，则物之良恶，钱之多少，易于通融准折取舍；官与民为市，物必以其良，价必有定数，又有私心诡计百出其间，而欲行之有利而无弊，难矣。"

春秋时期的军事家孙武在其著作《孙子兵法》中提出了许多很有价值的思想，不但对指导军事活动，而且对指导管理活动也具有十分重要的意义。他在《孙子·谋攻》中说："知彼知己，百战不殆；不知彼而知己，一胜一负；不知彼，不知己，每战必殆。"他在《孙子·虚实》中说："水因地而制流，兵因敌而制胜。故兵无常势，水无常形，能因敌变化而取胜者，谓之神。"

2. 我国古代的用人思想

在用人方面，我国古代人民就注意到要选贤任能，要用人所长，要论功行赏、奖赏分明，要使人能充分发挥其才能。这方面的著述是非常充分的。春秋战国时期的墨子对当时王公大人重用骨肉至亲而不问德行的做法非常不满，主张用人应当是"尚贤"。他指出国家在用人时应"不辨贫富、贵贱、远近、亲疏，贤者举而尚之，不肖者抑而废之"。而在采用贤者时，要先"听其言，迹其行，察其所能"，然后才能授予适当的官职，也就是说要根据各人的才能大小来授官，"可使治国者使治国，可使长官者使长官，可使治邑者使治邑"。

唐太宗李世民在坐上皇位后，任用贤能，励精图治，出现了"商旅野次，无复盗贼，囹圄常空，马牛布野，外户不闭"的大好形势。他认为"致安之本，惟在得人"，"能安天下者，惟在用得贤才"。对于人才，他主张"量才授职，务省官员"，不论出身、经历，不计亲疏恩仇。

（四）尼古拉·马基雅维利的管理四原则

尼古拉·马基雅维利是意大利早期的政治思想家和历史学家，堪称为早期管理思想最有贡献者之一。他写作的范围很广，包括政论、历史、剧本和诗等，其中最著名的是《君主论》和《佛罗伦萨史》。

在这些著作中，他论述了与管理有关的原则，即管理四原则。

第一，群众认可。所有的政府，不论是君主制、贵族制或民主制，持续存在必须依赖于群众的支持。这事实上就是后来巴纳德所提出的权力接受理论。

第二，凝聚力。领导人必须致力于一个组织内部的凝聚力，同时，领导还必须对他周围的朋友及随从给予奖酬，以维系他们的忠诚。

第三，讲究领导方法。凡是领导，必须能以身作则，培养博爱、仁慈、正义等品德，作为他人的表率。

第四，生存意志。只有具备生存的意志，一个君主才能经常保持警觉，对敢于推翻他的权力，采取迅速而有力的反击。当处于存亡关头时，有权采取严酷的措施，在必要时，可以抛开所有的道德借口，背弃任何已不再有用的誓言。

尼古拉·马基雅维利所提出的管理原则是围绕"治国"而提出的，但同样也适用于管理其他组织，所以对管理思想的发展有相当大的影响。

（五）对管理思想作出贡献的早期经济学家

1. 詹姆斯·斯图亚特

詹姆斯·斯图亚特是英国重商主义的代表人物之一，他提出了劳动分工的概念，指出了工作方法研究和刺激工资的作用："如果给一个人每天的劳动规定一定的量，他就会以一种固定的速度工作，永远不想改进他的方法；如果他是计件付酬的，他就会想出一千种办法来增加其产量……我就用这点来解释古代和现代工业之间的差异。"

2. 亚当·斯密

亚当·斯密是英国工场手工业开始向机器大工业过渡时期的经济学家，古典政治经济学的杰出代表和理论体系的建立者。他在代表作《国富论》中以工人制造大头针为例详细阐述了劳动分工的作用："一个劳动者，如果对这种职业（针的制造由于分工而成为一种专门职业）没有受过相当训练，又不知怎样使用这种职业上的机械（使这种机械有发明的可能的，恐怕也是分工的结果），那么纵使竭力工作，也许一天也制造不出一枚针，要做出二十枚，当然是绝不可能的，但按照现在经营的方法，不但这种作业全部已经成为专门职业，而且这种职业分成若干部门，其中有大多数也同样成为专门职业。一个人抽铁丝，一个人拉直，一个人切截，一个人削尖铁丝的一端，一个人磨另一端，以便装上圆头。做圆头需要有两三种不同的操作。装圆头，涂白色，乃至包装，都是专门的职业。这样，针的制造是十八种操作。有些工厂，这十八种操作分由十八个专门工人担任。固然，有时一人也兼任两三门。我见过一个小工厂，只雇佣十个工人，因此在这一工厂中有几个工人担任两三种操作。像这样一个小工厂的工人，虽很穷困，必需的机械设备虽很简陋，但他们如果勤勉努力，一日也能成针十二磅。""有了分工，同数量劳动者就能完成比过去多得多的工作量。其原因有三：第一，劳动者的技巧因业专而日进；第二，由一种工作转到另一种工作，通常须损失不少时间，有了分工，就可以免除这种损失；第三，许多简化劳动和缩减劳动的机械的发明，使一个人能够做许多人的工作。"

3. 让·巴蒂斯特·萨伊

萨伊是法国庸俗经济学的创始人，他的代表作有《政治经济学概论》、《政治经济学问答》和《政治经济学教程》等。他提出了"供给自行创造需求"（即所谓的萨伊定律）学说，第一个明确地把管理作为生产的第四个要素而同土地、劳动力、资本相提并论。

三、早期管理的特点

20 世纪以前的管理的历史发展过程，从认识的角度来说，整个过程都可以称为经验管理。经验管理虽然属于前科学管理阶段，但并不是说管理科学产生之后经验管理的情形就不存在了。实际上，这种管理一直到现在仍然存在。现实中，凡对管理没做专门的研究，在管理中没采用科学的方法，仅凭管理者的经验或传统习惯进行的管理，都属于经验管理。经验管理是管理发展过程中的一个历史阶段，同时也是现实管理中仍然存在的一种现象。分析一下经验管理的特点，对说明管理的历史和现状都是有必要的。

经验管理主要有以下特点。

一是管理关系简单。表现形式有两种。一种是一方是管理者，另一方是被管理者。管理者从事管理，被管理者从事操作。尽管在某些阶段上管理者也参与操作，但被管理者却不能参与管理工作。另一种表现形式是管理的层次简单，一般只存在从上到下的直线层次，没有形成纵横交错的复杂的管理结构。

二是管理方式单一。管理者只是单方面向被管理的作业人员发出命令，被管理的作业人员只能机械地服从命令。管理方式就是命令与服从。它的缺陷是反馈机制极不健全，由此带来不能及时有效地实施管理中的调节和控制的问题。

三是管理手段落后。管理无周密的计划，程序混乱，法规不完备，没有切实起作用的监督检查制度，管理手段主要是运用单纯的奖惩，管理者不能有效地控制事态的发展，形成放任自流的管理。

四是对管理的认识肤浅。管理者只凭经验或陈规进行管理，未能自觉地对管理工作进行科学的分析研究。即使出现了由于管理失误而造成损失的事件，也不能通过总结教训来进行管理改革，而仍是墨守成规，周而复始，有时有所变化也只是微小的改良，不能从根本上实现管理方式的变革。

在经验管理的漫长历史中，人们对管理的认识也是逐步提高的，在军事、行政、经济等某些领域或某些环节，也曾对局部的管理问题作过一些研究，提出过某些有价值的见解。这些研究和见解是现代管理学的重要思想资料，在现代管理中仍有其借鉴作用。但是，由于对管理的研究是零碎的，没能形成系统的科学知识。在现代条件下，经验管理作为一种历史的传统仍在起作用，在这种传统的束缚下，人们往往忽视对管理科学的研究，致使管理的改革受到重重阻挠，新的管理理论和方法遭到非议。从经验管理到科学管理，也就是将管理经验上升到理论，在管理理论的指导下进行科学的管理。

精彩阅读

长城与组织管理

长城是春秋战国（公元前770—前221年）时，各国为了防御，在形势险要的地方修筑的巨大工程。秦始皇（公元前221—前210年）灭六国统一全国后，为了巩固北方的边防，于公元前214年，命大将蒙恬率兵30万，把原来燕、赵、秦三国在北方修筑的长城连接起来，重新修缮并向东西两方扩展，形成万里长城。明朝（公元1368—1644年）又对长城进行了18次修筑。明长城西起嘉峪关，东至山海关，总长6700公里，气势磅礴，是世界历史上最伟大的工程之一。

长城在历代的修筑过程中，都贯穿着组织管理工作，这体现在以下几个方面。

（1）建筑材料方面。建造长城用的土方是将土经过筛选，经烈日暴晒或火烤干，使土中的草籽不再发芽，然后用夯筑为墙。城墙筑成后，严格验收。规定在一定距离内用箭射墙，箭头不能入墙才算合格，否则返工重筑。

（2）施工管理方面。因工程庞大，地形复杂，从秦朝到明朝，修筑长城都采用防务与施工相结合的办法，采用分地区、分片或分段负责制。例如，明朝沿长城设立9个镇，由镇长负责管辖所在地区长城的修筑。在八达岭长城上发现一块记载明万历十年（公元1582年）修筑长城的石碑，从碑文得知长城是由戍卒分段包修。该碑文记载所修长城只有70多丈，约200米城墙和一个石券门，用了几千名军工及服劳役的民工。仅八达岭这段长城工程，是经一百年之久建成的，管理制度较为完善，工程质量较好。

（3）工程计划方面。建筑长城的工程计算在《春秋》中有记载，工程计划非常周密，不仅计算了城墙的长、宽、高以及土石方总量，而且对所需人工材料、从各地调来的人力、往返道路里程、人员所需口粮、各地区所负责的任务等都分配明确。

（资料来源：谢勇，邹江. 管理学. 武汉：华中科技大学出版社，2008）

第二节　古典管理理论

一、泰罗的科学管理理论

（一）泰罗制的产生

早期管理思想实际上是管理理论的萌芽。管理理论比较系统的建立是在19世纪末20世纪初。这个阶段所形成的管理理论称为"古典管理理论"或"科学管理理论"。

随着生产的发展，科学技术的进步，自由竞争的资本主义也逐步走向垄断的资本主义。企业规模不断扩大，市场也在迅速扩展，从一个地区扩展到整个国家，从国内扩展到国外。例如，当时的英国，就自称是"日不落帝国"，因为几乎在世界各大洲都有它的殖民地，这些殖民地就成了英国企业攫取原料、倾销商品的市场。随着竞争范围的扩大和竞争对手的增多，单凭经验进行生产和管理已经不能适应这种剧烈争夺的局面了。这就迫切需要改进企业管理，以增强企业的竞争能力。

在早期管理阶段，资本的所有者也就是管理者。到了19世纪末期，由于生产技术日益复杂，生产规模发展和资本的日益扩大，企业的管理职能便逐渐与资本所有权相分离，管理职能则由资本家委托给以经理为首的由各方面管理人员所组成的专门管理机构承担。从此，出现了专门的管理阶层。同时，管理工作也成了有人专门研究的一门学问，并产生了被称为"科学管理"的理论。

科学管理理论的创始人是美国的弗雷德里克·泰罗。泰罗22岁到米德维尔钢铁公司当学徒，在技术水平、管理能力上得到过锻炼，后来被资本家提拔为工头、中层管理人员和总工程师。泰罗的经历使他对生产现场很熟悉，对生产基层很了解。他认为单凭经验进行管理的方法是不科学的，必须加以改变。但是，当时守旧的势力很大，工人是自己决定制造方法，工厂主是自己决定管理方法，各人所掌握的技艺和积累的经验对别人都严格保密。虽然处在这种僵化和守旧的环境中，泰罗还是利用自己取得的地位，开始了管理方面的革新活动。

1. 泰罗的科学管理理论的主要观点

（1）科学管理的根本目的是谋求最高工作效率。泰罗认为，最高的工作效率是工厂主和工人共同达到富裕的基础。它能使较高的工资与较低的劳动成本统一起来，从而使工厂主得到较多的利润，使工人得到较高的工资。这样，便可以提高他们扩大再生产的兴趣，促进生产的发展。所以，提高劳动生产率是泰罗创立科学管理理论的基本出发点，是泰罗确定科学管理的原理、方法的基础。

（2）达到最高工作效率的重要手段，是用科学的管理方法代替旧的经验管理。泰罗认为管理是一门科学，在管理实践中，建立各种明确的规定、条例、标准，使一切科学化、制度化，是提高管理效能的关键。

（3）实施科学管理的核心问题，是要求管理人员和工人双方在精神上和思想上来一个彻底变革。1912年，他在美国众议院特别委员会所作的证词中强调指出：科学管理是一场重大的精神变革。他要求工厂的工人树立对工作、对同伙、对雇主负责任的观念；同时，也要求管理人员——领工、监工、企业主、董事会改变对同事、对工人以及对一切日常问题的态度，增强责任观念。通过这种重大的精神变革，可使管理人员和工人双方都把注意力从赢利的分配转到增加赢利数量上来。当他们用友好合作和互相帮助代替对抗和斗争时，他们就能够生产出比过去更加多的赢利，从而使工人的工资大大增加，使企业主的利润也大大增加。这样，双方之间便没有必要再为赢利的分配而争吵了。

2. 泰罗提出的管理制度

（1）对工人提出科学的操作方法，以便合理利用工时，提高工作效率。具体做法是从执行同一种工作的工人中，挑选出身体最强壮、技术最熟练的一个人，把他的工作过程分解为许多个动作，在其最紧张劳动时，用秒表测量并记录完成每一个动作所消耗的时间，然后按照经济合理的原则加以分析研究，对其中合理的部分加以肯定，不合理的部分进行改进或省去，制定出标准的操作方法，并规定出完成每一个标准动作的标准时间，制定出劳动时间定额。

（2）在工资制度上实行差别计件制。按照作业标准和时间定额，规定不同的工资率。对完成和超额完成工作定额的工人，以较高的工资率计件支付工资；对完不成定额的工人，则按较低的工资率支付工资。

（3）对工人进行科学的选择、培训和提高。泰罗曾经对经过科学选择的工人用上述的科学作业方法进行训练，使他们按照作业标准工作，以改变过去凭个人经验选择作业方法及靠师傅带徒弟的办法培养工人的落后做法。这样改进后，生产效率大为提高。例如，在搬运生铁的劳动试验中，经过选择和训练的工人，每人每天的搬运量从12.5吨提高到47.5吨；在铲铁的试验中，每人每天的平均搬运量从16吨提高到50吨。

（4）制定科学的工艺规程，并用文件形式固定下来以利推广。泰罗用了10年以上时间进行金属切削试验，制定出了切削用量规范，使工人选用机床转数和走刀量都有了科学标准。

（5）使管理和劳动分离，把管理工作称为计划职能，工人的劳动称为执行职能。泰罗指出，在旧的管理中，所有的计划都是由工人凭个人经验制定的，实行新的管理制度后，就必须由管理部门按照科学规律来制订计划。他认为，即使有的工人很熟悉生产情况，也能掌握科学的计划方法，但要他在同一时间既在现场做工、又在办公桌上工作是不可能的。在绝大多数情况下，需要一部分人先作出计划，由另一部分人去执行。因此，他主张把计划职能从工人的工作内容中分离出来，由专业的计划部门去做。计划部门的任务是，规定标准的操作方法和操作规程，制定定额，下达书面计划，监督控制计划执行。从事计划职能的人员称为管理者，负责执行计划职能的人称为劳动者。

管理者和劳动者在工作中必须互相呼应、密切合作，以保证工作按照科学的设计程序进行。

以上这些改革，形成了科学管理理论的基本组成部分。这些现在看来似乎非常平常的早已为人们所熟悉的常识，在当时却是重大的变革。实践证明，这种改革收到了很好的效果，生产效率得到了普遍提高，出现了高效率，低成本，高工资，高利润的新局面。

1903 年，泰罗开始把自己的实践经验和研究成果上升到理论高度，著书立说。他的代表作是 1911 年出版的《科学管理原理》。

（二）其他管理学家对泰罗制的贡献

与泰罗同时代的对管理改革作出过贡献的还有亨利·甘特、弗兰克·杰布蕾斯夫妇和亨利·福特等。

亨利·甘特（Henry L. Gantt，1861—1919）曾是泰罗的同事，后来独立开业，从事企业管理技术咨询工作。他的重要贡献之一是设计了一种用线条表示的计划图表，称甘特图。这种图现在常用于编制进度计划。甘特还提出了"计件奖励工资制"，即除了支付日工资外，超额完成定额部分，再计件给以奖金；完不成定额的，只能拿到日工资。这种制度比泰罗的"差别计件制"好，可使工人感到收入有保证，从而激发劳动积极性。这个事实第一次说明，工资收入有保证也是一种工作动力。甘特的代表作是 1916 年出版的《工业的领导》和 1919 年出版的《工作组织》。

机械师弗兰克·杰布蕾斯（Frank Gilbreth，1868—1924）和他的妻子——心理学者莉莲·杰布蕾斯（Lillian Gilbreth，1878—1972）两人以进行"动作研究"而著称。他们开始是在建筑行业分析研究用哪种姿势砌砖省力、舒适、效率高。经过试验，制定出了一套砌砖的标准作业方法，可使每人每日砌砖量增加两倍。他们还在其他行业进行过动作研究，并把工人劳动时手和臂的活动分解成了 17 项基本动作。他们的研究方法是，在工人的手臂上绑上小灯泡，将工人劳动时的动作拍摄成带有时间指针的图组，然后对照相片与其他人一起分析哪些动作是合理的、应该保留的，哪些动作是多余的、可以省掉的，哪些动作需要加快速度，哪些动作应该改变次序，然后定出标准的操作程序。他们的动作研究比泰罗的研究更为细致和广泛。他们的研究成果反映在 1911 年出版的《动作研究》一书中。

美国的亨利·福特（Henry Ford，1863—1947）在泰罗的单工序动作研究的基础上，为了提高企业的竞争能力，进而对如何提高整个生产过程的生产效率进行了研究。他充分考虑了大量生产的优点，规定了各个工序的标准时间，使整个生产过程在时间上协调起来，创造了第一条流水生产线——汽车流水生产线，从而提高了整个企业的生产效率，并使成本明显降低。亨利·福特为了利于企业向大量生产发展，进行了多方面的标准化工作，具体如下。

（1）产品系列化。减少产品类型，以便实行大量生产。

（2）零件规格化。以利提高零件的互换性。

（3）工厂专业化。不同的零件分别由专门的工厂或车间制造。

（4）机器及工具专用化。以提高工作效率，并为自动化打下基础。

（5）作业专门化。使各工种的工人反复地进行同一种简单的作业。

泰罗及其他同期先行者的理论和实践构成了泰罗制。可以看出泰罗制着重解决的是用科学的方法提高生产现场的生产效率问题。所以，人们称以泰罗为代表的这些学者所形成的学派为科学管理学派。

二、法约尔的一般管理理论

泰罗制在科学管理中的局限性，主要是由法国的亨利·法约尔（Henry Fayol）加以补充的。德国的马克斯·韦伯（Max Weber，1864—1920）等人也为此做出过重要贡献。他们的工作奠定了古典组织理论的基础。

继泰罗制之后所形成的组织理论，所研究的中心问题是组织结构和管理原则的合理化、管理人员职责分工的合理化。

法国的亨利·法约尔和泰罗虽是同时代人，但个人经历不同。法约尔曾在较长时间内担任法国一个大煤矿公司的领导工作和总经理职务，积累了管理大企业的经验。与此同时，他还在法国军事大学任过管理教授，对社会上其他行业的管理进行过广泛的调查。在他退休后，还创办了管理研究所。法约尔的经历决定了他的管理思想要比泰罗开阔。他的管理理论发表在1916年法国工业协会的刊物上。1925年出版的《一般管理与工业管理》一书是他的代表作。

（一）管理职能

法约尔认为，要经营好一个企业，不仅要改善生产现场的管理，而且应当注意改善有关企业经营的6个方面的职能。

（1）技术职能。即设计制造。

（2）经营职能。即进行采购、营销和交换。

（3）财务职能。即确定资金来源及使用计划。

（4）安全职能。即保证员工劳动安全及设备使用安全。

（5）会计职能。即编制财产目录，进行成本统计。

（6）管理职能。包括计划、组织、指挥、协调、控制5项。

① 计划。管理人员要尽可能准确预测企业未来的各种事态，确定企业的目标和完成目标的步骤，既要有长远的指导计划，也要有短期的行动计划。

② 组织。即确定执行工作任务和管理职能的机构，由管理机构进一步确定完成任务所必需的机器、物资和人员。

③ 指挥。即对下属的活动给予指导，使企业的各项活动互相协调配合。管理人员要树立良好的榜样，全面了解企业职工的情况及职工与企业签订合同的情况。管理人员应与下属人员经常交往并进行考核，对不称职的应立即解雇。对组织结构也应经常加以审议，依据管理的需要随时进行调整和改组。

④ 协调。协调企业各部门及各个员工的活动，指导他们走向一个共同的目标。

⑤ 控制。确保实际工作与规定的计划、标准相符合。

（二）管理原则

法约尔还提出了管理人员解决问题时应遵循的 14 条原则。

（1）分工。劳动专业化是各个机构和组织前进和发展的必要手段。由于减少了每个工人所需掌握的工作项目，故可以提高生产效率。劳动的专业化，使实行大规模生产和降低成本有了可能。同时，每个工人工作范围的缩小，也可使工人的培训费用大为减少。

（2）权力与责任。法约尔认为，权力即"下达命令的权利和强迫别人服从的力量"。权力可区分为管理人员的职务权力和个人权力。职务权力是由职位产生的；个人权力是指由担任职务者的个性、经验、道德品质以及能使下属努力工作的其他个人特性而产生的权力。个人权力是职务权力不可缺少的条件。他特别强调权力与责任的统一。有责任必须有权力，有权力就必然产生责任。

（3）纪律。法约尔认为，纪律的实质是遵守公司各方达成的协议。要维护纪律就应做到以下几点：一是对协议进行详细说明，使协议明确而公正；二是各级领导要称职；三是在纪律遭到破坏时，要采取惩罚措施，但制裁要公正。

（4）统一命令。一个员工在任何活动中只应接受一位上级的命令。违背这个原则，就会使权力和纪律遭到严重的破坏。

（5）统一领导。为达到同一目的而进行的各种活动，应由一位首脑根据一项计划开展，这是统一行动、协调配合、集中力量的重要条件。

（6）员工个人要服从整体。法约尔认为，整体利益大于个人利益的总和。一个组织谋求实现总目标比实现个人目标更为重要。协调这两方面利益的关键是领导阶层要有坚定性和做出良好的榜样。协调要尽可能公正，并经常进行监督。

（7）人员的报酬要公平。报酬必须公平合理，尽可能使职工和公司双方满意。对贡献大，活动方向正确的职工要给予奖赏。

（8）集权。集权就是降低下级的作用。集权的程度应视管理人员的个性、道德品质、下级人员的可靠性以及企业的规模、条件等情况而定。

（9）等级链。即从最上级到最下级各层权力联成的等级结构。它是一条权力线，用以贯彻执行统一的命令和保证信息传递的秩序。

（10）秩序。即人和物必须各尽其能。管理人员首先要了解每一工作岗位的性质和内容，使每个工作岗位都有称职的职工，每个职工都有适合的岗位。同时还要有条不紊地精心安排物资、设备的合适位置。

（11）平等。即以亲切、友好、公正的态度严格执行规章制度。雇员们受到平等的对待后，会以忠诚和献身的精神去完成他们的任务。

（12）人员保持稳定。生意兴隆的公司通常都有一批稳定的管理人员。因此，最高层管理人员应采取措施，鼓励职工尤其是管理人员长期为公司服务。

（13）主动性。给人以发挥主动性的机会是一种强大的推动力量。必须大力提倡、鼓励雇员们认真思考问题和创新的精神，同时也应使员工的主动性受到等级链和纪律的限制。

（14）集体精神。职工的融洽、团结可以使企业产生巨大的力量。实现集体精神最有效的手段是统一命令。在安排工作、实行奖励时不要引起嫉妒，以避免破坏融洽的关系。此外，还应尽可能直接地交流意见。

法约尔的贡献是在管理的范畴、管理的组织理论、管理的原则方面提出了崭新的观点，为以后管理理论的发展奠定了基础。

三、韦伯的行政组织理论

（一）韦伯其人

马克斯·韦伯（Max Weber，1864—1920）出生于德国的一个富裕家庭，其父曾任普鲁士下院议员、帝国议会议员，其家庭有着相当广泛的社会联系。韦伯于1882年进入海德堡大学学法律，并先后就读于柏林大学和格丁根大学。他受过3次军事训练，1888年参与波森的军事演习，因而对德国的军事生活和组织制度有相当的了解，这对他以后建立组织理论有相当的影响。1889年他开始撰写中世纪商业公司的博士论文；1891年在柏林大学讲授法律；1894年获得海德堡大学的教授资格；1903年开始新教伦理方面的研究；1905年出版了他的名著《新教伦理和资本主义精神》。在组织理论方面，除了《新教伦理和资本主义精神》外，还有《社会和经济组织理论》。而1907年获得的一笔遗产，使他可以作为一个私人著述家从事学术研究，他曾担任过教授、政府顾问、编辑、著作家，对社会学、经济学、历史、宗教等许多问题都有自己的新观点和独到的见解。

韦伯是现代社会学的奠基人，他的观点对社会学家和政治学家都有着深远的影响。他研究了工业化对组织结构的影响，他不仅研究组织的行政管理，而且广泛地分析了社会、经济和政治结构。他在组织管理方面有关行政组织的观点，是他对社会和历史因素引起复杂组织的发展的研究结果，也是其社会学理论的组成部分，因而在管理思想发展史上被人们称为"组织理论之父"。

（二）韦伯的行政组织理论

韦伯认为理想的行政组织是通过职务和职位来管理的，而不是通过传统的世袭地位来管理。要使行政组织发挥作用，管理应以知识为依据进行控制，管理者应有胜任工作的能力，应该依据客观事实而不是凭主观意志来领导。

1. 韦伯理想的行政集权组织的主要特点

（1）任何机构组织都应有确定的目标。机构是根据明文规定的规章制度组成的，并具有确定的组织目标，人员的一切活动，都必须遵守一定的程序，其目的是为了实现组织的目标。

（2）组织目标的实现，必须实行劳动分工，把实现目标的全部活动都——地进行划分，然后落实到组织中的每一个成员。在组织中的每一个职位都有明文规定的权利和义务，这种权力和义务是合法的，在组织工作的每个环节上，都是由专家来负责的。

（3）按等级制度形成的一个指挥链，这种组织是一个井然有序且具有完整的权责相互对应的组织，各种职务和职位按等级制度的体系来划分，每一级的人员都必须接受其上级的控制和监督，下级服从上级。但是他也必须为自己的行动负责，这样，作为上级来说必须对自己的下级拥有权力，发出下级必须服从的命令。

（4）在人员关系上，这是一种非人格化的关系。也就是说，他们之间是一种指挥和服从的关系，这种关系是由不同的职位和职位的高低来决定，不是由个人决定，而是由职位所赋予的权力所决定，个人之间的关系不能影响工作关系。

（5）承担每一个职位的人都是经过挑选的，也就是说必须经过考试和培训，接受一定的教育获得一定的资格，由职位来确定需要什么样的人来承担，人员必须是称职的，同时也是不能随便免职的。

（6）该人员实行委任制，所有的管理人员都是任命的，而不是选举的（一些特殊的职位必须通过选举的除外）。

（7）该人员管理企业或其他组织，但他不是这些企业或组织的所有者。

（8）管理人员有固定的薪金，并须有明文规定的升迁制度，有严格的考核制度，管理人员的升迁是完全由他的上级来决定的，下级不得表示任何意见，以防止破坏上下级的指挥系统，通过这种制度来培养组织成员的团队精神，要求他们忠于组织。

（9）管理人员必须严格地遵守组织中的法规和纪律，这些规则不受个人感情的影响，而适用于一切情况。组织对每个成员的职权和协作范围都有明文规定，使其能正确地行使职权，从而减少内部的冲突和矛盾。

2. 行政组织理论的普遍性

韦伯认为，他这种理想的行政组织是最符合理性原则的，其效率是最高的，在精确性、稳定性、纪律性和可靠性等方面都优于其他组织形式。而且这种组织形式适用于各种管理形式和大型的组织，包括企业、教会、学校、国家机构、军队和各种团体。

从历史发展的角度来看韦伯的组织理论，可以发现它对封建传统管理模型的一种反对，也就是说要发展生产力、提高生产效率，必须要打破封建传统管理的模型，用一种科学的分析方式来对各种组织进行科学的管理。这是历史发展的必然，当生产力发展到一定的阶段，人们要进一步提高生产力，就必须寻求新的管理理论来指导实践。尽管韦伯的理论在当时没有被广泛地承认，但是随着生产力的发展，由于组织规模不断增大，复杂性不断提高，在人们开始探索大型行政组织的管理时，终于发现了韦伯的天才贡献。

四、行为科学理论

行为科学理论应用于管理学，主要是对工人在生产中的行为以及这些行为产生的原因进行分析研究。

（一）梅奥及其霍桑试验

乔治·埃尔顿·梅奥（George Elton Mayo）是原籍澳大利亚的美国行为科学家。1924—1932 年，美国国家研究委员会和西方电气公司合作，由梅奥负责进行了著名的霍桑试验（Hawthorne Experiment），即在西方电气公司所属的霍桑工厂，为测定各种有关因素对生产效率的影响程度而进行的一系列试验，由此产生了人际关系学说。试验分四个阶段进行。

第一阶段：照明试验（1924—1927 年）。该试验选择一批工人分为两组，一组为"试验组"，先后改变照明强度，让工人在不同照明强度下工作；另一组为"控制组"，工人在照明度始终保持不变的条件下工作。试验者希望通过试验得出照明度对生产率的影响。但试验结果发现，照明度的变化对生产率几乎没有什么影响。这个试验似乎以失败告终。但这个试验得出了两条结论：一是照明只是影响工人生产效率的一项微不足道的因素；二是由于牵涉因素太多，难以控制，且其中任何一个因素足以影响试验结果，所以照明对产量的影响无法准确测量。

第二阶段：继电器装配室试验（1927 年 8 月—1928 年 4 月）。旨在试验各种工作条件的变动对小组生产率的影响，以便能够更有效地控制影响工作效果的因素。研究小组做了材料供应、工作方法、工作时间、劳动条件、工资、管理作风与方式等各个因素对工作效率影响的实验，如增加工间休息，公司负责供应午餐和茶点，缩短工作时间，实施每周 5 天工作制，实行团体计件工资制，并允许女工在工作时间自由交谈。结果发现无论各个因素如何变化，产量都是增加的。由于督导方法的改变，使工人工作态度也有所变化，因而产量增加。

第三阶段：大规模的访问与调查（1928—1931 年）。两年内他们在上述试验的基础上进一步开展了全公司范围的普查与访问，调查了 20 000 多人次，发现所得结论与上述试验所得结论相同，即"任何一位员工的工作绩效，都受到其他人的影响"。于是研究进入第四阶段。

第四阶段：接线板接线工作室试验（1931—1932 年）。以集体计件工资制刺激，企图形成"快手"对"慢手"的压力以提高效率，历时 6 个月。公司当局给他们规定的产量标准是焊合 7 312 个接点，但他们完成的只有 6 000 ～ 6 600 个接点。试验发现，工人既不会为超定额而充当"快手"，也不会因完不成定额而成"慢手"，当他们达到他们自认为是"过得去"的产量时就会自动松懈下来。其原因是，生产小组无形中形成默契的行为规范，即工作不要做得太多，否则就是"害人精"；工作不要做得太少，否则就是"懒惰鬼"；不应当告诉监工任何会损害同伴的事，否则就是"告密者"；不应当企图对别人保持距离或多管闲事；不应当过分喧嚷、自以为是和热心领导；等等。根本原因则有 3 个：一是怕标准再度提高；二是怕失业；三是为保护速度慢的同伴。这一阶段的试验，还发现了"霍桑效应"，即对于新环境的好奇和兴趣，足以导致较佳的成绩，至少在初始阶段是如此。

通过 4 个阶段历时近 8 年的霍桑试验，梅奥等人认识到，人们的生产效率不仅要受到生理方面、物理方面等因素的影响，更重要的是受到社会环境、社会心理等方面的影响，这个结论的获得是相当有意义的，这对"科学管理"只重视物质条件，忽视社会环境、社会心理对工人的影响来说，是一个重大的修正。

（二）人际关系学说

根据霍桑试验的结果，梅奥于 1933 年出版了《工业文明中的人类问题》一书，提出了与古典管理理论不同的观点，形成了人际关系学说。它的主要观点如下。

1. 工人是"社会人"，而不是单纯追求金钱收入的"经济人"

作为复杂的社会系统成员，金钱并非刺激积极性的推动力，人们还有社会、心理方面的需求，如安全感、归属感等方面的需要，而后一方面所形成的动力随着生产力的进步，对效率更有影响。

2. 企业中除了正式组织外，还存在非正式组织

正式组织为非正式组织的形成创造了条件。这是因为正式组织为人们聚集在一起发生关系创造了条件。比如，相同的工作场所、共同的生产经营活动、一定的组织层次和结构既为相互接触创造了条件，也提供了接触和交往的限度。有了正式组织，人与人之间的接触才具有持续、反复的特征，非正式组织的生长发育才有条件。这种非正式组织是企业成员在其共同的工作过程中，由于具有相同的社会感情（如价值观、爱好、行为观等）而形成的非正式团体。这种无形组织有它特殊的感情、规范和倾向，左右着成员的行为。古典管理理论仅注重正式组织的作用，这还不够。非正式组织不仅存在而且同正式组织相互依存，对生产率的提高有很大影响。非正式组织的特征如下。

（1）自然性。

（2）功利性。组织最重要的作用是满足个人的不同需要。

（3）软约束。有全体成员都应该遵守的行为规范，但这种行为一般是不成文的、约定俗成的和非强制性的。

（4）内聚性。因为非正式组织是自发形成的，感情相容、相互认同是将组织联系在一起的纽带，所以非正式组织一般具有较强的内聚性。

（5）自然领袖。非正式组织的领袖大都是自然形成的。他在组织中具有举足轻重的地位，其影响力和号召力甚至比正式组织中主要领导人物的影响力、号召力还要强。

3. 提高职工的"满意度"

新型的领导在于通过对职工的"满意度"的增加来提高士气，生产率的升降主要取决于工人的士气，即工作的积极性、主动性与协作精神，而士气的高低则取决于人群关系对工人的满足程度，即他的工作是否被上级、同伴和社会承认，满足程度越高，士气也越高，生产效率也就越高。

（三）行为科学理论

继梅奥的人际关系学说之后，有很多学者从心理学、社会学等角度致力于这方面的研究。行为科学应用在管理学上，主要是对工人在生产中的行为及这些行为产生的原因进行分析研究，包括人的本性和需要、行为的动机、人际关系等。有关理论将在本书的其他章节陆续介绍，在此只简单提及。

五、古典管理理论

20 世纪初，由泰罗发起的科学管理革命导致了古典管理理论的产生。泰罗、法约尔、韦伯分别从 3 个不同的方面将古典管理理论的大厦建立起来。他们试图从 3 个不同角度（即个人、组织和社会）来解决整个资本主义社会宏观和微观的管理问题，为资本主义解决劳资关系、生产效率、社会组织等方面的问题，提供了管理思想的指导和科学理论方法。

但是，应该看到，古典管理理论和现代管理理论是有一定区别的，其缺陷也是显而易见的。人们之所以把泰罗等所创立的管理理论称为古典管理理论，一方面是因为对时间阶段的划分，另一方面是古典管理理论和现代管理理论有着重要的区别。

（一）古典管理理论与现代管理理论的区别

（1）首先是古典管理理论对人性的研究没有深入进行，对人性的探索仅仅停留在经济人的范畴之内。在古典管理理论中没有把人作为管理的中心。在现代管理理论中，人是被研究的中心课题，而正是因为对人性的深入探索，才使得现代管理理论显得丰富多彩。

（2）古典管理理论仅仅把管理的对象看做是一个客观存在，这个客观存在没有一定的抽象性，就事论事，尽管也对这个客观存在进行了一些概括，并提出了一些规律和原则，但是没有把管理对象上升到系统来认识。而现代管理理论的基础就是把管理的对象看成是一个系统，以系统理论的方法来对管理对象进行深入的研究。

（3）古典管理理论的着重点放在管理客观存在的内部，即所研究的是生产部门的内部，把如何提高生产率作为管理的目标，因此即使在今天，古典管理理论对如何提高生产率还是有相当大的指导意义的。而现代管理理论是把企业赖以生存的市场作为研究的对象，把消费者作为考虑的重点，企业的经营管理主要研究的是人和市场，而这两点都是古典管理理论没有进行研究的。

（4）古典管理理论既然把研究的重点放在企业内部，则对企业发展环境的考虑就非常少。其实，根据现代系统理论，任何一个企业系统都是在一定的环境下生存发展的，而且环境是在不断变化的，这样，企业的生存发展也是在不断地和环境变化进行相互作用下前进的，这是一个动态的过程，正因为这是一个动态的过程，才使得现代管理理论呈现出学派林立的局面。

（二）古典管理理论的贡献

不论古典管理理论和现代管理理论有多么不同，古典管理理论至少有以下几个方面的历史贡献。

（1）古典管理理论是现代管理理论的基础，古典管理理论所要解决的问题也是现代管理理论要解决的问题，所以古典管理理论对现代管理理论的研究仍然有着巨大的指导和借鉴作用。

（2）古典管理理论对今天的企业管理仍然有着巨大的指导作用，古典管理理论对提高产量，提高效率等方面具有不可替代的作用。其管理方法对今天的企业管理来说仍然是十分重要的。

（3）古典管理理论是在当时的生产力发展到一定程度的历史背景下建立起来的，这是和当时的生产力发展水平相联系的，或者说古典管理理论是适应于其相应的生产力水平的。而对于发展中国家来说，其生产力的发展水平如果相当于美国、欧洲在 20 世纪初时的生产力水平的话，那么古典管理理论应该是这些国家主要的管理理论，再加上本国的特点，就会构成指导该国的管理理论。

总之，古典管理理论并不过时，它为现代管理理论的建立提供了必要的基础，而且还在为现代企业管理提供方法上的指导，应该说它是不朽的。

精彩阅读

法 约 尔

亨利·法约尔（Henry Fayol，1841—1925）1841 年出生于法国的一个资产阶级家庭。1860 年，法约尔毕业于圣艾蒂安国立矿业学院，同年进入法国康门塔里福尔香堡采矿冶金公司，担任采矿工程师。

刚进入公司时，法约尔作为一位年轻的管理人员和技术人员，主要关心采矿工程方面的工作。1866 年，法约尔被任命为康门塔里矿井矿长。1872 年之后，法约尔被提升为负责一批矿井的经理，开始主要关心影响矿井经济情况的各种因素。此时，法约尔不仅要从技术方面考虑问题，更要从管理和计划方面来考虑问题，这促使法约尔对管理进行研究。1888 年，法约尔被任命为公司的总经理，当时公司正处于破产的边缘，法约尔按照自己的管理思想对公司进行了改革和整顿，关闭了一些经济效益不高的工厂，吸收资源丰富的新矿代替资源枯竭的老矿，并于 1891 年和 1892 年吸收了其他一些矿井和工厂，把新的联合公司命名为康曼包公司。法约尔克服了重重困难，把原来濒于破产的公司整顿得欣欣向荣。1918 年，法约尔退休。退休后，法约尔创建了一个管理研究中心，并担任领导工作，致力于宣传他的管理理论。1925 年，法约尔去世，享年 84 岁。

（资料来源：http：//wiki. mbalib. com/wiki/Special）

第三节　现代管理理论

一、现代管理理论产生的原因

（一）"二战"后资源积累的完成提出了提高效率的要求

20 世纪初，资本主义的发展和资源积累的完成提出了提高企业生产效率的要求，从而促进了科学管理理论的产生。20 世纪 30 年代经济危机的发生，使得管理研究的重点转向如何满足人在社会和心理方面的需求以调动人的工作积极性上来。第二次世界大战结束后，资本主义世界的经济得到了迅速发展，资本主义世界的资源又以前所未有的速度堆积起来。这种资源积累的完成同样向管理者提出了如何对这些资源进行有效利用的问题。

企业数量和企业规模的发展要求能形成新的管理理论来解决这种发展带来的新的管理问题。特别是进入 20 世纪 50 年代后，资本主义市场的性质由卖方市场变成了买方市场，使得资本主义市场的竞争十分激烈，要求企业根据消费者的需求来生产产品。它要求企业不能单纯考虑企业内部的管理问题，更重要的是要考虑企业与外部市场的关系。资本主义世界经济的这种发展变化要求管理理论必须把企业看成是一个属于环境超系统的子系统。正是反映这种经济发展的要求，现代管理理论侧重于从系统的观点出发研究企业与外部环境之间的关系，探讨企业在与外部环境的相互关系中如何才能提高生产效率，促进企业的生存和发展。

（二）科学技术的发展对管理提出了新的问题，同时也为管理理论的发展提供了新的思想、方法和手段

第二次世界大战结束以后，世界科学技术得到了迅速的发展，如电子技术、通信技术和计算机技术得到了迅速的发展。同时还产生和发展了许多新的学科，如控制论、信息论和系统论即三论的形成，数学与运筹学的发展。现代社会科学技术的发展极大地促进了社会的发展和进步，也对管理提出了许多新问题。

这是因为现代科学技术的发展，极大地扩展了社会生产的空间范围和社会生产的规模，人们如果再采用传统的管理思想、管理方法、管理工具和管理手段，就不能有效地进行现代化大生产。例如，生产空间范围的扩大，要求管理能解决生产过程中的信息联系和信息沟通的问题；生产规模的扩大和生产联系的复杂与紧密，要求管理能有效地处理生产过程中的大量数据资料，使生产过程能顺利、有效地进行。现代科学技术的发展在对管理提出新的要求

的同时，也为管理理论的发展提供了新的思想、方法、工具和手段。例如，系统理论的发展为管理理论的发展提供了系统分析的思想；电子计算机技术的发展为管理处理大量的数据资料提供了可能性。

实际上，正是由于现代科学技术的发展，原来从事各个学科研究的许多学者把自己学科的理论和方法应用于管理理论的研究，才形成了现代管理理论的各个理论学派同时并存的管理理论丛林现象。

（三）人们对"人"的本性认识的不断深化促进了管理理论的发展

任何一种管理理论，都是基于对人的本性的某种认识而提出的。科学管理理论是基于对人的"经济人"的认识而提出的，而对人的"社会人"的认识促使了人际关系学说的产生。第二次世界大战以后，随着社会的进步和人们生活水平的提高，人类本身的需求结构也在发生变化，人类在从事社会活动过程中也在不断地完善自己。因此，人类在社会活动过程中会不断地产生新的需求，在完善自身的过程中也要求不断地认识自己。

正是人类对自身认识的不断深化，促进了人们对管理活动规律性认识的深化，促进了管理理论的发展。例如，巴纳德认为人是有自由意志、有个人人格、有决策能力的"决策人"，因此，他认为管理者在管理过程中应该既考虑到组织目标的实现，又考虑到组织成员个人目标的实现。这种把组织目标与个人目标结合起来的思想在管理思想发展史上具有里程碑的意义。决策学派的主要代表人物西蒙却认为人是"管理人"。这种"管理人"的认识认为，人不是一种只会完成分配给他的工作的无生机的工具，也不是只会进行理性分析的机械人，人的学习、记忆、习惯等心理因素对人的行为决策起着重要的影响作用。从这一观点出发，西蒙认为，人们不是单纯从事有逻辑、有意识的决策行为，还包括无意识的习惯行为。所以，西蒙特别重视人的"刺激—反应"的行动方式。他认为人的反应性的、习惯性的行动不是不合理的，而是有其合理性的。正是基于这种认识，西蒙把管理决策分成程序化决策与非程序化决策；对于那些经常出现和大量出现的管理问题，把处理和解决这种问题的方法制度化、标准化和程序化，然后交给下级人员去处理，即采取程序化决策；而对于那些不经常出现的重大经营决策问题，则采取量体裁衣的解决方式，即采取非程序化的决策方式，由组织中的高层管理者集中精力处理。

二、现代管理理论各学派的主要观点

有人把管理思想和管理理论比喻为"浩浩荡荡的长江之水"，这是再恰当不过了。如果把古典管理理论说成是上游风光，它确实是汹涌澎湃，但这毕竟不是长江水的全貌。长江的深度是无法用某一局部来概括的。长江除了"接收"上游的水，还汇纳了岷江、嘉陵江、涪江、汉水、湘江、赣江等大小百川。管理也一样，它是汇纳了各种各样的管理理论、思想和方法，才使现代管理理论得以兴起。如今管理思想已形成形形色色的各种流派。

如果说古典管理理论当初对管理学而言，尚处于萌芽状态，那么现在这些萌芽已苗壮成长，并发展成为一片茂密的丛林，尤其是第二次世界大战之后，管理掀起了热潮，许多学者和管理学家提出了各自的理论和新学说，并形成各种不同的学派，这些大大小小的理论流派加总起来可有百余之多。

然而，过了20多年，这个"丛林"似乎越来越茂密了。据孔茨的研究，至20世纪80

年代有代表性的管理理论学派至少有11个之多，为此孔茨又写出一篇名为《再论管理理论丛林》的论文，在该论文中他概要地叙述并分析了这11个学派。

（一） 经验或案例学派

该学派是通过分析经验（各种实际案例）来研究管理。认为学生和管理者通过研究各种成功与失败的管理案例，就能理解管理问题，自然也就学会了有效地进行管理。

但是，未来肯定不同于过去，过去的具体经验，未必能沿用于解决未来的问题。对过去经验的研究，如果不是从根据上搞清楚事物的起因，那就不可靠，甚至是危险的。因此，只有以探求基本规律为目的去总结经验，才有助于某些管理原则的提出和论证。

（二） 人际关系学派

该学派认为，既然管理就是通过他人来完成某些事情，那么，研究管理必须注重人际间的关系。这个学派把社会科学中的许多理论、方法和技术应用于研究管理中人际间及个人的各种现象，其中多数学者受过心理学方面的训练。他们强调职工是由不同的个人所组成，是群体中的一分子，他们有各种需要得由组织来加以满足，他们把人的动因看成了一种社会心理学现象，甚至有人强调，处理人际关系是管理者（即使是那些愚蠢的尽想找人毛病的管理者）能理解和掌握的一种技巧。也有些人致力于研究激励与领导问题，提出了许多对管理者很有助益的见解。

该学派中有人把"管理者"和"领导者"的概念混淆了。研究人际关系确实对管理工作很有用，也很重要，但是不能说人际关系就包括了管理的一切。研究与实践也证明光有人际关系，远不足以建立一种完整的管理学科。

（三） 群体行为学派

此学派与人际关系学派关系密切，甚至易于混同。该学派注重研究的是组织中群体的行为，包括群体的文化、行为方式和行为特点等。大到公司、政府、医院等社会机构，小到一个小组团体，这些群体都属于组织范畴，所以群体行为学派也常被称为组织行为学派。

（四） 合作社会系统学派

该学派把组织当成一个合作的社会系统来研究，显然对人际关系学派和群体行为学派的观点作了修正。实际上，把人的关系看成社会系统的观点，意大利社会学家帕雷托（Pareto）早就提出来了。合作社会系统学派创始人巴纳德（Chester I. Barnard，1886—1961）显然受其影响，提出组织是一个协作的社会系统，并强调管理者的最重要的任务是领导，他们都是在合作的社会系统中工作并维护着这些系统。

组织作为一个社会协作系统，其存在取决于以下几方面。

（1）协作效果。即组织目标的达成。

（2）协作效率。即在实现目标的过程中，协作的成员损失最小而心理满足较高。

（3）组织目标应和环境相适应。

在一个正式组织中建立这种协作关系需满足以下3个条件：一是共同的目标，二是组织成员有协作意愿，三是组织中有一个能彼此沟通的信息系统。

因此，作为一个管理者或经理人员需完成以下各项职能。

（1）设定组织目标。

（2）筹集所需资源，使组织成员能为实现组织目标作出贡献，为此，作为管理者应带头工作，以使其权威为职工所接受。

（3）建立并维持一个信息联系系统。

此外，任何在行政职位上的管理人员都应充分运用各种基本的管理原则。

有不少学者还把有关概念扩大应用于各种合作性的、有目的的群体关系或行为，并把它笼统地称为"组织理论"。合作社会系统学派对管理的分析确实很中肯，管理者的确都在一个合作的社会系统中工作，但并非在所有的合作社会系统中都能找到管理者。显然此学派研究的领域很宽，有的已超出了管理范围，但也有许多对管理者来说很重要的概念、原理和方法，它却忽略了。

（五）社会技术系统学派

这是一个较新的管理学派，人们通常把这一学派的创立归功于英国的特里司特（E. L. Trist）及其在美国塔维斯托克研究所的同事。他们通过对长壁采煤法生产问题的研究，认为在管理中只分析社会系统是不够的，还需研究技术系统对人的影响。在解决采煤生产率问题过程中，他们发现技术系统（机器设备和采掘方法）对社会系统有很大影响。因此，必须把社会系统和技术系统结合起来考虑，而管理者的一项主要任务就是要确保这两个系统相互协调。

此学派的大部分著作集中于研究科学技术对个人、对群体行为方式，以及对组织方式和管理方式等的影响，分析技术系统与人以及人的工作的紧密联系，因而它也特别注意工业工程、人—机系统问题的研究。这个学派虽然并没有像其信奉者所说的那样包含了管理的一切，但确实对管理实践作出了重要的贡献。这个学派的缺陷也很明显，从管理者的经验来讲，说装配线技术或铁路运输技术或炼油技术会影响个体、群体及其行为方式，还会影响各类运作的组织方式以及各种管理技巧，确实不能完全令人信服，所以，这个学派的观点更适用于企业运作的某些特定方面。

（六）决策理论学派

这一学派的代表人物是著名的诺贝尔经济学奖获得者美国教授赫伯特·西蒙（Herbert A. Simon，1916—2001）。该学派认为决策是管理者的主要任务，因而应集中研究决策问题，尤其是西蒙提出的行为决策观对现代管理理论作出了卓越贡献。

（1）"有限的理性"和"满意准则"。认为管理者的理性是有局限的。由于实际中的决策情况非常复杂，而管理者的判断力又受各种主客观条件的限制，不可能认识在给定的情形下所有备择方案的各种结果。因此，管理人员应寻求简单的、尚"满意"的结果，而非"最佳方案"。

（2）计算机辅助决策。随着高速计算机的出现，大部分的决策工作可由计算机来执行，即程序化决策。这类问题的决策通过编制程序，在有关问题一提出时，就对它假设一个答案，以对该决策作出指导。

许多学者和理论家认为，管理是以决策为特征的，所以管理理论应围绕决策这个核心来建立。可是，应看到管理的内容要比决策丰富得多，而且只要具备一定的条件，决策对管理者而言，就会是一件相当容易的事情。这些条件包括：目标明确，对决策环境能够准确地预测，能获得充分的信息，组织结构能使决策者职责分明，拥有胜任决策的人员，以及其他进行有效管理的必要条件。

（七）系统学派

该学派认为，一个组织的管理人员必须理解构成整个动作的每一个系统。所谓系统，即由相互联系或相互依存的一组事物，各部分在动作时像一个整体一样，来达成特定的目标，或按计划与设计发挥其功能。

组织也有其子系统，执行着其生存所必需的各项关联的任务。要理解一个系统是如何工作的，首先要懂得其各子系统是如何发挥作用的，以及每一个子系统对整个系统的贡献。当任何一个子系统发生变化时，通常会对其他子系统产生影响。对于管理者而言，尤其是工商业组织中的管理者，必须要有一个系统观念，当他们决定改变某一子系统时，将会对其他子系统，乃至整个系统产生怎样的影响。总之，在企业中，没有一个管理者，没有一个部门或单位能不顾他人而独立存在。也就是说，组织中整体的或部门的动作在防止因局部的优化而造成对其他领域产生负面影响。

系统管理和系统分析在自然科学中早已被应用，并形成了很值得重视的系统知识体系，系统理论同样也适用于管理理论与科学。一些精明老练的管理人员和有实际经验的管理学家，都习惯于把他们的问题和业务看成是一个由相互联系的因素所构成的网络，该网络与组织的内外环境每日每时都在互相作用，对系统的自觉研究和强调，的确提高了管理人员和学者们对影响管理理论与实践的各种相关因素的洞察力。

（八）数理学派

该学派注重定量的数学模型，认为通过建立数学模型这一手段可以把问题（管理问题也不例外）的基本关系表示出来，并在确定目标后能求得最优结果。该理论与系统理论及决策理论都有很大的关系，尽管数学模型的建立不只限于决策问题。这些理论家中有人认为，管理基本上是一种数学程序、概念、符号和模型的演习。其中有许多著名的运筹学家，他们自称为管理科学家，"管理科学"的名称也因此产生。

该学派把过多的注意力放在建立某些类型问题的数学模型，并精致地进行模拟和求解上。许多批评者认为，光狭隘地注重数学，够不上一个完整的真正的管理学派。任何关心科学的人都承认数学模型和数学分析的巨大作用，但正如数学不能成为化学、物理学和生物学中的一个独立学派一样，也很难把数学看成一个管理的学派。数学和数学模型只是管理者从事分析的一种工具而已。

（九）权变管理学派

该学派强调管理者的实际工作取决于所处的环境条件，因此管理者就根据不同的情景及其变量决定采取何种行动和方法。它试图寻求最为有效的方式来处理一个特定的情景或问题。管理人员遇到的每一个情形虽然有可能和其他经验相类似，但都有各自独有的特征。权变理论家们广泛地应用了古典理论、管理科学和系统观念来分析解决问题。有人甚至认为真正的权变管理学派是一个综合各家理论的学派。在有的情景中需要"人治"（由人来寻求答案），换种情景则可能需要"法治"（按逻辑程序解决问题）。他们既吸取在某种情景中行为学家的经验，也学习在另一种形势下数理学派所用的知识。

权变管理学派处理问题的方法：首先分析问题，然后列出当时主要的情况条件，最后提出可能的行动方案（可获得的），以及各行动路线的结果。由于没有两种情景是完全一样的，所以对任何情景来说，其解决办法总是独一无二的。

管理实践按其本质而言，要求管理者在应用理论或方法时要考虑现实情况。科学和理论的任务绝不是、也不可能去规定在各种具体情况下该怎办。理论与科学应用于实践的问题只能根据实际情况来解决。

（十）管理角色学派

这是一个较新的学派。它同时受到学者和实际管理人员的重视，其推广得力于亨利·明茨伯格。这个学派主要通过观察管理者的实际活动来明确管理者工作的内容，也有人对管理者（从总裁到领班）的实际工作进行研究，但把这种研究发扬成了一个众所周知的学派则应归功于明茨伯格。他系统地研究了不同组织中 5 位总裁的活动，得出结论，即总裁们并不按传统的对于管理职能的划分在行事，如从事计划、组织、领导和控制，而是进行许多别的工作。

明茨伯格根据自己和别人对管理者实际活动的研究，认为管理者执行着 10 种职务或扮演了 10 种不同的角色。他把管理者职能的惯常划分称为"老一套"，但是以孔茨等人为代表的经营管理学派认为这"老一套"能把"新一套"包含进去。此外，明茨伯格提出的那些管理者的职务并不全面，如建立组织机构、挑选和考核管理人员、确定重大战略等众所周知的管理活动都没有包括进去，不能不说是个严重的缺憾。

（十一）经营管理学派

经营管理学派（亦称管理过程学派）这个术语是从 P. W. 布里曼的著作里借用来的。这个学派想通过与管理者职能相联系的办法把有关管理的知识汇集起来，力图把用于管理实践的概念、原则、理论和方法糅合到一起，以形成一个管理学科。

他们认为，管理知识中有一个纯属管理的核心部分，如直线与参谋、部门划分、管理幅度界限、管理审核以及各种管理控制技术，这样一些东西，有关它们的概念和理论只能在管理工作中找到。此外，这个学派也从其他学科吸取有关的知识，如对管理活动、问题和方案的实况研究，系统理论、决策理论、有关激励和领导问题的调研结果和理论，个人及群体行为理论，数学模型及数学方法的应用等。所有这些知识在一定程度上也适用于其他学科领域。但该学派声明对它们的兴趣只限于管理方面的应用。

经营管理学派的特点主要表现在它包含一个管理所独有的科学理论核心，加上从其他各学派那里吸取的知识，该学派并不是对那些学科领域中的所有重要知识都感兴趣，它只是在关心那些它认为对管理最有用、关系最为密切的东西。因此，在一定程度上它是一种兼收并蓄的科学理论。

管理理论发展到现在，虽然经历了许多阶段，分出许多学派，但基本上可归为两大类。一类是强调组织的作用和技术作用，把人看成为"经济人"和"机械人"，因而在管理思想上是以生产为中心，采用等级制的专制式的管理方式，强调正式组织的作用，强调专业化，要求有明确的分工、明确的权力路线和职责范围，主张严格的纪律和服从。它利用组织、技术等手段，计划和控制人们的活动，以达到组织的目标。另一类是强调人的行为，强调人群关系，强调工作集体的影响，基本上把人看做是"社会人"。因而，在管理思想上是以人为中心，侧重于采用参与制的民主管理方式，重视非正式组织的作用，强调自主，强调满足被管理者个人的需求与欲望，以激励、启发、调动职工的创造性和积极性，从而达到组织的目标。

管理定律

光 环 效 应

光环效应又称晕轮效应，最早是由美国著名心理学家爱德华·桑戴克于20世纪20年代提出的。

它是一种影响人际知觉的因素。这种爱屋及乌的强烈知觉的品质或特点，就像月晕的光环一样，向周围弥漫、扩散，所以人们就形象地称这一心理效应为光环效应。和光环效应相反的是恶魔效应。即对人的某一品质，或对物品的某一特性有坏的印象，会使人对这个人的其他品质，或这一物品的其他特性的评价偏低。

思考与讨论

1. 简述泰罗的科学管理理论。
2. 简述法约尔的一般管理理论。
3. 法约尔提出的管理职能是哪几项？
4. 建立学习型组织的五项修炼技能分别是什么？
5. 韦伯的行政组织体系理论涉及的主要内容是什么？
6. 古典管理理论对管理的发展作出了哪些贡献？
7. 埃及金字塔的早期管理实践说明了什么？

管理游戏

看不见与说不清

［游戏目的］ 了解公司的不同的角色的情境，认识管理的要素。

［游戏程序］

（1）3名学员扮演工人，一起被蒙住双眼，带到一个陌生的地方；

（2）由两名学员扮演经理；

（3）1名学员扮演总裁。

［游戏规则］ 工人可以讲话，但什么也看不见；经理可以看，可以行动，但不能讲话；总裁能看，能讲话，也能指挥行动，但却被许多无关紧要的琐事缠住，无法脱身（他要在规定时间内做许多与目标不相关的事），所有的角色需要共同努力，才能完成游戏的最终目

标——把工人转移到安全的地方。

〔游戏准备〕不同角色的说明书以及任务说明书。

〔注意事项〕任务说明书可以由培训师根据情况设计，关键是游戏中总裁要有许多琐事缠身。

〔游戏体会〕游戏结束以后，向学员讲解游戏的意义——企业上下级的沟通是重要的。游戏完全根据企业现实状况而设计，总裁并不能指挥一切，他只能通过经理来实现企业的正常运转；经理的作用更重要，他要上传下达；而工人最需要的是理解和沟通。

这个游戏让学员深刻地认识到，以后在工作中遇到问题，一定要以"角色转换"的心态来对待。

（资料来源：http://wenku.baidu.com/view/99c43a3467ec102de2bd899c.html）

综合分析

升任公司总裁后的思考

郭宁最近被所在的生产机电产品的公司聘为总裁。在准备接任此职位的前一天晚上，他浮想联翩，回忆起他在该公司工作20多年的情况。

他在大学时学的是工业管理，大学毕业后就到该公司工作，最初担任液压装配单位的助理监督。他当时感到真不知道如何工作，因为他对液压装配所知甚少，在管理工作上也没有实际经验，他感到几乎每天都手忙脚乱。可是他非常认真好学，一方面仔细参阅该单位所订的工作手册，并努力学习有关的技术知识；另一方面监督长也对他主动指点，使他渐渐摆脱了困境，胜任了工作。经过半年多时间的努力，他已有能力独担液压装配的监督长工作。可是，当时公司没有提升他为监督长，而是直接提升他为装配部经理，负责包括液压装配在内的四个装配单位的领导工作。

在他当助理监督时，他主要关心的是每日的作业管理，技术性很强。而当他担任装配部经理时，他发现自己不能只关心当天的装配工作状况，他还得作出此后数周乃至数月的规划，还要完成许多报告和参加许多会议，他没有多少时间去从事他过去喜欢的技术工作。当上装配部经理不久，他就发现原有的装配工作手册已基本过时，因为公司已安装了许多新的设备，引入了一些新的技术，这令他花了整整一年时间去修订工作手册，使之切合实际。在修订手册过程中，他发现要让装配工作与整个公司的生产作业协调起来是有很多讲究的。他还主动到几个工厂去访问，学到了许多新的工作方法，他也把这些吸收到修订的工作手册中去。由于该公司的生产工艺频繁发生变化，工作手册也不得不经常修订，郭宁对此都完成得很出色。他工作了几年后，不但自己学会了这些工作，而且还学会如何把这些工作交给助手去做，教他们如何做好，这样，他可以腾出更多时间用于规划工作和帮助他的下属把工作做得更好，以及花更多的时间去参加会议、批阅报告和完成自己向上级的工作汇报。

当他担任装配部经理6年之后，正好该公司负责规划工作的副总裁辞职应聘于其他公司，郭宁便主动申请担任此职务。在同另外5名竞争者较量之后，郭宁被正式提升为规划工作副总裁。他自信拥有担任这一新职位的能力，但由于此高级职务工作的复杂性，仍使他在刚接任时碰到了不少麻烦。例如，他感到很难预测1年之后的产品需求情况。可是一个新工厂的开工，乃至一个新产品的投入生产，一般都需要在数年前做出准备。而且，在新的岗位上他还要不断处理市场营销、财务、人事、生产等部门之间的协调，这些他过去都不熟悉。他在新岗位上越来越感到：越是职位上升，越难于仅仅按标准的工作程序去进行工作。但是，他还是渐渐适应了，做出了成绩，以后又被提升为负责生产工作的副总裁，而这一职位通常是由该公司资历最深的、辈分最高的副总裁担任的。到了现在，郭宁又被提升为总裁。他知道，一个人当上公司最高主管职位之时，他应该自信自己有处理可能出现的任何情况的才能，但他也明白自己尚未达到这样的水平。因此，他不禁想到自己明天就要上任了，今后数月的情况会怎样？他不免为此而担忧。

（资料来源：http：//www.doc88.com/p－610723204822.html）

问题：

（1）郭宁担任助理监督、装配部经理、规划工作副总裁和总裁这四个职务，其管理职责各有何不同？可否概括其变化的趋势？

（2）你认为郭宁要成功地胜任公司总裁的工作，哪些管理技能是最重要的？他具有这些技能吗？

参考答案：

（1）一开始担任基层管理者，主要起到带领员工完成既定任务，起模范带头作用；继而担任中层管理者，即装配部经理，首先应该了解高层管理者的思路和想法，然后按照自己的工作办法和工作思路去带领基层管理者及员工开展自己的工作；最后担任副总裁、总裁，要能给中层及基层和员工带来一个发展的思路，保证企业平稳地前进。

随着他职位的升迁，管理职责在不断扩大，从管理一个团队到一个部门，从部门之间的协作到整个企业的进步，反映了3个层次之间关注目标的差别。

（2）对于总裁而言，首先要有战略发展眼光，能判断出企业今后将要遇到的问题，以及如何解决；其次要有良好的财务素养；最后要有很强的人际沟通能力和用人能力。目前来看，郭宁在财务方面的能力比较欠缺，战略规划方面略有基础，用人能力根据现有材料难以评论，但其沟通能力应该足够。

第三章

计划与决策

学习目标

1. 掌握计划的含义；
2. 掌握计划制订的原则；
3. 掌握计划制订的程序；
4. 了解决策制定过程的步骤；
5. 掌握确定性、风险性和不确定性决策；
6. 掌握头脑风暴法、专家会议法、德尔菲法的含义；
7. 掌握决策树法的计算。

管理故事

    A 在合资公司做白领，觉得自己满腔抱负没有得到上级的赏识，经常想：如果有一天能见到老总，有机会展示一下自己的才干就好了！A 的同事 B，也有同样的想法，他更进一步，去打听老总上下班的时间，算好他大概会在何时进电梯，他在这个时候去坐电梯，希望能遇到老总，有机会可以打个招呼。他们的同事 C 则更进一步，他详细了解了老总的奋斗历程，弄清老总毕业的学校、人际风格、关心的问题，精心设计了几句简单却有分量的开场白，在算好的时间去乘坐电梯，跟老总打过几次招呼后，终于有一天和老总长谈了一次，不久就争取到了更好的职位。

    愚者错失机会，智者善抓机会，成功者创造机会。机会只给计划好的人，这"计划"二字并非说说而已。

（资料来源：百度文库—管理学小故事）

第一节　计　　划

一、计划的含义

    在汉语中，"计划"既可以是名词，也可以是动词。从名词意义上说，计划是指用文字和指标等形式所表述的，在未来一定时期内组织以及组织内不同部门和不同成员，关于行动方向、内容和方式安排的管理文件。计划既是决策所确定的组织在未来一定时期内的行动目标和方式在时间和空间的进一步展开，又是组织、领导、控制和创新等管理活动的基础。从动词意义上说，计划是指为了实现决策所确定的目标，预先进行的行动安排。这项行动安排工作包括在时间和空间两个维度上进一步分解任务和目标，选择任务和目标的实现方式，规定进度，检查与控制行动结果等。人们有时用"计划工作"表示动词意义上的计划内涵。因此，计划工作是对决策所确定的任务和目标提供一种合理的实现方法。

计划工作为组织提供了通向未来目标的明确道路，为组织、领导和控制等一系列管理工作提供了基础。计划工作也着重于管理创新，有了计划工作这座桥，本来不会发生的事，现在就可能发生了，模糊不清的未来变得清晰实在。虽然人们不可能准确无误地预知未来，那些不可控制的因素可能干扰最佳计划的制订，这使得人们不可能制订出最优计划，但是如果不进行计划工作，就只能听任自然。

无论在名词意义上还是在动词意义上，计划内容都包括"5W1H"，计划必须清楚地确定和描述这些内容。

（1）What。做什么？目标与内容。

（2）Why。为什么做？原因。

（3）Who。谁去做？人员。

（4）Where。何地做？地点。

（5）When。何时做？时间。

（6）How。怎样做？方式、手段。

二、计划与决策的关系

计划与决策是何关系？二者中谁的内容更为宽泛，或者说哪一个概念是被另一个包容的？管理理论研究中对这个问题有着不同的认识。

有人认为，计划是一个较为宽泛的概念，作为管理的首要工作，计划是一个包括环境分析、目标确定、方案选择的过程，决策只是这一过程中某一阶段的工作内容。比如，法约尔认为，计划是管理的一个基本部分，包括预测未来并在此基础上对未来的行动予以安排；西斯克认为，"计划工作在管理职能中处于首位"，是"评价有关信息资料、预测未来的可能发展、拟订行动方案的建议说明"的过程，决策是这个过程中的一项活动，是在"两个或两个以上的可择方案中作一个选择"。

而以西蒙为代表的决策理论学派则强调，"管理就是决策"，决策是包括情报活动、设计活动、抉择活动和审查活动等一系列活动的过程；决策是管理的核心，贯穿于整个管理过程。因此，决策不仅包括了计划，而且包容了整个管理，甚至就是管理本身。

本书认为，决策与计划是两个既相互区别、又相互联系的概念。说它们是相互区别的，是因为这两项工作需要解决的问题不同。决策是关于组织活动方向、内容以及方式的选择。这是从"管理的首要工作"这个意义上来把握决策的内涵的，任何组织，在任何时期，为了表现其社会存在，必须从事某种为社会所需要的活动。在从事这项活动之前，组织必须首先对活动的方向和方式进行选择。计划则是对组织内部不同部门和不同成员在一定时期内行动任务的具体安排，它详细规定了不同部门和成员在该时期内从事活动的具体内容和要求。

（1）决策是计划的前提，计划是决策的逻辑延续。决策为计划的任务安排提供了依据，计划则为决策所选择的目标活动的实施提供了组织保证。

（2）在实际工作中，决策与计划是相互渗透，有时甚至是不可分割地交织在一起的。决策制定过程中，不论是对内部能力优势或劣势的分析，还是在方案选择时关于各方案执行效果或要求的评价，实际上都已经开始孕育着决策的实施计划。反过来，计划的编制过程，既是决策的组织落实过程，也是决策的更为详细的检查和修订的过程。无法落实的决策，或者说决策选择的活动中某些任务的无法安排，必然导致决策在一定程度上的调整。

三、计划的作用

（一）为组织活动的分工提供依据

为了达成决策选择的目标，组织需要从事一定的业务活动。组织的业务活动是由数量众多的成员在不同的时空里进行的。为了保证不同成员在不同时空的活动中提供组织所需的贡献，他们所从事的活动必须相互协调地进行。为此，必须进行科学的分工。计划的编制将组织的目标活动在时间和空间上进行详细分解，从而为科学分工提供了依据。

（二）为组织活动的资源筹措提供依据

任何活动的进行都是对一定资源的加工和转换。为了使组织的目标活动以尽可能低的成本顺利地进行，必须在规定的时间提供组织活动进行所需的规定数量的各种资源。资源的提供不及时，或者数量不足，可能导致组织活动的中断；而数量过多，则会导致资源的积压，从而不仅会增加资金的占用，甚至会造成资源的浪费。计划将组织的目标活动在时空上进行分解，通过规定组织的不同部门在不同时间应从事何种活动，告诉了人们何时需要何等数量的何种资源，从而为组织的资源筹措提供了依据。

（三）为组织活动的检查与控制提供依据

不同组织成员由于素质和能力的不同，对组织任务和要求的理解也可能有别；不同环节的活动能力并不总是相互平衡的；此外，组织整体以及组织的各个部分在活动中所面对的环境特点与事先的预计可能不完全吻合。因此，组织的各个部分在决策实施中的活动情况与目标要求不一定完全相符，可能出现偏差。这种偏差，如不及时发现并针对原因及时采取措施，则不仅会导致组织活动的失败，而且可能危及组织的生存。要及时发现可能存在的偏差，就必须对组织活动的实际情况进行检查。计划的编制为检查不同部门、不同成员在不同时期的活动情况提供了客观的标准和依据。

四、计划制订的原则

（一）弹性原则

是指计划能够根据客观环境的发展变化作出相应的调整和变动，是在实际管理活动中的适应性、应变能力与动态的管理对象相一致的性质。

计划的弹性包括两方面的含义：

（1）在制订计划时要留有充分的余地，使计划具有适度修改的伸缩性；

（2）计划目标在执行过程中的灵活性。

（二）统筹兼顾的原则

在制订计划时，要全面考虑计划系统中所有的各个构成部分及其相互关系，同时还要考虑到计划系统和相关系统的关系，按照系统内外的必然联系，进行统一筹划。

（三）重点原则

是指在制订计划时，不仅要全面考虑计划的各个方面的问题，同时还要分清主次和轻重缓急，抓住计划的关键性问题、关键要素，以及计划执行中的关键环节。

（四）综合平衡原则

是指在制订计划时，为实现计划目标，根据客观规律的要求，合理地确定各种比例关系。

五、计划制订的程序

计划编制本身也是一个过程。为了保证编制的计划合理，能实现决策的组织落实，计划编制必须采用科学的方法。

虽然可以用不同标准把计划分成不同类型，计划的形式也多种多样，但管理人员在编制任何完整的计划时，实质上都遵循相同的逻辑和步骤。

（一）估量机会

对机会的估量，要在实际的计划工作开始之前就着手进行，它虽然不是计划的一个组成部分，但却是计划工作的真正起点。其内容包括对未来可能出现的变化和预示的机会和威胁进行初步分析；分析自身的长处和短处，了解自身能力所在；列举主要的不肯定因素，分析其发生的可能性和影响程度；在反复斟酌的基础上，下定决心，扬长避短。

（二）确定目标

确定目标是决策工作的主要任务，是制订计划的第一步。目标是指期望的成果。目标为组织整体、各部门和各成员指明了方向，描绘了组织未来的状况，并且作为标准可用来衡量实际的绩效。计划工作的主要任务是将决策所确立的目标进行分解，以便落实到各个部门、各个活动环节。企业的目标指明主要计划的方向，而主要计划又根据企业目标，规定各个主要部门的目标；而主要部门的目标又依次控制下属各部门的目标，如此等等。沿着这样的一条线依次类推，从而形成了组织的目标结构，包括目标的时间结构和空间结构。目标结构描述了组织中各层次目标间的协作关系。

（三）认清现在

计划是连接组织所处的此岸和要去的彼岸的一座桥梁，目标指明了组织要去的彼岸。因此，制订计划的第一步是认清组织所处的此岸，即认清现在。认清现在的目的在于寻求合理有效的通向彼岸的路径，即实现目标的途径。认清现在不仅需要有开放的精神，将组织、部门置于更大的系统中，而且要有动态的观点，考察环境、对手与组织自身的随时间的变化与相互间的动态反应。对外部环境、竞争对手和组织自身的实力进行比较研究，不仅要研究环境给组织带来的机会与威胁，与竞争对手相比组织自身的实力与不足，还要研究环境、对手及组织自身随时间变化的变化。

（四）研究过去

虽然"现在"不必然在"过去"的线性延长线上，但"现在"毕竟是从"过去"走来的。研究过去不仅是从过去发生的事件中得到启示和借鉴，更重要的是探讨过去通向现在的一些规律。从过去发生的事件中探求事物发展的一般规律有两种基本方法：一为演绎法，一为归纳法。演绎法是将某一大前提应用到个别情况，并从中引出结论。归纳法是从个别情况发现结论，并推论出具有普遍原则意义的大前提。现代理性主义的思考和分析方式基本上可分为以上两种，即要么从已知的大前提出发加以立论，要么有步骤地把个别情况集中起来，再从中发现规律。根据所掌握的材料情况，研究过去可以采用个案分析、时间序列分析等形式。

（五）预测并有效地确定计划的重要前提条件

前提条件是关于计划的环境的假设条件，是关于由所处的此岸到达将去的彼岸的过程中所有可能的假设情况。对前提条件认识越清楚、越深刻，计划工作越有效，而且组织成员越彻底地理解和同意使用一致的计划前提条件，企业计划工作就越协调。因此，预测并有效地确定计划前提条件有重要意义。

由于将来是极其复杂的，要把一个计划的将来环境的每个细节都作出假设，不仅不切合实际甚至无利可图，因而是不必要的，因此前提条件限于那些对计划来说是关键性的，或具有重要意义的假设条件，也就是说，限于那些对计划贯彻实施有重要影响的假设条件，预测在确定前提方面很重要。最常见的对重要前提条件预测的方法是德尔菲法。

（六）拟订和选择可行的行动计划

"条条大路通罗马"、"殊途同归"，都描述了实现某一目标的途径是多条的。制订和选择行动计划包括 3 个内容：拟订可行性行动计划、评估计划和选定计划。

拟订可行性行动计划要求拟订尽可能多的计划。可供选择的行动计划数量越多，对选中的计划的相对满意程度就越高，行动就越有效。因此，在计划拟订阶段，要发扬民主，广泛发动群众，充分利用组织内外的专家，产生尽可能多的行动计划。在该阶段，需要"巧主意"，需要创新性。尽管没有两个人的脑力活动完全一样，但科学研究表明，创新过程一般包括浸润（对问题由表及里的全面了解）、审思（仔细考虑问题）、潜化（放松和停止有意识的研究，让下意识起作用）、突现（突现绝妙的、也许有点古怪的答案）、调节（澄清、组织和再修正答案）等。

评估计划，要注意考虑以下几点：第一，认真考察每一个计划的制约因素和隐患；第二，要用总体的效益观点来衡量计划；第三，既要考虑每一个计划的有形的可以用数量表示出来的因素，又要考虑其无形的不能用数量表示出来的因素；第四，要动态地考察计划的效果，不仅要考虑计划执行所带来的利益，还要考虑计划执行所带来的损失，特别注意那些潜在的、间接的损失。评价方法分为定性和定量两类。

这一阶段的最后一步是按一定的原则选择出一个或几个较优计划。

（七）制订主要计划

制订主要计划就是将所选择的计划用文字形式表达出来，作为管理文件。计划要清楚地确定和描述"5W1H"的内容，即 What（做什么）、Why（为什么做）、Who（谁去做）、Where（何地做）、When（何时做）、How（怎样做）。

（八）制订派生计划

基本计划还需要派生计划的支持。比如，一家公司年初制订了"当年销售额比上年增长15%"的销售计划，与这一计划相连的有许多计划，如生产计划、促销计划等。再如当一家公司决定开拓一项新的业务时，这个决策是要制定很多派生计划的信号，如雇佣和培训各种人员的计划、筹集资金计划、广告计划等。

（九）制定预算，用预算使计划数字化

在作出决策和确定计划后，最后一步就是把计划转变成预算，使计划数字化。编制预算，一方面是为了计划的指标体系更加明确，另一方面是使企业更易于对计划执行进行控制。定性的计划往往在可比性、可控性和进行奖惩方面比较困难，而定量的计划则具有较硬的约束。

精彩阅读

计划工作的原理

1. 限制因素原理

所谓限制因素，是指妨碍决策目标实现的因素。限制因素原理是指在决策过程实施中，只要抓住这些限制因素，解决了这些瓶颈问题，即使其他因素不改善，也可以使决策实施结果得到显著提高。限制因素原理也称为"木桶原理"，即假设木桶直径不变，一个由多块木板构成的木桶所盛的水量，取决于木桶壁上最短的那块木板。这一原理旨在说明，管理者在编制决策实施计划时，应深入了解那些对决策目标实现起主要限制作用的瓶颈因素，并针对这些因素制定工作重点，设置重点任务、重点目标和重点考核指标，配备主力人员来解决这些问题，这样才能为实现整个决策目标扫清障碍。

2. 许诺原理

许诺原理是指任何一项计划都是对完成某项工作所作出的许诺，许诺越大越多，计划的期限就越长，所涉及的各种不确定性因素就越多，实现许诺的可能性就越小。这一原理涉及计划期限的问题。一般而言，一项详细计划实施的期限不能太长，一方面计划期太长实现所许诺的任务的把握将会降低；另一方面计划期太长所花费的计划费用将会大幅提高，而效果也未必理想。

3. 灵活性原理

由于计划实施过程中将面临内、外部环境的各种不确定因素的影响，因此在决策实施计划编制时，就应当增加计划的灵活性，不能提出过高的目标或许诺，要留有余地，降低实施

难度，提高完成计划的"余量"，从而降低未来意外事件所引起的损失或失败的危险性。这就是计划的灵活性原理。

4. 改变航道原理

改变航道原理也是一种增加灵活性的方法，但它和灵活性原理不同。灵活性原理是指在编制计划时，所提出的目标或许诺（包括任务及完成时间等）不能太高，要留有余地；而改变航道原理是指计划执行过程中要有灵活性，可以修订计划，但不降低原计划的总目标。

（资料来源：http：//zhidao. baidu. com/question/204969851. html）

第二节　决策的基本问题

决策是管理工作的基本要素之一。有人曾对高层管理者做过一项调查，要他们回答 3 个问题："你每天花时间最多的是哪些方面？""你认为你每天最重要的事情是什么？""你在履行你的职责时感到最困难的工作是什么？"结果，绝大多数人的答案只有两个字："决策"。决策是管理的核心。可以认为整个管理过程都是围绕着决策的制定和实施而展开的。诺贝尔经济学奖获得者西蒙甚至强调性地指出，"管理就是决策"，决策贯穿于管理过程的始终。

一、决策的基本概念

"决策"一词通常有名词和动词两种含义。从名词角度来理解，所谓决策，是指人们作出的决定、选择或抉择。从这个概念推演开来，动词意义上的决策很容易被理解为人们在不同方案中所进行的抉择。但这样理解决策概念未免有些简单，也无益于切实提高人们的决策水平。因此，在管理学研究中，决策是作为"决策制定过程"来理解的，而不仅仅是指选择方案，即作出决定、抉择的那一时刻的行为。科学决策，是指为实现某一目标，从若干个准备行动的方案中，选择一个满意的、合理的方案而进行分析判断的活动过程。简单地说，决策就是选择决定行动目标和行动方案的活动。决策的概念包括两层含义。第一，决策是一种自觉的有目标的活动。决策是为了解决某个问题，为达到一定目标而采取的决断行为。第二，决策是一个过程。不能把决策仅仅理解为"瞬间"作出的决定，而应把它理解成一个过程。决策总是决策者先经过调查预测确定行动目标，然后围绕目标制订若干方案，再经过比较分析，最后做出最优的方案抉择。所以决策是由决策者一系列相互关联的行为所构成的过程。

二、决策的有效性标准

一项决策是好是坏、效果如何，必须得到及时准确的评价，以便于改进决策工作。评价决策工作有效性的主要标准如下。

（1）决策的质量或合理性。即所作出的决策在何种程度上有益于实现组织的目标。

（2）决策的可接受性。即作出的决策在何种程度上是下属乐于接受并付诸实施的。

（3）决策的时效性。即作出与执行决策所需要的时间和周期长短。

（4）决策的经济性。即作出与执行决策所需要的投入是否在经济上是合理的。

以上 4 个方面的要求必须在决策效果评价中得到综合考虑。有时，一项决策的质量确实很高，但花费了很长时间才制定出来，而且不易得到实施，或者实施的成本过高，这样的决策并不会给组织带来好的效果。

三、决策的特点

概括地说，组织中进行的决策具有下述几个主要特点。

（一）目标性

任何决策都必须根据一定的目标来作出。目标是组织在未来特定时限内完成任务所预期要达到的水平。没有目标，人们就难以拟订未来的活动方案，评价和比较这些方案也就没有了标准，对未来活动效果的检查更失去了依据。旨在选择或调整组织在未来一定时间内活动方向、内容或方式的组织决策，比纯粹个人的决策，更具有明确的目的性或目标性。也正是从这种目标性角度，才可以说组织决策是一种理性的决策。

（二）可行性

组织决策的目的是为了指导组织未来的活动。组织的任何活动都需要利用一定资源。缺少必要的人力、物力和技术条件的支持，理论上非常完善的决策方案也只会是空中楼阁。因此，决策方案的拟订和选择，不仅要考察采取某种行动的必要性，而且要注意实施条件的限制。组织决策应该在外部环境与内部条件结合研究和寻求动态平衡的基础上来制定。

（三）选择性

决策的实质是选择，或者说"从中择一"。没有选择就没有决策。而要能有所选择，就必须提供可以相互替代的多种方案。事实上，为了实现相同的目标，组织总是可以从事多种不同的活动。这些活动在资源需求、可能结果及风险程度等方面均有所不同。因此，组织决策时不仅要具有选择的可能，即提出多种备选方案，而且还要有选择的依据，即提供选择的标准和准则。从本质上说，决策目标与决策方案都是经由"选择"而确定的。

（四）满意性

选择组织活动的方案，通常根据的是满意化准则，而不是最优化准则。最优决策往往只是理论上的幻想，因为它要求：决策者了解与组织活动有关的全部信息；决策者能正确地辨识全部信息的有用性，了解其价值，并能据此制订出没有疏漏的行动方案；决策者能够准确地计算每个方案在未来的执行结果；决策者对组织在某段时间内所要达到的结果具有一致而明确的认识。

（五）过程性

决策是一个过程，而非瞬间行动。决策的过程性特点可以从两个方面去考查。

首先，组织决策不是一项决策，而是一系列决策的综合。通过决策，组织不仅要选择业务活动的内容和方向，还要决定如何具体地展开组织的业务活动，同时还要决定资源如何筹措、组织结构如何调整、人事如何安排等。只有当这一系列的具体决策已经制定，相互协调，并与组织目标相一致时，才能认为组织的决策已经形成。

其次，这一系列决策中的每一项决策，其本身就是一个包含了许多工作、由众多人员参与的过程，从决策目标的确定，到决策方案的拟订、评价和选择，再到决策方案执行结果的评价，这些诸多步骤构成了一项完整的决策。决策不是指作出选择或抉择的那一瞬间，而是一个"全过程"的概念。如果说决策工作的重点是对拟采用的方案作出抉择，但抉择要有可选择的余地，就必须事先拟订出多个备选的方案，只有在分析、评价、比较各备选方案优劣的基础上才可能有选择地行为，而要拟订备选方案，先要判断、调整组织活动，改变原先决策的必要性，制定调整后应达到的组织目标。因此，决策过程实际上包括了许多步骤的工作。

（六）动态性

决策的动态性，首先与其过程性相联系。一项决策不仅是一个过程，而且是一个不断循环的过程。作为过程，决策是动态的，没有真正的起点，也没有真正的终点。其次决策的主要目的之一是使组织的活动适应外部环境的变化，然而，外部环境是在不断发生变化的，决策者必须不断监视和研究这些变化，从中找到组织可以利用的机会，并在必要时作出新的决策，以及时调整组织的活动，从而更好地实现组织与环境的动态平衡。

四、决策的类型

决策的种类很多，并且有许多的划分方法，常见的划分方法有以下几种。

（一）战略性决策、管理性决策和业务性决策

按照决策问题的重要程度，可以把决策划分为战略性决策、管理性决策和业务性决策。

1. 战略性决策

战略性决策是指影响管理全局，对营销活动整个系统在较长时期内起实质性作用的一些有关企业全局性、长期性的管理方向和方针等方面的重大问题的决策，如管理目标、产品开发、技术更新改造等。

2. 管理性决策

管理性决策是指实现战略性决策过程中的具体战术性决策，即实现战略性决策的比较短期的、具体的决策。它重点解决如何组织企业内部力量提高管理效能的问题，如设备更新的选择、新产品定价等。

3. 业务性决策

业务性决策是指在日常管理业务中，为实现某一局部目标而作出的决策，又称作业决策。它是企业为了提高管理效率和生产效率，更好地执行管理性决策，在日常活动中对日常业务活动进行的安排，如作业计划的制订、库存控制定额的制定等。

（二）高层决策、中层决策和基层决策

按决策者在企业中的地位划分，可以分为高层决策、中层决策和基层决策。

1. 高层决策

高层决策是指企业最高领导人所做的决策。它所解决的问题通常是全局性的以及与外界

环境有密切联系的重大问题。

2. 中层决策

中层决策是指企业中层管理人员所作出的决策。一般来说，中层决策多是管理性决策。

3. 基层决策

基层决策是指企业基层管理人员所做的决策。这类决策多是指业务性决策，主要是解决作业中的问题。

（三）程序化决策和非程序化决策

按决策问题是否重复出现划分，可分为程序化决策和非程序化决策。

1. 程序化决策

程序化决策是指对生产经营活动中经常重复出现的问题所做的决策，如订货、制订生产作业计划等。这类把决策过程标准化的决策，就称为程序化决策。

2. 非程序化决策

非程序化决策是指对生产经营管理中不经常发生的问题所做的决策，如新产品开发、企业转产、多种经营等。这类决策一般都非常重要，但又没有一套常规化的办法和程序，又称为非常规决策。

（四）确定型决策、风险型决策和不确定型决策

按决策问题所处的条件不同划分，可以分为确定型决策、风险型决策和不确定型决策。

1. 确定型决策

确定型决策是指各种可行方案所需要的条件已经完全确定情况下的决策。这种决策比较容易做，只要比较各个方案的结果，从中择优选取就可以作出决策。

2. 风险型决策

风险型决策是指各种可行方案所需要的条件大部分是已知的，但每一方案的执行都会面临几种不同的状态，各种状态的出现都有一定的概率是可以预测到的，决策时存在着风险。

3. 不确定型决策

不确定型决策是指各种可行方案的几种环境状态出现是未知的，并且其出现概率也是不可预测的或只能靠主观概率判断作出决策。

（五）个体决策与群体决策

按决策主体不同，决策可以分为个体决策与群体决策。

1. 个体决策

个体决策的决策者是单个人，所以也称为个人决策。

2. 群体决策

群体决策的决策者可以是几个人，一群人甚至扩大到整个组织的所有成员。从广义上说，当决策全过程的活动涉及两个或两个以上人时，不论这人是一般性地参与决策，还是真正在作出决策，这时的决策就是一种群体决策。狭义上的群体决策，仅局限于若干人参加"抉择"活动的情形。例如，某项决策可能由一些人负责收集信息并进行初步的加工整理，另一些人负责拟订备选方案，而最后由某一个主管人员选定一个方案，这时的决策过程尽管

也需要多人参与工作，但主要活动（即抉择或决定）仍由单个人来完成，所以在严格意义上仍是一种个体决策。"厂长负责制"企业中的决策就主要是由厂长个人作出方案抉择的，尽管其决策过程中可能接受"工厂管理委员会"这类智囊机构的咨询意见；相比而言，"董事会制"下的决策则是一种群体决策，由集体作出决策方案的选择。

（六）经验决策和科学决策

根据决策者是基于经验还是基于科学分析作出决策，可以将决策方法区分为经验决策和科学决策。

1. 经验决策

所谓经验决策，是指决策者主要根据其个人或群体的阅历、知识、智慧、洞察力和直觉判断等人的素质因素而作出决策。古往今来，纵然有许多的成功事例是借助于一般经验决策取得的，但这种决策方法的主要缺陷表现为：决策优劣过于依赖决策者的个人因素，组织兴衰成败都与少数决策者紧密相连，"其人存，则其政举；其人亡，则其政息"。在决策问题越来越复杂、越不确定、决策影响越来越深远和广大的今天，单凭个人经验办事已经很不适用，于是科学决策法应运而生。

2. 科学决策

所谓科学决策，是指以科学预测、科学思考和科学计算为根据来作出决策。美国耗资300 多亿美元的"阿波罗"登月计划的成功，就是运用科学决策的范例。科学决策离不开定量分析方法的开发和应用，但过分追求决策问题的数学化、模型化、计算机化这些"硬"的决策技术，将使科学决策走向"死胡同"。在决策问题存在不确定性的条件下，依靠"软"专家的直觉判断和定性分析，可能比定量方法更有助于形成正确的决策。美国著名的兰德咨询公司在 20 世纪 50 年代接受美国空军委托的"苏联对美国发动核袭击，其袭击目标会在什么地点及后果如何"课题时，发现使用数学模型很难准确计算出结果，遂改用专家估计的办法，依靠其独创的行为集合法成功地综合了众多专家的智慧和直觉判断。从此以后，这种定性决策技术就被冠以"德尔菲法"而广泛地应用于复杂问题的决策过程中。

五、决策的过程

决策是个"全过程"的概念。决策过程包括了如下阶段的工作。

（一）研究环境，发现问题

决策是为了解决一定的问题而制定的，没有发现组织运行中存在的问题，就没有必要制定新的决策来使组织活动做出调整和改变。因此，决策者首先要研究组织的现状，发现存在的问题。

所谓问题，是指应有状况与实际状况之间的差距。有差距，就表明组织存在某种问题，需要作出决策来予以解决。这里，差距或问题，可以是消极的，即组织被迫要去应对的，如来自外界不可预料事件的一次威胁，或者组织内部出现的一个故障或麻烦。但更重要的，需要组织通过新的决策去处理的"问题"还常常应该从积极的意义上去理解，如组织内部条件改善后要力求把握的发展机会，或者外部环境中出现的有利于组织的变化。面对这些积极的或消极的问题，决策者不能等闲视之，不闻不问，而应该能够及时地发现问题，采取对策。研究组织活动中存在的不平衡，要着重思考以下方面的问题。

（1）组织在何时何地已经或将要发生何种不平衡？这种不平衡会对组织产生何种影响？

（2）不平衡的原因是什么？其主要根源是什么？

（3）针对不平衡的性质，组织是否有必要改变或调整其活动的方向与内容？

分析组织活动中的问题，确定不平衡的性质，把不平衡作为决策的起点，是组织各层次管理者的共同职责。这不仅由于管理者要对其所管理组织或单位的活动效果负责，而且由于他们的素质训练和概念技能促使他们能比较敏感地发现组织中的问题或不平衡的关键所在。

（二）确定决策目标

分析了改变组织活动的必要性以后，还要研究针对所存在的问题而将要采取的措施需要符合哪些要求，必须达到何种效果。也就是说，决策者要明确决策的目标。

明确决策目标，不仅为方案的制订和选择提供了依据，而且为决策的实施和控制、为组织资源的分配和各种力量的协调提供了标准。

明确决策目标，要注意以下几方面要求。

1. 提出目标的最低和理想水平

即明确组织改变活动方向和内容至少应该达到的状况和水平，以及希望实现的理想目标水平。决策不仅要保证实现最低限度的要求，还要力争达到既定约束条件下所能达到的最好状态。

2. 明确多元目标间的关系

任何组织在任何时候都不可能只有一种目标，而更多地具有多元或多重的目标。多元目标之间本身就存在既相互关联又相互排斥的关系，而且在不同时期，随着组织活动重点的转移，这些目标的相对重要性也不一样。诚然，在特定时期，决策只能选择其中一项为主要目标。可是，考虑到多元目标之间的关系，决策者在选择了主要目标后还必须在决策中尽可能地兼顾其他目标，并明确主要目标与非主要目标的关系，以避免在决策实施中将组织的主要资源和精力投放到非主要目标的活动上。

3. 限定目标的正负面效果

既定目标的执行既可能给组织带来有利的贡献，也可能产生不利的影响。限定目标的正负面效果，就是要把目标执行的有利结果和不利结果加以界定和权衡，规定不利结果在何种水平范围内是允许的；一旦超过这个水平组织就应当停止原目标活动的执行，以控制决策的不利影响。

4. 保持目标的可操作性

不论是明确组织必须达到的最低目标还是希望实现的理想目标，也不论是确定组织的总体目标还是各职能部门的分目标，都必须符合 3 个特征：一是可以计量或衡量，二是规定有时间期限，三是可确定责任者。只有符合这些基本特征，所制定的目标才可以作为决策和行动的依据。

（三）拟订各种行动方案

决策需要进行正确的选择，这就必须提供多种备选方案。可以认为，在决策过程中，拟订可替代的方案要比从既定方案中进行选择更为重要。如果备选方案的制订存有缺陷，那么，决策就很难达到优化或者满意化。数量不止一个的可行方案的拟订，奠定了选择或抉择的基础，所以，它们常被称做是"备选"方案。为了使在所拟订方案基础上进行的选择具有实质意义，这些备选的不同方案必须是能够相互替代、相互排斥的，而不能是相互包容的。因为，如果某个方案需要采取的行动包容在另一个方案中，那么这种交叉就导致方案之间的比较和选择难以公正地进行。

备选或替代方案产生的过程，可大致分为以下步骤。首先，在研究环境和发现不平衡的基础上，根据组织的宗旨、使命、任务和消除不平衡的目标，提出改变的初步设想。其次，对提出的各种改进设想加以集中、整理和归类，形成内容比较具体的若干个可以考虑的初步方案。再次，对这些初步方案进行筛选。修改和补充以后，对留下的可行方案做进一步完善处理，并预计其执行的各种结果，如此便形成了有一定数量的可替代的决策方案。可供选择的替代方案数量越多，被选方案的相对满意程度就越高，决策质量就越有保障。最后，在拟订备选方案阶段，组织要广泛发动群众，充分利用组织内外的专家，发动他们献计献策，以产生尽可能多的改变设想和形成尽可能多的备选方案。

（四）比较和选择方案

在实际决策工作中，方案的拟订、比较和选择往往交织在一起，因为方案的拟订不是一次性完成，而是需要渐进地、不断地加以补充和完善。某一个较好的方案通常都是在与其他方案的比较中，在受到其他方案的启发下形成的。这个过程说明了决策步骤的不可分割性。决策者要进行选择，先要了解各种方案的优点和缺点。为此，需要对不同方案进行评价和比较评价。

1. 比较的主要内容

（1）方案实施所需的条件是否已经具备，建立和利用这些条件需要组织付出何种成本。

（2）方案实施能给组织带来何种长期和短期的利益。

（3）方案实施中可能遇到的风险及活动失败的可能性。

根据上述方面的比较，就可辨别出各方案的差异和相对优劣。在此基础上进行决策时，要从能产生综合优势的角度来选择方案，并且要准备好环境发生预料中的变化时可以启用的备用方案。制定备用方案的目的，是对可预测到的未来变化准备充分的必要措施，以避免临时仓促应变可能造成的混乱。

2. 在方案比较和选择过程中应注意的问题

在方案比较和选择过程中，决策者以及决策的组织者要注意处理好下述几个方面的问题。

（1）要统筹兼顾。不仅要注意决策方案中各项活动之间的协调，而且要尽可能保持组织与外部结合方式的连续性，要充分利用组织现有的结构和人员条件，为实现新的目标服务。

（2）要注意反对意见。一种观点、一种方案，要想取得完全一致的意见几乎是不可能的。再好的方案也可能有反对者。决策过程中只有一种声音往往是非常可怕的。决策的组织者要充分注意方案评价和选择过程中的反对意见，因为反对意见不仅可以帮助人们从更广泛的角度去考虑问题，使所制订的方案更加完善，而且可以提醒大家去防范一些可能会出现的弊病。国外有些企业在制定重大决策时甚至成立专门唱对台戏的反对班子，在两方面意见的针锋相对、相互交流中产生更好的决策。

（3）要有决断的魄力。任何方案都有其支持者和反对者。赞同方案的人都可以列出一大堆的理由来说明该方案的优势。在众说纷纭的情况下，决策者要在充分听取各种意见的基础上，根据自己对组织任务的理解和对形势的判断来作出果敢的决断。议而不决，拖延时间，常会使组织失去采取行动的最好时机。而且，现实地说，任何决策要想取得完完全全的思想统一也是不太可能的，听任无休止的争论持续下去，最后也未必能形成没有任何反对意见的决策。所以，决策者要能妥善地掌握"议"与"断"的度，该"议"时不要独裁专断，该"断"时切忌迟疑不决，优柔寡断。

3. 方案选择的方法

（1）经验判断法。这是一种最古老的传统的方法。20 世纪 40 年代前的管理决策基本上都是依靠经验判断法。今天，虽然数学方法、物理模型、网络模型方法等已经被引入经营决策中，但经验判断法仍然是不可缺少和忽视的。尤其是一些涉及社会、心理等复杂和非计量性因素多的决策，需要依赖决策者的经验判断。

（2）归纳法。是指在方案众多的情况下，把方案归纳成几大类，先选择最好的一类，再从中选出最好的方案。如选择厂址的决策，往往采取这种方法。这种方法的优点是可以较快地缩小选择范围。缺点是可能漏掉最优方案。因为最优方案也可能处在不是最好的那个类别中。不过在不允许进行全面对比的情况下，这个办法仍然常被采用，因为按此方法选出的方案一般还是让人比较满意的。

（3）数学法。数学法是在 20 世纪 50 年代以后发展起来的一种方案选择方法，由于在控制变量属于连续型的情况下，经验判断法很难直接找到最优方案或满意方案，因此要借助于数学法。运用数学法，可以使决策达到精确化。但到目前为止，尚有许多复杂的决策，用数学法还解决不了，要综合运用多种选择方案的方法加以解决。

（4）试验法。是指先选择少数几个典型进行试点，然后总结经验作为最后决策的依据。社会问题的决策，虽然不可能创造出像实验室那样人为的典型条件，但对重大问题的决策，尤其是对新情况、新问题及无形因素起重大作用的不便用数学法分析的决策，试验法也不失为一种有效的方法。

（五）执行方案

将所选择的方案付诸实施是决策过程中至关重要的一步。方案一旦选定，组织应该着手制定实施方案的具体措施和步骤。通常而言，决策方案执行过程应做好以下工作。

（1）制定相应的具体措施，保证方案的正确执行。

（2）确保有关决策方案的各项内容为参与实施的人充分接受和彻底了解。

（3）运用目标管理方法，把决策目标层层分解，落实到每一个执行单位和个人。

（4）建立重要工作的报告制度，以便随时了解方案进展情况，及时调整行动。

（六）检查处理

一项复杂的决策方案的执行通常需要较长的时间，在这段时间中情况可能会发生变化，所以，必须通过定期的检查评价，及时掌握决策执行的情况，将有关信息反馈到决策机构，以便采取措施进行处理。决策者跟踪决策实施情况，取得各种反馈信息的目的，一方面是为了及时地采取措施，纠正行动与既定目标的偏离，以保证既定目标的实现；另一方面对客观条件发生重大变化而导致原决策目标确实难以实现的，则要进一步寻找问题，确定新的决策目标，重新制订可行的决策方案并进行评估和选择。

精彩阅读

巴菲特股票投资六法则

1. 赚钱而不要赔钱

这是巴菲特经常被引用的一句话："投资的第一条准则是不要赔钱；第二条准则是永远不要忘记第一条。"因为如果投资一美元，赔了50美分，手上只剩一半的钱，除非有百分之百的收益，才能回到起点。

2. 别被收益蒙骗

巴菲特更喜欢用股本收益率来衡量企业的盈利状况。股本收益率是用公司净收入除以股东的股本，它衡量的是公司利润占股东资本的百分比，能够更有效地反映公司的盈利增长状况。

根据他的价值投资原则，公司的股本收益率应该不低于15%。在巴菲特持有的上市公司股票中，可口可乐的股本收益率超过30%，美国运通公司的股本收益率达到37%。

3. 要看未来

人们把巴菲特称为"奥马哈的先知"，因为他总是有意识地去辨别公司是否有好的发展前途，能不能在今后25年里继续保持成功。巴菲特常说，要透过窗户向前看，不能看后视镜。

4. 坚持投资能对竞争者构成巨大"屏障"的公司

预测未来必定会有风险，因此巴菲特偏爱那些能对竞争者构成巨大"经济屏障"的公司。这不一定意味着他所投资的公司一定独占某种产品或某个市场。例如，可口可乐公司从来就不缺竞争对手。但巴菲特总是寻找那些具有长期竞争优势、使他对公司价值的预测更安全的公司。

5. 要赌就赌大的

绝大多数价值投资者天性保守，但巴菲特不是。他投资股市的620亿美元集中在45只股票上。他的投资战略甚至比这个数字更激进。在他的投资组合中，前10只股票占了投资总量的90%。晨星公司的高级股票分析师贾斯廷·富勒说："这符合巴菲特的投资理念。不要犹豫不定，为什么不把钱投资到你最看好的投资对象上呢？"

6. 要有耐心等待

如果你在股市里换手，那么可能错失良机。巴菲特的原则是：不要频频换手，直到有好的投资对象才出手。

巴菲特常引用传奇棒球击球手特德威廉斯的话："要做一个好的击球手，你必须有好球可打。"如果没有好的投资对象，那么他宁可持有现金。据晨星公司统计，现金在伯克希尔·哈撒韦公司的投资配比中占18%以上，而大多数基金公司只有4%的现金。

（资料来源：http://baike.soso.com/v4184685.htm）

第三节 决策方法

随着决策理论和实践的不断发展，人们在决策中所采用的方法也不断地得到充实和完善。当前，经常使用的企业经营决策方法一般可分为两大类：一类是定性决策方法，另一类是定量决策方法。定性决策方法注重于决策者本人的直觉，而定量决策方法则更注重于决策问题各因素之间客观的数量关系。把决策方法分为两大类只是相对而言的。在具体使用中，二者不能截然分开。二者密切配合、相辅相成，已成为现代决策方法的一个发展趋势。

一、定性决策方法

（一）定性决策方法的一般概念

定性决策方法又称"软"方法，是一种直接利用决策者本人或有关专家的智慧来进行决策的方法。管理决策者运用社会科学的原理并根据个人的经验和判断能力，充分发挥各自丰富的经验、知识和能力，从对决策对象的本质特征的研究入手，掌握事物的内在联系及其运行规律，对企业的经营管理决策目标、决策方案的拟订以及方案的选择和实施作出决断。这种方法适用于受社会经济因素影响较大的、因素错综复杂以及涉及社会心理因素较多的综合性的战略问题，是企业界决策采用的主要方法。

在具体的决策实践中，充分利用专家的智慧和判断力，一般来说，需要解决好以下 3 个方面的问题。

1. 充分发挥专家的作用

这里所谓的专家，一般是指多个专家或专家集体，即要利用专家的集体智慧。他们既可以是知识渊博的学者或学术上造诣很高的权威，也可以是对某一方面有着丰富实践经验的行家里手。要充分发挥他们的作用，应为他们创造能够畅所欲言的环境。具体要注意如下几个问题：各专家是否见面，如何见面？问题的性质是否完全交代清楚，如何交底？相互之间的意见如何交流？不同意见是否交锋，如何交锋？等等。这些都应该采用适当的形式，讲究一点艺术。否则，就达不到预期的目的。

2. 做好专家意见的数字处理

在征集专家意见时，提供给专家的决策问题应有利于专家直接作出判断，一般不应把内容比较复杂，需要经过计算，数据要求极其精确的问题直接交给专家。在处理专家的意见时，可用数学法归纳，通常是用专家方案中居中的数字代表专家的集体意见。

3. 做好相关的组织工作

如何选择专家，怎样让专家充分发表意见，是组织工作的关键。在确定专家的数量时，主要根据问题的复杂程度、现有情报的数量及专家对企业问题的熟悉程度等确定。专家的数量要适当，同时，在对所选专家了解、动员的基础上，还要给专家准备必要的资料，提出明确的要求，创造良好的工作环境。

（二）定性决策的方法

1. 专家会议法

专家会议法是指根据市场竞争决策的目的和要求，邀请有关方面的专家，通过会议的形式，提出有关问题，展开讨论分析，作出判断，最后综合专家们的意见，作出决定的方法。

这种方法的优点是：通过座谈讨论，能互相启发，集思广益，取长补短，能较快、较全面地集中各方面的意见得出决策结论。其缺点是：由于参加人数有限，代表往往很不充分，容易受到技术权威或政治权威的影响，与会者不能真正畅所欲言，往往形成"一边倒"的局面，即使权威者的意见不正确，也能左右其他人的意见。由于受到个人自尊心的影响，往往不能及时修正原来的意见。因此，专家会议法有时也会作出错误的市场竞争决策。

因此，采用这种方法时一定要注意以下几点：一是参加的人数不宜太多；二是要召开讨论式的会议，让大家尽抒己见；三是决策者要虚心听取专家意见。

2. 德尔菲法

德尔菲法（Delphi Method）是由美国兰德公司于20世纪50年代初发明的最早用于预测，后来推广应用到决策中来的。德尔菲是古希腊传说中的神谕之地，城中有座阿波罗神殿可以预卜未来，因而借用其名。

德尔菲法是专家会议法的一种发展，是一种向专家进行调查研究的专家集体判断。它是以匿名方式通过几轮函询征求专家们的意见，组织决策小组对每一轮的意见都进行汇总整理，作为参考资料再发给每一个专家，供他们分析判断，提出新的意见。如此反复，专家的意见日趋一致，最后得出最终结论。这种决策方法的大体过程如下。

（1）拟定决策提纲。就是首先确定决策目标，如设计出专家应回答问题的调查表，对答案的要求是：标明概率大小，对问题作出回答"是"或"不是"；对判断的依据和判断的影响程度作出说明；对决策问题熟悉程度作出估计。

（2）专家的选择。这是德尔菲法的关键。所选择的专家一般是指有名望的或从事该工作数十年的有关方面的专家。选择专家的人数，一般以10～50人为宜。但一些重大问题的决策可选择100人以上。

（3）提出预测和决策。发函或请个别人谈，要求每位专家提出自己决策的意见和依据，并说明是否需要补充资料。

（4）修改决策。决策的组织者将第一次决策的结果及资料进行综合整理、归纳，使其条理化，再反馈交给有关专家，据此提出修改意见和提出新的要求。这一决策的修改，一般可进行3～5轮，一般以3轮为宜。

德尔菲法是个反复的反馈过程，每一轮都把上一轮的回答做统计综合整理、计算所有回答的平均数和离差，在下一轮告诉大家，平均数一般为中位数，离差一般用全距或用分位数间距。

（5）确定决策结果。经过专家几次反复修改的结果，根据全部资料，确定出专家趋于一致的决策意见。

由此可见德尔菲法具备以下3个特点。一是匿名性。就是应邀参加决策的专家，彼此不知是谁。这就消除了"权威者"的影响，同一参加的成员可以参考第一轮的决策结果。二是有价值性。由于不同领域的专家参加决策，各有专长，考虑问题的出发点不同，会提出很多事先没有考虑到的问题和有价值的意见。三是决策结果的统计性。为了对决策进行定量估价，采用统计方法对决策结果进行处理，最后得到的是综合的统计的评定结果。

但是，德尔菲法也存在缺点：一是受专家组的主观制约，决策的准确程度取决于专家们的观点、学识和对决策对象的兴趣程度；二是专家们的评价主要依靠直观判断，缺乏严格的论证。

3. 风暴式思考

风暴式思考（Brainstorming）又称"头脑风暴法"，是由被称为"风暴式思考之父"的 A. F. 奥斯本提出的方式，是指通过专家们的相互交流，在头脑中进行智力碰撞，产生新的智力火花，使专家的讨论不断集中和精化。

风暴式思考主要吸收专家积极的创造性思维活动。其原则如下：严格限制问题范围，明确具体要求以便使注意力集中；不能对别人的意见提出怀疑和批评，要研究任何一种设想，而不管这种设想是否适当和可行；发言要精练，不要详细论述，冗长的发言将有碍产生富有成效的创造性气氛；不允许参加者用事先准备好的发言稿，提倡即席发言；鼓励参加者对已经提出的设想进行改进和综合，为准备修改自己设想的人提供优先发言；支持和鼓励参加者解除思想顾虑，创造一种自由的气氛，激发参加者的积极性。

风暴式思考强调的是集体思维。研究表明，当信息分散在不同类型的人员中时，集体决策虽然不好，却更能为人们所接受；而个人决策尽管更好，却可能会遭到那些实施的人的反对。另外，当决策是由负责实施的集体作出时，新思想就更容易为人们所接受。

风暴式思考的目的在于创造一种自由奔放思考的环境，诱发创造性思维的共振和连锁反应，产生更多的创造性思维。一般参与者以 10 ～ 15 人为宜，时间一般为 20 ～ 60 分钟，参加的人员中不宜有领导者，也不一定参加者都与所讨论的问题专业一致，可以包括一些学识渊博，对讨论问题有所了解的其他领域的专家。

4. 电子会议

最新的定性决策方法是将专家会议法与尖端的计算机技术相结合的电子会议（Electronic meeting）。

多达 50 人围坐在一张马蹄形的桌子旁。这张桌子上除了一系列的计算机终端外别无他物。将问题显示给决策参与者，他们把自己的回答打在计算机屏幕上。个人评论和票数统计都投影在会议室的屏幕上。

电子会议的主要优点是匿名、诚实和快速。决策参与者能不透露姓名地打出自己所要表达的任何信息，一敲键盘即显示在屏幕上，使所有人都能看到。它使人们充分地表达自己的想法而不会受到惩罚，它消除了闲聊和讨论偏题，且不必担心打断别人的"讲话"。专家们声称电子会议比传统的面对面会议快一半以上。例如，菲尔普斯·道奇矿业公司采用此方法将原来需要几天的年计划会议缩短到 12 小时。

但是，电子会议也有缺点。那些打字快的人使得那些口才好但打字慢的人相形见绌；再有，这一过程缺乏面对面的口头交流所传递的丰富信息。

二、定量决策方法

现代企业管理理论和实践的一个显著特点，就是广泛运用数学方法。在企业决策中，由于采用了现代的数学方法，使决策更加精确，更加科学化。

（一）定量决策方法的一般概念

定量决策方法又称"硬"方法，是指运用数学的决策方法。其核心是把同决策有关的变量与变量、变量与目标之间的关系，用数学关系表示，即建立数学模型，然后通过计算求出答案，供决策参考使用。近年来，计算机的发展为数学模型的运用开辟了更广阔的前景。现代企业决策中越来越重视决策的"硬"方法的运用。因此，学会运用数学法进行企业决策是非常重要的。

运用定量决策方法，可以把企业管理中经常出现的常规问题，编成处理的程序，供下次处理类似的问题时调用。因此，这种方法经常在程序化决策中被广泛应用。同时，它可以把决策者从日常的常规管理事务中解放出来，使其把主要精力集中在非程序化的战略决策问题上。

（二）确定型决策方法

确定型决策所处理的未来事件有一个最显著的特性，就是对未来情况有十分明确的把握，即事物各种自然状态是完全稳定而明确的。对此，应采取的方法一般有如下几种。

1. 价值分析法

在企业管理中，任何决策都是为一定的耗费达到一定的目标。能用最少的耗费使决策目标得到最大满足的方案就是最优方案。对应单一目标决策和多目标决策，价值分析法存在两个公式。

（1）单一目标决策的价值分析法的公式为：

$$V = F/C$$

式中：V——价值系数；

　　　F——功能（可用货币单位、实物单位计量）；

　　　C——费用（或成本）。

计算的目的，是为了给决策者提出一个不同方案之间可以进行定量分析的数值结构，方案的值越大，说明该方案的价值越大。因此比较不同方案的值就可决定方案的优劣。

（2）多目标决策的价值分析法的公式为：

$$V = (F_1 + F_2 + F_3 + \cdots + F_n)/C$$

式中：V——价值系数；

　　　F——功能（可用货币单位、实物单位计量）；

　　　C——费用（或成本）；

　　　n——功能数目。

通过比较各方案的综合价值，来决定方案的优劣。

2. 线性规划

在决策的过程中，人们总是希望找到一种能达到理想目标的方案。而实际上，由于种种主客观条件的限制，实现理想目标的方案在一般情况下是不存在的。不过，在现有的约束条件下，在实现目标的多种方案中，总存在一种能取得较好效果的方案。线性规划就是在一定约束条件下追求最优方案的数学模型的方法。

一般来讲，一个经济、管理问题满足以下条件时，才好用线性规划模型来解：一是问题的目标能用数值指标来反映，二是存在着达到目标的多种方案，三是要达到的目标是在一定约束条件下实现的。

利用线性规划建立数学模型的步骤是：先确定影响目标大小的变量；然后列出目标函数议程；最后找出实现目标的约束条件，列出约束条件方程组，并从中找到一组能使目标函数达到最大值或最小值的可行性，即最优可行解。

（三）不确定型决策方法

不确定型决策就是决策者对未来事件虽有一定程度的了解，知道可能发生的各种自然状态（客观情况），但又无法确定各种自然状态可能发生的概率。这种决策，由于有些因素难以确定，因此，它主要取决于决策者的经验、智力及对承担风险的态度。这时的选择将受决策者心理导向的影响，其决策准则具有很大程度的主观随意性。

【例 3-1】某企业拟订 3 种行动方案，以改变技术落后面貌，而产品的市场情况，以及每种情况下各种行动方案的损益值如表 3-1 所示。

表 3-1　行动方案损益

万元

损益值　　　　自然状态 行动方案	市场销路		
	较高 N_1	一般 N_2	低 N_3
新建 S_1	100	40	-15
改建 S_2	50	25	0
零部件协作生产 S_3	30	15	10

在例 3-1 中，如果决策者是个乐观主义者，他将采用"大中取大法"（也叫乐观决策法）。其步骤如下。

（1）在各种方案的收益中取最大值。

（2）在选取最大值方案中，再选择收益最大的方案为决策方案。

依据此法，可以得到表 3-2 所示内容。

表 3-2　行动方案损益（大中取大法）

万元

损益值　　　　自然状态 行动方案	市场销路			最大收益值
	较高 N_1	一般 N_2	低 N_3	
新建 S_1	100	40	-15	100√
改建 S_2	50	25	0	50
零部件协作生产 S_3	30	15	10	30

3 种方案 S_1、S_2、S_3 的最大收益值分别为 100 万元、50 万元、30 万元。因此，应选择收益值为 100 万元的方案为决策方案。

显然，这种决策方法是建立在最乐观的估计上的，认为未来会出现最好的结果。这一方案是最大化最大可能收益。因此，这种方法风险较大，要慎用。

假如决策者是一位悲观主义者，那么他将只想到可能会发生的最坏情况，而采用"小中取大法"（也称悲观决策法）。其基本方法是在各行动方案的最小收益中取最大者作为决策方案。由此，可以得到表3-3所示内容。

表3-3 行动方案损益（小中取大法）

万元

损益值 ＼ 自然状态 ＼ 行动方案	市场销路			最小收益值
	较高 N_1	一般 N_2	低 N_3	
新建 S_1	100	40	-15	-15
改建 S_2	50	25	0	0
零部件协作生产 S_3	30	15	10	10√

显然，这是最坏结果中的最好行动方案。

无论遇到任何情况，还是能获得最大的收益值，这是一种比较稳妥的、不怎么冒险的决策方法。因此，这类决策方法也是保守的决策方法。

而希望最小化其最大"遗憾"的决策者会选择"最小后悔值法"（也称机会损失最小值法）。这里所说的"遗憾"，是指如果你选择了其他战略可能增加的收益。换句话说，当某种自然状态出现时，决策者由于采取甲方案而放弃乙方案，受到了损失。这样甲、乙两方案的收益值之间会产生一个差额，这个差额就是甲、乙两个方案的后悔值。运用最小后悔值法，首先找出各种自然状态下的最大收益值，进而计算出各种方案与最大收益值之间的差额，即最大后悔值，最后选取后悔值最小的方案为决策方案。由此，可以得到表3-4所示内容。

表3-4 行动方案损益（最小后悔值法）

万元

损益值 ＼ 自然状态 ＼ 行动方案	市场销路			最大后悔值
	较高 N_1	一般 N_2	低 N_3	
新建 S_1	100-100=0	40-40=0	10-(-15)=25	25√
改建 S_2	100-50=50	40-25=15	10-0=10	50
零部件协作生产 S_3	100-30=70	40-15=25	10-10=0	70

（四）风险型决策方法

风险型决策解决问题的最大特点是，对问题的未来情况不能事先确定，但对未发生情况的可能性（即概率）是可以知道的。这样，根据已知的概率就可以计算期望值。但决策者在决策时无论采用哪一种方案，都要承担一定风险。

一般来说，风险型决策应具备以下条件。

（1）有明确的目标，如利润最大，成本最小，风险度最小等。

（2）有两个以上的可选方案。

（3）自然状态无法控制。

（4）不同行动方案在不同自然状态下的损益值可以计算出来。

（5）对自然状态的出现事先不肯定，但概率可以知道。

该类决策问题的处理一般采用以下两种方法。

1. 期望收益决策法

期望收益决策法是指通过计算不同备选方案在不同自然状态下的收益期望值的综合值——期望收益值，选择期望收益值最大的方案为最佳决策方案。该方法一般包括以下两步。

第一步：先确定概率。即对未来各种自然状态的情况或者说自然状态出现的可能性大小作出估计。这一般是根据以往的历史资料分析、预测而得的，有时也可根据决策值做经验估计。设概率为 p，$0 \leqslant p \leqslant 1$。

第二步：确定风险函数，求出期望值。

风险函数的一般数学表达式为：

$$E(S_i) = \sum_{j=1}^{n} b_{ij}p_j$$

式中：$E(S_i)$——第 i 个方案的损益期望值；

$\quad\quad\quad b_{ij}$——第 i 个方案在第 j 种状态下的损益值；

$\quad\quad\quad p_j$——第 j 种状态下的概率；

$\quad\quad\quad n$——状态数。

【例 3-2】某雪糕厂，天气的好坏对其利润的影响很大。现有两种方案，它们在天气好和天气坏的年利润，以及天气好和天气坏出现的可能性（即概率值）如表 3-5 所示，试问该厂应做何决策？

表 3-5   雪糕厂的损益值

万元

损益值 概率值 自然状态 （万元） 行动方案	天气好	天气坏
	0.8	0.2
S_1	15	-5
S_2	5	2

根据表 3-5 可求出期望值 V_1、V_2，如下所示：

$$V_1 = (0.8 \times 15) + [0.2 \times (-5)] = 12 - 1 = 11（万元）$$

$$V_2 = (0.8 \times 5) + (0.2 \times 2) = 4 + 0.4 = 4.4（万元）$$

显然，方案 1 的期望值比方案 2 的期望值大，因为这里的决策标准是最大收益值，所以，方案 1 较好。

2. 树状决策法

树状决策法又称决策树法，它因运用树状图形来分析和选择决策方案而得名。决策树是进行风险型决策的重要工具之一，具有层次清晰、一目了然、计算简便等特点。因而，在决策活动中被广泛运用。

应用树状决策法一般要经过以下 3 个步骤。

第一步：绘制决策树。绘制决策树，实际上是拟订各种抉择方案的过程，也是对未来可能发生的各种状况进行周密思考和预测的过程。

第二步：计算期望损益值。根据图中有关数据，计算不同备选方案在不同自然状态概率值下的损益期望值及其综合值，将综合值（期望损益综合值）填写在相应的方案枝末端的机会点上方，表示该方案的经济效果。

第三步：剪枝决策。比较各方案的期望收益值，从中选择收益值最大的方案作为最佳方案，其余选择的方案枝一律剪掉，最终剩下一条贯穿始终的方案枝，即决策方案。

【例 3 – 3】 某工程公司要对下月是否开工作出决策。已掌握的资料是：如果开工后天气好，可以按期获利 4 万元；如果开工后天气不好，则造成损失 2 万元；如果不开工，不论天气好坏都要支出费用 0.2 万元。下个月天气好的概率是 0.4，天气不好的概率是 0.6。

（1）画出决策树图，如图 3 – 1 所示。

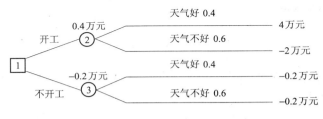

图 3 – 1

（2）计算期望损益值。

方案 1（开工方案）的期望损益值（V_1）为：

$$V_1 = 4 \times 0.4 + (-2) \times 0.6 = 0.4 \text{（万元）}$$

方案 2（不开工方案）的期望损益值（V_2）为：

$$V_2 = (-0.2) \times 0.4 + (-0.2) \times 0.6 = -0.2 \text{（万元）}$$

（3）剪枝决策。比较两个方案的计算结果，开工方案的期望损益值为 0.4 万元，大于不开工方案，是最佳决策方案。将未被选择的方案枝剪去，这样，决策点只留下一条决策枝，即所选择的最佳方案。

鉴于定性决策方法和定量决策方法各有长处和不足，在实际应用中，通常将定量决策方法与定性决策方法相结合，以取得更为理想的决策结果。

管理定律

手 表 定 律

手表定律是指一个人有一块表时，可以知道现在是几点钟，当他同时拥有两块表时，却无法确定。两块手表并不能告诉一个人更准确的时间，反而会让看表的人失去对准确时间的信心。

"手表定律"带给人们一种非常直观的启发：对于任何一件事情，不能同时设置两个不同的目标，否则将使这件事情无法完成；而对于一个企业，更是不能同时采用两种不同的管理方法，否则将使这个企业无法发展。当面对多块手表时，应果断地扔掉多余的手表，只留下一块。

思考与讨论

1. 掌握计划制订的原则。
2. 掌握计划制订的程序。
3. 什么是决策？
4. 决策的类型有哪些？
5. 现代决策方法有哪些？决策树法的具体内容是什么？
6. 运用定性决策方法应注意的主要问题有哪些？
7. 什么是程序化决策和非程序化决策？

管理游戏

拾　鸡　者

〔活动目的〕 启发学生认识到计划的重要性，学会将计划工作贯穿于学生自己的学习生活中去，充分利用时间。

〔操作步骤〕 教师播放小故事图片的幻灯片，然后开始讲拾鸡者的故事。

曾有这样一个人，每天都要去偷邻居的鸡，有人告诉他说："这样的行为，不符合君子之道。"那人回答说："那就减少一点儿好了，以后每月偷一只鸡，等到明年的时候，就完全不偷了。"

〔相关讨论〕

（1）这也是一种循序渐进的理论吗？
（2）依照以上理论推断，吸烟有害身体，怎么办？戒掉还是每天少抽点儿？
（3）企业的管理机制有问题，该走一步算一步，还是一步一步来解决？
（4）你从故事中悟到了什么道理？

〔游戏总结〕 如果这也是一种循序渐进的理论，是不是很荒谬？但是人们有时候就做着这样的事情。吸烟有害身体，怎么办？戒掉吧?! 企业的管理机制有问题，一步一步来解决?! 可是事情到了最后怎么样？烟依然还在抽，企业的问题还是没有彻底解决，一步一步来嘛！

明智的管理者在制定一项政策时，总是会记得这样一件事——制定一个日程安排表，不实现目标决不罢休。计划使人们的思想具体化，它会体现出人们期望做什么，什么时候做好，谁去做什么事，以及如何做。

（资料来源：应届毕业生求职网．http：//www.yjbys.com/）

综合分析

耐克公司的决策

如果你是一名认真的长跑者，那么在20世纪60年代至70年代初，你只有一种合适的鞋可供选择：阿迪达斯（Adidas）。阿迪达斯是德国的一家公司，是为竞技运动员生产轻型跑鞋的先驱。在1976年的蒙特利尔奥运会上，田径赛中有82%的获奖者穿的是阿迪达斯牌运动鞋。

阿迪达斯的优势在于试验。它使用新的材料和技术来生产更结实和更轻便的鞋。它采用袋鼠皮绷紧鞋边。四钉跑鞋和径赛鞋采用的是尼龙鞋底和可更换鞋钉。高质量、创新性和产品多样化，使阿迪达斯在20世纪70年代支配了这一领域的国际竞争。

20世纪70年代，蓬勃兴起的健康运动使阿迪达斯公司感到吃惊。一瞬间成百万以前不好运动的人们对体育锻炼产生了兴趣。成长最快的健康运动细分市场是慢跑。据估计，到1980年有2 500万～3 000万美国人加入了慢跑运动，还有1 000万人是为了休闲而穿跑鞋。尽管如此，为了保护其在竞技市场中的统治地位，阿迪达斯并没有大规模地进入慢跑市场。

20世纪70年代出现了一大批竞争者，如美洲狮、布鲁克斯、新布兰斯和虎牌。但有一家公司比其余更富有进取性和创新性，那就是耐克（Nike）。由前俄勒冈大学的一位长跑运动员创办的耐克公司，在1972年俄勒冈的尤金举行的奥林匹克选拔赛中首次亮相。穿着新耐克鞋的马拉松运动员获得了第四至第七名，而穿阿迪达斯鞋的参赛者在那次比赛中占据了前三名。

耐克的大突破出自1975年的"夹心饼干鞋底"方案。它的鞋底上的橡胶钉比市场上出售的其他鞋更富有弹性。"夹心饼干鞋底"的流行及旅游鞋市场的快速膨胀，使耐克公司1976年的销售额达到1 400万美元。而在1972年其销售额仅为200万美元。自此耐克公司的销售额飞速上涨。今天，耐克公司的年销售额超过了35亿美元，并成为行业的领导者，占有运动鞋市场26%的份额。

耐克公司的成功源于它强调的两点：一是研究和技术改进，二是风格式样的多样化。公司有将近100名雇员从事研究和开发工作。它的一些研究和开发活动包括人体运动高速摄影分析，对300名运动员进行的试穿测验，以及对新的和改进的鞋及材料的不断的试验和研究。

在营销中，耐克公司为消费者提供了最大范围的选择。它吸引了各种各样的运动员，并向消费者传递出最完美的旅游鞋制造商形象。到20世纪80年代初，慢跑运动达到高峰时，阿迪达斯已成了市场中的"落伍者"。竞争对手推出了更多的创新产品，更多的品种，并且成功地扩展到了其他运动市场。例如，耐克公司的产品已经统治了篮球和年轻人市场，运动鞋已进入了时装时代。到20世纪90年代初，阿迪达斯的市场份额降到了可怜的4%。

（资料来源：http：//course. onlinesjtu. com/mod/page/view. php？id=4067）

问题：

（1）耐克公司的管理当局制定了什么决策使它如此成功？

（2）到20世纪90年代初，阿迪达斯的不良决策如何导致了其市场份额的极大减少？这些决策怎么使得阿迪达斯的市场份额在90年代初降到了可怜的地步？不确定性在其中扮演了什么角色吗？

参考答案：

（1）合理的决策应该具备明确的目标、切实的可行性、可靠的保证、符合经济原则、应变的能力。耐克选择了新兴的市场，靠创新的技术适应多变的市场。这些都保证了耐克决策的成功。

（2）阿迪达斯没有对新兴市场作出反应，决策没有变化，致使其市场份额极大减少，甚至降到了可怜的地步。

不确定性是决策中的重要影响因素，多数情况下只能估计未来时间是否发生的可能程度，即可能发生的概率。阿迪达斯制定了不良的决策，对市场的不确定性估计错误造成了整个经营的失误。

第四章

组　　织

第四章

学习目标

1. 了解组织的含义；
2. 掌握直线职能制组织结构的特点；
3. 掌握矩阵制组织结构的特点；
4. 掌握事业部制组织结构的特点；
5. 掌握影响集权和分权的因素；
6. 了解管理幅度与管理层次；
7. 了解集权与分权的关系；
8. 正确认识企业中的非正式组织；
9. 了解组织发展的基本趋势。

管理故事

　　弗兰科·哈里斯超级面包店公司怎样只用 10 个人就创造了 1 000 万美元的面包圈业务呢？这可不简单。制度化的面包食品业是高度竞争和分割的，没有什么机会再发展了。事实上，在过去 10 年，面包食品行业总营销额一直在下降。而超级面包店公司，从 20 世纪 90 年代初就悄悄获得了大量市场份额，并继续维持高利润的年度收益增长。

　　使超级面包店公司更有趣的是它是如何组织的。1990 年，公司就实现了虚拟公司全国化。超级面包店公司关注于顾客价值的关键驱动点并在这些领域发展技能和竞争力，其他则外包，而不是建立一个大型的伸展的跨职能的组织去管理企业。

　　弗兰科·哈里斯的超级面包店公司战胜了对手，成功进入高度竞争的面包食品行业。现在它正以 20% ～ 30% 的利润年增长率发展，两倍于行业平均发展水平。

　　超级面包店公司负责内部战略计划、营销、研发和财务（会计）。但超级面包店公司并不自己生产，而由其他面包店形成的网络负责生产，因为超级面包店公司有自己的收据、自行采购原料，有自己的品牌——Nutri Dough，企业对生产质量严格控制。弗兰科·哈里斯甚至雇佣了一位面包大师开发新产品。订合同的面包坊只是按照超级面包店公司的标准执行生产每个面包的步骤。

　　除了产品的考虑，超级面包店公司在决定外包某一职能前分析对顾客重要的服务要素，最后发现订单处理对顾客满意度的影响最大，所以即使营销、生产、库存和运输等任务都外包了，超级面包店公司管理层一直保持对订单管理过程中的计划控制和追踪其他活动。

超级面包店公司的主要挑战是通过经纪人和合同协调和控制公司外部不同的职能活动。外部的经纪人、制造商和运输公司可以成就或摧毁超级面包店公司，因为他们处于公司和顾客之间。一些问题可以通过与外包者明晰绩效标准到斤斤计较的程度，另外，公司开发了绩效报告系统以提供非财务和财务性的衡量标准。非财务性标准追踪顾客满意度，而财务性标准则关心履行订单和服务顾客的成本。为了跟踪这些指标，超级面包店公司建立了关联的数据库储存处理信息。技术支持有助于提供超级面包店公司与其合作者间的不断反馈。

（资料来源：刘宁. MBA 联考 300 分奇迹：管理分册. 上海：复旦大学出版社，2001）

第一节　组织的基本问题

一、组织的概念

任何一种管理活动都是由多个部分、多个方面、多种因素在一定条件下相互联系、相互影响、相互作用的一个开放系统。这个系统和其他各种社会活动一样，必须有一个组织形式和一个适应要求的组织结构。如果组织内部机构不合理，指挥失灵，人浮于事，内耗丛生，那么组织就难以高效地完成其使命。因此，组织工作是管理的一项重要职能，任何计划和决策都必须依靠一系列的组织活动来贯彻落实，只有做好组织工作，才能使决策方案得以顺利实施，才能保证计划目标的实现。

组织是随着人类社会的出现而出现的。人作为社会的人，在与自然界的抗争中，只有依靠集体的力量才能生存和发展，才能实现自己的目标，满足自己的愿望。这样，人们为了生存的目标，建立了各种生产组织。而作为社会的人，人还有自己的社会需要，为了实现各种社会目标，又产生了各种社会组织。正如巴纳德所说，由于生理的、物质的、社会的限制，人们为了达到个人和共同的目标，就必须合作，于是形成群体，即组织。也就是说，组织是人们为了实现某种目标而形成的群体或集合。

然而，对于组织一词的理解，在不同的国家有不同的含义。在我国古代，组织一词的含义是编织，即将麻织成布帛。唐代著名学者孔颖达首先把组织这个词引申到社会管理中，认为组织就是把事物的构成部分组合为整体。我国《辞海》把组织定义为"按照一定的目的、任务和形式加以编制。"在西方，英文中的组织一词源于医学中的"器官"，因为器官是自成系统的、具有特定功能的细胞结构。《牛津英语大辞典》对组织一词的定义是："为特定目的所作的、有系统的安排。"现在这个词逐渐演变成专指人群而言。

从管理学的角度出发，西方众多的管理学家、学者都给组织一词下过定义。

古典组织理论学家韦伯在其代表作《社会组织与经济组织》一书中提出了层级制组织类型，并对其进行了系统而全面的分析。认为组织是"为达成一定目标经由分工与合作，形成不同层次的权力和责任制度，从而构成的人的集合"。

美国管理学家路易斯·A.艾伦将组织定义为："为了使人们能够最有效地工作去实现目标而明确责任、授予权力和建立关系的过程"。

社会系统学派的代表人物切斯特·巴纳德将正式的组织定义为："组织是一个有意识地协调二人以上的活动或力量的系统。"并认为组织的3个基本要素是共同的目标、协作意愿和信息沟通。

因此，组织一词有两种含义：一种是名词含义，另一种是动词含义。名词含义的组织又有两层意思。一层意思是指组织机构，即执行特定使命的各种人力资源与物质资源的集合体。这是有形的组织体，具体包括各类营利性组织（如工商企业和银行）和非营利性组织（如学校、科研单位等）。这个含义具有3种意思。第一，组织必须具有目标。因为任何组织都是为目标而存在的，不论这种目标是明确的还是隐含的，目标是组织存在的前提，企业中的每一个组织机构的建立、撤销、合并必须服从于企业的目标。第二，没有分工和合作也不能称其为组织。分工和合作关系是由组织目标限定的，组织中的每个部门都专门从事一种特定的工作，各个部门又要相互配合。只有把分工和合作结合起来才能产生较高的集体效率。第三，组织要有不同层次的权力与责任制度。分工之后要赋予每个部门、每个人相应的权力和责任，以便实现组织的目标。要完成一项工作任务，需要具有完成该项工作任务的权力，同时必须让其负有相应的责任。仅有权力而无责任，可能导致滥用权力，而不利于组织目标的实现。权力与责任是达成组织目标的必要保证。另一层意思是指组织结构。任何组织机构都应该有它的框架体系安排和内部结构特征，这是一种无形的组织体。正像自然科学领域的石墨和钻石一样，它们都是由碳原子构成的，但二者的力量和价值是完全不同的，原因就在于它们的内部结构不同。石墨是"层状结构"，而钻石的碳原子之间具有独特的"金刚石"结构。组织也一样，其内部结构不同，效能就不同。结构相对来说是稳定的、连续的逐渐变化的。大的变化都发生于剧烈变革的时代，其中包括政治的、经济的、社会的、技术的剧烈变革。经济体制改革和社会体制改革必然要引起有关的组织结构产生较大的变化。决定组织的基本结构是组织中高、中层领导人的责任，但所有管理者在他的职权范围内都会对结构产生不同程度的影响。另外，由于组织结构相对稳定，所以它一经建立就形成一种框架，这种框架或者方便了管理者的工作，或者给管理者的工作带来障碍。因此，要不时地对组织结构进行检查和调整，使之有利于达到组织目标。

组织的动词含义是指组织工作或组织职能，是指为了实现组织的共同目标而确定组织内各要素及其相互关系的活动过程，也就是设计一种组织结构，并使之运转的过程。它包括组织结构的设计、组织所需的管理职务的设计以及确定各管理职务之间的关系。

因此，可对组织的概念作如下概括：组织就是围绕一项共同目标建立起来的集体机构，它对机构中的全体人员指定职位，明确职责，协调其工作，在实现规定目标中获得最大的效率。

可见，组织的职能就是把组织的总任务分解成一个个具体的任务，然后把它们合并给单位或部门，同时把权力分别授予每个单位或部门的管理人员。因此，从本质上说，组织就是研究企业中人与事的合理配合。

二、部门化

（一）部门的含义

部门是指组织中主管人员为完成规定的任务有权管辖的一个特殊领域。部门是组织设计的直接结果，是同类职位的集合。不过，在不同的组织中，部门的具体名称通常不同。例如，在军队中，部门是以班、排、连、营、团等单位形式出现的；而在企业中，则是以子公司、分公司、车间、分厂、各种职能部门等形式出现的；在政府中则有各种委、办、司、局等机关。

部门划分的目的，在于确定组织中各项任务的分配与责任的归属，以求合理的分工，做到职责分明，任务到人。法约尔早就指出，设置部门是"为了用同样多的努力生产出更多更好的产品的一种分工"。

（二）部门设计的常用方法

1. 按照人数的多少划分部门

单纯按照人数划分部门是最古老的部门划分方法，曾经是组织种族、部落和军队的重要方法。虽然在当今社会中这种部门划分方法已经不再像从前那样有那么重要的地位，但是在一些领域仍有使用。例如，军队、学校等组织中依然采用的是按照人数划分部门的方法。

按照人数划分部门是将工作职责相同的人员划归一名管理人员领导，以人员数量的多少决定部门的大小。这种划分方法考虑的主要是人力，在科学技术已经高度发达的今天，不同的人已经有不同的专业技能，人数的多少已经不能代表组织的生产力的大小。所以，这种划分部门的方法已趋于淘汰。

按照人数的多少来划分部门的优点是简单，所以在组织内较低的层次使用较为普遍。

2. 按照时间划分部门

按照时间划分部门也是较早的一种部门划分方法。这是在正常的工作日难以满足工作需要时所采用的部门划分方法。例如，工厂在连续生产技术基础的制约下必须实行多班制，就属于按照时间划分部门的方法。现在按照时间划分部门的现象比较普遍，如医院、消防等具有连续工作性质的组织都会采用按照时间划分部门的方法。

按照时间划分部门的优点是：第一，工作时间可以超过一天8小时的标准工作时间，最多可以达到整个自然时间；第二，使得一些不能中断并且需要往复循环的工作可以进行下去；第三，可以更有效地利用设备，特别是价值昂贵的设备；第四，可以满足部分人的特殊需要。

按照时间划分部门也存在一些缺陷，主要是：第一，夜班可能缺乏监督；第二，夜班人员的劳动效率一般要低于白班；第三，存在较多的协调平衡工作。

3. 按照职能划分部门

按照职能划分部门是最为常见，也是应用最为普遍的部门划分方法。这种方法遵循的是专业分工的原理，以工作或任务的性质为基础，按照这些工作或任务在组织中的重要程度，分为各种职能部门。在这些职能部门中，大致可以分为主要职能部门和次要职能部门。主要职能部门处于组织的主导地位，次要职能部门处于辅助地位。在企业这种组织中，主要的职能部门是供应、生产与销售部门，其他的职能部门则是为这些部门服务的部门。要注意的是，主要职能部门与次要职能部门之间不涉及是否重要的问题。在各种职能部门下又可以划分出更深层次的部门。

按照职能划分部门是当今企业最常见的部门划分方法，几乎所有企业组织在某些层次都要按照一定的职能进行部门划分。

按照职能划分部门，优点是服从分工原理，有利于充分发挥专业职能，提高效率，使主管的注意力集中在专门的业务上，有利于任务的完成和目标的实现，还有利于控制。但是，这样的部门划分容易产生部门观念，形成本位主义，给部门间的协调带来一定的困难。

4. 按照产品标准划分部门

在生产多种产品和提供多种服务的组织一般还可以按照产品标准划分部门。对企业而言，这种部门划分方法多见于大中型企业。按照产品进行部门划分是在按照职能划分部门的基础上发展起来的。因为随着公司规模的扩大，各个职能部门的主管都会碰到规模问题。管理工作随着规模的扩大变得日益复杂，而管理范围的规定又限制了职能主管增加下级管理人员的权力和范围。因此，按照产品标准对组织的部门进行改组就自然而然了。

按照产品标准划分部门，优点是有利于专用设备的利用；有利于以产品来进行生产经营，保证经营效益；还有利于产品的研究开发。但是，按照产品标准划分部门也存在缺陷，那就是对高层主管的协调能力、控制能力要求更高；在各个产品部门之间产生一定的竞争之后能够合理地进行处理；另外，按照产品标准划分部门还可能使企业整体研究开发能力削弱。

5. 按照地区标准划分部门

按照地区标准划分部门一般见于经营区域特别广泛的大公司，在今天的跨国公司中特别常见。这样的划分是将同一地区（可大可小）的经营活动集中起来，委托给一个主管的部门划分方式。

按照地区标准划分部门，有利于强化不同地域市场上的经营，根据各个不同市场采取不同的经营方式和经营战略，更好地占领地区市场；以地区为标准的部门一般是全面管理部门，因此有利于培养管理人才；对于多产品生产的大公司来说，按照地区标准划分部门还可以消除内部的竞争。但是按照地区标准划分部门，也存在一定的缺陷，如对管理人员的要求较高，对地区控制困难，平衡不同地区的难度较大。

除了上述一些划分部门的方法外，还有其他一些方法，如按照服务对象划分部门（如运输公司划分为货运部门、长途客运部门、出租车部门等）、以设备的使用为标准划分部门（如在电子计算机产业中一些公司就是按照设备的使用为标准划分部门的）。

应当明确的是，在一个规模较大的组织中，常常要将多种标准结合起来，在不同的层次往往使用不同的部门划分标准。例如，在按照产品或者是地区进行了部门划分之后，在已经划分好的部门通常还需要按照职能标准划分各个部门内部职能部门，而在更下的层次，还可能要按照人数或者是时间对作业工作的部门进行划分。因此，上述有关部门的划分方法并非相互排斥，而是相互结合的。

三、管理幅度与管理层次

在任何一个具有一定规模的组织中，最高行政主管由于受到时间、精力等诸多因素的限制，不可能直接领导整个组织的所有活动。相反，他通常只是直接领导几个有限数量的下属管理人员，委托他们协助自己完成部分管理责任。这些承担受托责任的下一级管理人员，可能又需要通过若干直接下属来协助完成管理使命。依此类推，直至受托人能直接安排和协调组织成员的具体作业活动。如此就形成了组织中由最高主管到具体工作人员之间的不同层级的管理层次。通常来说，一个组织由最高层主管到基层作业人员间的管理层次越多，这样的组织就越倾向于高耸型的，而管理层次较少的组织则相对来说是扁平型的。扁平型组织所配备的管理人员要明显地少于高耸型组织，但组织层次并不是随意可以减少的。

一个组织究竟设有多少级管理层次比较合理？这需要考虑组织规模和管理幅度的影响。在管理幅度给定的条件下，管理层次与组织规模大小成正比，组织的规模越大，作业人员数量越多，那么所需要的管理层次就越多，在组织规模给定的条件下，管理层次与管理幅度成反比，每个主管所能直接领导的下属人数越多，所需的管理层次就越少。

任何组织在进行结构设计时都必须考虑这样的问题，即每个主管人员直接指挥与监督的下属人数以多少为宜。一般来说，即使在同样获得成功的组织中，每位主管直接管辖的下属数量也不一定相同。有效管理幅度的大小受到管理者自身素质及被管理者的工作内容、能力、工作环境与工作条件等诸多因素的影响，每个组织及组织中的每一位管理者都必须根据自身的情况来确定适当的管理幅度，在此基础上再确定组织相应设置的管理层次数。

有效管理幅度的影响因素主要如下。

（一）工作能力

主管人员的综合能力、理解能力、表达能力强，则可以迅速地把握问题的关键，对下属的请示提出恰当的指导建议，并使下属明确地理解，从而可以缩短与每一位下属接触所占用的时间。同样，如果下属人员具备符合要求的能力，受到良好的、系统的培训，则可以在很多问题上根据自己的符合组织要求的主见去解决，从而可以减少向上司请示、占用上司时间的频率。这样，管理的幅度便可适当宽些。

（二）工作内容和性质

（1）主管所处的管理层次。主管人员的工作主要在于决策和用人，但处在管理系统中的不同层次，决策与用人的比重各不相同。决策的工作量越大，主管用于指导和协调下属的时间就越少。所以，越是接近组织高层的主管人员，其决策职能越重要，管理幅度较中层和基层管理人员就越小。

（2）下属工作的相似性。同一主管领导下的下属人员，如果所从事工作的内容和性质相近，则对每个人工作的指导和建议也就大体相同。在这种情况下，主管人员就可指挥和监督更多的下属人员。

（3）计划的完善程度。任何工作都需要在计划的指导下进行。由下属执行的计划如果制订得非常详尽周到，下属对计划的目的和要求有十分清楚的了解，那么，需要主管人员亲自予以指导的情形就减少；反之，如果下属要执行的计划本身制订得并不完善，或者需要下属做进一步的分解，那么，主管对下属指导、解释的工作量就要增加，其有效的管理幅度就势必要缩小。

（4）非管理性事务的多少。主管人员作为组织不同层次的代表，往往需要花费一定的时间去从事一些非管理性事务。处理这些事务所需的时间越多，则用于指挥和领导下属的时间就相应减少，此时管理幅度就越不可能扩大。

（三）工作条件

（1）助手的配备情况。如果有关下属工作中遇到的所有问题，都不分轻重缓急需要主管亲自去处理，那么，主管人员所能直接领导的下属数量就会受到一定限制。如果给主管配备必要的助手，由助手去和下属进行一般的联络，并直接处理一些明显的次要问题，那么就可大大减少主管的工作量，增加其有效的管理幅度。

（2）信息手段的配备情况。掌握信息是进行管理的前提。利用先进的信息技术去收集、处理和传输信息，一方面可以帮助主管人员更及时、全面地了解下属的工作情况，从而提出有用的忠告和建议；另一方面下属人员也可以更多地了解与自己工作有关的情况，从而更好地自主处理分内的事务。这显然有利于扩大主管人员的管理幅度。

（3）工作地点的接近性。同一主管人员领导下的下属，如果工作岗位在地理位置上的分布较为分散，那么，下属与主管以及下属与下属之间的沟通就相对比较困难，从而该主管所能领导的直属部下数量就要减少。

（四）工作环境

组织面临的环境是否稳定，会在很大程度上影响组织活动的内容和政策的调整频率与幅度。环境变化越快，变化程度越大，组织中遇到的新问题就越多，下属向上级的请示就越有必要、越经常；而此时上级能用于指导下属工作的时间和精力却越少，因为他必须花更多的时间去关注环境的变化，考虑应变的措施。因此，环境越不稳定，各层次主管人员的管理幅度就会越小。

四、集权与分权

（一）组织中的职权及其分布

分权与集权是用来描述组织中职权分布状况的一对概念。这里所谓的职权，是指组织设计中给某一管理职位所赋予的作出决策、发布命令和希望命令得到执行的权力。职权与组织内的一定职位相关，而与占据这个职位的人无关，所以它通常亦被称做制度权或法定权力。

职权在整个组织中的分布可以是集中化的，也可以是分散化的。职权的分散化，即称为"分权"，是指决策权在很大程度上分散到处于较低管理层次的职位上。与之对应，职权的集中化即"集权"，是指决策权在很大程度上向处于较高管理层次的职位集中的一种组织状态和组织过程。

在现实中，既不存在绝对的分权，也不存在绝对的集权。因为绝对的集权意味着职权全部集中在一个人手中，这样的人不需要配备下级管理者，管理组织设计也就成为多余；而绝对的分权也不可能，因为上层管理者一旦没有了监督和管理的权利与义务，也就没有必要设置这样的职位。管理组织的存在必然意味着某种程度的分权。集权和分权是两个彼此对立但又互相依存的概念，它们只能存在于一个连续统一体中。

（二）影响集权和分权的因素

集权或者分权不能简单地用"好"或"坏"来加以判断。在成功的企业中，既有许多被认为是相对分权的企业，也有许多被认为是相对集权的企业。因此，并不存在着一个普遍的标准，可以使管理者依据它来判断应当分权到什么程度，或是应当集权到什么程度。确定一个组织中集权或分权的合理程度，需要考虑以下几方面因素。

（1）经营环境条件和业务活动性质。如果组织所面临的经营环境具有较高的不确定性，处于经常变动之中，组织在业务活动过程中必须保持较高的灵活性和创新性，这种情况就要求实行较大程度的分权；反之，面临稳定的环境和按常规开展业务活动的组织，则可以实行较大程度的集权。

（2）组织的规模和空间分布广度。组织规模较小时，实行集权化管理可以使组织的运行取得高效率。但随着组织规模的扩大，其经营领域范围甚至地理区域分布可能相应地扩大，这就要求组织向分权化的方向转变。

（3）决策的重要性和管理者的素质。一般而言，涉及较高的费用支出和影响面较大的决策，宜实行集权，重要程度较低的决策可实行较大的分权。组织中管理人员素质普遍较高，则分权具备比较好的基础。

（4）对方针政策一致性的要求和现代控制手段的使用情况。鉴于集权有利于确保组织方针政策的一致性，所以在面临重大危机和挑战时，组织往往会采取集权的办法。另外，拥有现代化通信和控制手段的组织，在职权配置上经常会呈现两个方向的变动：一是重要和重大问题的决策可以实行更大程度的集权，而次要问题的决策则倾向于更大程度的分权。

（5）组织的历史和领导者个性的影响。严格地说，这些是对组织集权或分权程度的现实影响因素。如果组织是在自身较小规模的基础上逐渐发展起来，并且发展过程中亦无其他组织的加入，那么集权倾向可能更为明显。因为组织规模较小时，大部分决策都是由最高主管直接制定和组织实施的，这种做法可能延续下来。相似地，组织中个性较强和自信、独裁的领导者，往往喜欢其所辖部门完全按照自己的意志来运行，这时集权就是该类组织经常会出现的状态。对这些现实的影响组织职权配置状态的因素，应该辩证地加以看待。现实的未必就是合理的，但现实的往往是不得不遵从的。

（三）过分集权的弊端

正确地处理集权与分权关系对组织的生存和发展至关重要。从国内企业的实际情况来看，许多组织都普遍地存在一种过分集权的倾向。过分集权会带来一系列弊端，主要表现在以下几个方面。

（1）降低决策的质量和速度。在规模相对较大的组织中，高层主管距离生产作业活动的现场较远，如果管理权力过于集中，现场发生的问题需要经过层层请示汇报后由高层人员作出决策，这不仅难以保证决策应有的准确性，而且其时效性也会受到影响。

（2）降低组织的适应能力。过分集权的组织，可能使各个部门失去自适应和自调整的能力，从而削弱组织整体的应变能力。

（3）致使高层管理者陷入日常管理事务中，难以集中精力处理企业发展中的重大问题。

（4）降低组织成员的工作热情，并妨碍对后备管理队伍的培养。管理权力的高度集中，不仅会挫伤下层管理人员和作业人员的工作主动性和创造性，而且也使他们丧失了在实践中锻炼和提高自己能力的机会，从而可能对组织的长远发展造成不利影响。

（四）分权的标志

考查一个组织集权或分权的程度究竟多大，最根本的标志是要看该组织中各项决策权限的分配是集中还是分散。具体地说，判断组织集权或分权程度的标志主要有以下几种。

（1）所涉及决策的数目和类型。组织中低层管理者可以自主做决定的事项，如果数目越多，则分权程度越大。同时，低层管理者所作的决策越具有重要性，影响范围越广泛，组织的分权程度也越大。趋于将较多和较大的决策权集中到高层的组织是集权化的，而只集中少量重大问题决策的组织则是相对分权化的。

（2）整个决策过程的集中程度。广义的决策是一个全过程的概念，而不仅仅指作出最终决定这一步骤。这样，组织中如果有不同的部门参与了决策信息的收集，或者决策方案的拟订和评价与决策方案的选择是相对分离的，决策制定和执行的过程受到了其他方面力量的监督，则这种组织中的决策权限相对来说是比较分散的。而如果所有的决策步骤都由某主管一人来承担，这样的决策就较为集权。在决定作出之后、付诸执行之前，如果必须报请上级批准，那么分权程度就降低。而且，被请示的人越多且其所处层次越高，分权程度就越小。

（3）下属决策受控制的程度。主管人员如果对下属的活动进行高密度的监督和控制，则分权程度比较低。如果组织制定出许多细致的政策、程序、规则来对成员的决策行为施加前提影响，则分权程度也降低。如果说下属的决策不受规章制度的约束，或者虽有规章制度，但内容较粗，给予人们的自由度较大，则分权程度就比较高。

（五）分权的实现途径

分权可以通过两种途径来实现：一是改变组织设计中对管理权限的制度分配，二是促成主管人员在工作中充分授权。前者是对组织中职权关系的一种再设计，是在组织变革过程中实现的；后者则是在组织运行中，通过各层领导者的权力委让行为，系统地将决策权授予中下层管理者，使他们切切实实地得到组织制度所规定的权力。

管理者的授权行为是促进组织达到分权状态的重要途径。那么，什么是授权？管理者应该如何进行授权？

所谓授权，是指上级管理者随着职责的委派而将部分职权委让给对其直接报告工作的部属的行为。授权的本质含义是管理者不要去做别人能做的事，而只做那些必须由自己来做的事。任何一个管理者，其时间、精力、知识和能力都或多或少是有限的，一个人不可能事必躬亲去承担实现组织目标所必需的全部任务。授权可以使管理者的能力在无形中得到延伸。真正的管理者必须知道如何可以有效地借助他人的力量去实现组织的目标。

科学、合理的授权过程是由 4 个有机联系的环节构成的。

（1）任务的分派。管理者在进行授权时，需要确定接受授权的人（即受权人）所应承担的任务是什么。正是从实现组织目标而执行相应任务的需要出发才产生了授权的要求。

（2）职权的授予。即根据受权人开展工作、实现任务的需要，授予其采取行动或者指挥他人行动的权力。授权不是无限制地放权，而是委任和授放给下属在某些条件下处理特定问题的权力，所以必须使受权者十分明确地知道所授予他们的权限的范围。

（3）职责的明确。从受权人这一方来说，他在接受了任务并拥有所必需的权力后，相应地就有责任和义务去完成其所接受的任务，并就任务完成情况接受奖励或处罚。有效的授权必须做到使受权者"有职就有权，有权就有责，有责就有利"，而且授权前要遵循"因事择人，施能授权"和"职以能授，爵以功授"的原则正确地选择受权者，做到职、责、权、利、能相互平衡。

（4）监控权的确认。授权者应该明白自己对授予下属完成的任务执行情况负有最终的责任，为此需要对受权者的工作情况和权力使用情况进行监督检查，并根据检查结果调整所授权力或收回权力。可以说，建立反馈机制、加强监督控制，是确保授权者对受权者的行为保持监控力的一项重要措施，也是授权区别于"放任自流"做法的一个重要方面。

五、正式组织与非正式组织

（一）非正式组织的产生

非正式组织是伴随着正式组织的运转而形成的。正式组织中的某些成员，由于工作性质相近、社会地位相当，对一些具体问题的认识基本一致、观点基本相同，或者由于性格、业余爱好和感情比较相投，他们在平时相处中会形成一些被小群体成员所共同接受并遵守的行为规则，从而使原来松散、随机形成的群体渐渐成为趋向固定的非正式组织。任何组织，不论规模多大，都可能有非正式组织存在。非正式组织与正式组织相互交错地同时并存于一个单位、机构或组织中，这是组织生活的一个现实。

（二）正式组织与非正式组织的对比

正式组织是组织设计工作的结果，是经由管理者通过正式的筹划，并借助组织图和职务说明书等文件予以明确规定的。正式组织有明确的目标、任务、结构、职能以及由此形成的成员间的责权关系，因此对成员行为具有相当程度的强制力。正式组织的基本特征如下。

（1）目的性。正式组织是为了实现组织目标而有意识建立的，因此，正式组织要采取什么样的结构形态，从本质上说应该服从于实现组织目标、落实战略计划的需要。这种目的性决定了组织工作通常是紧随着计划工作之后进行。

（2）正规性。正式组织中所有成员的职责范围和相互关系通常都在书面文件中加以明文的、正式的规定，以确保行为的合法性和可靠性。

（3）稳定性。正式组织一经建立，通常会维持一段时间相对不变，只有在内外环境条件发生了较大变化而使原有组织形式显露出不适应时，才提出进行组织重组和变革的要求。

与之相比，非正式组织是未经正式筹划而由人们在交往中自发形成的一种个人关系和社会关系的网络。机关里午休时间的扑克会、工余时间的球友会等，都是非正式组织的例子。

在非正式组织中，成员之间的关系是一种自然的人际关系，他们不是经由刻意的安排，而是由于日常接触、感情交融、情趣相投或价值取向相近而发生联系。与正式组织的特征相对应，非正式组织的基本特征是自发性、内聚性和不稳定性。

（三）非正式组织的影响作用

非正式组织的存在及其活动，既可对正式组织目标的实现起到积极促进的作用，也可能产生消极的影响。非正式组织的积极作用表现在：它可以为员工提供在正式组织中很难得到的心理需要的满足，创造一种更加和谐、融洽的人际关系，提高员工的相互合作精神，最终改变正式组织的工作情况。

非正式组织的消极作用表现在：如果非正式组织的目标与正式组织的目标发生冲突，则可能对正式组织的工作产生极为不利的影响；非正式组织要求成员行为一致性的压力，可能会束缚成员个人的发展。此外，非正式组织的压力还会影响到正式组织的变革进程，造成组织创新的惰性。

（四）对待非正式组织的策略

由于非正式组织的存在是一个客观的、自然的现象，也由于非正式组织对正式组织具有正负两方面的作用，所以，管理者不能采取简单的禁止或取缔态度，而应该对它加以妥善管理。也就是要因势利导，善于最大限度地发挥非正式组织的积极作用而克服其消极作用。

一方面，管理者必须认识到，正式组织目标的实现，要求有效地利用和发挥非正式组织的积极作用。为此，管理者必须正视非正式组织存在的客观必然性和必要性，允许乃至鼓励非正式组织的存在，为非正式组织的形成提供条件，并努力使之与正式组织相吻合。

另一方面，考虑到非正式组织可能具有的不利影响，管理者需要通过建立、宣传正确的组织文化，以影响与改变非正式组织的行为规范，从而更好地引导非正式组织作出积极的贡献。

六、直线与参谋

（一）直线、参谋及其相互关系

在组织中，直线与参谋是两类不同的职权关系。直线关系本质上是指挥和命令的关系，直线人员所拥有的是一种决策和行动的权力；相反，参谋关系则是一种服务和协助的关系，授予参谋人员的只是思考、筹划和建议的权力。正确处理直线和参谋的关系，充分发挥参谋人员的合理作用，是组织设计和运作中有效地发挥各方面力量协同作用的一项重要内容。

应该看到，从职权关系角度划分的直线与参谋的概念，不同于前面章节所指的直线部门与参谋部门的概念。后者是根据不同管理部门或人员在实现组织目标过程中的作用而进行区分的，依此将那些对组织目标的实现负有直接责任的部门称为直线部门，而把那些协助直线人员工作而设置的辅助于组织基本目标实现的部门称为参谋部门。根据这个标准，制造业企业中致力于生产或销售产品和劳务的部门就是直线部门，而采购、人事、会计等部门则被列为参谋部门。参谋部门对直线部门的关系通常是一种参谋性的职权关系。但在其行使职能职权的场合，职能部门对受其权力影响的直线部门，实际上就构成了一种直线职权的关系。更为常见的，参谋部门对其内部人员的管理，本质上与直线部门内部的管理一样，也都需要依靠直线职权。因此可以说，直线职权关系并不仅仅存在于直线系统内。

（二）参谋职权的类别

通常而言，参谋职权可分为如下几种。

（1）建议权。参谋人员的权限仅限于提供建议、提案或协助，其意见可能得到有关人员的欢迎和采纳，也可能被置之不理。

（2）强制协商权。此时参谋人员的影响力在一定程度上有所提高，也即有关人员在作出决定之前必须先询问和听取参谋人员的意见。处理这种关系的关键在于，要具体地规定在什么情况下参谋人员的意见应得到应有的重视，而又不限制直线主管人员的自主决定权。

（3）共同决定权。这时参谋人员的权限提高到了足以影响有关人员自主决定权的程度。换句话说，有关人员不仅要在作出决定前认真地听取参谋人员的意见，而且在命令采取行动时还需得到参谋人员的同意和许可。这种权力常在企业必须确保某项决策得到专家评定的情况下采用。

（4）职能职权。这是对直线主管人员行使决策和指挥权限的最高程度的限制。这种情况允许参谋人员对有关人员直接下达指示，而且这些指示要像来自直线主管的命令一样得到同等的重视。当然，这种指示也有可能被直线主管撤回，但在此之前它是绝对必须执行的。这通常是在参谋人员的专门知识和技能是开展某项工作的重要条件的情况下采用。

（三）直线与参谋的矛盾

从理论上说，设置作为直线主管助手的参谋职务，不仅有利于适应复杂管理活动对多种专业知识的要求，同时也能够保证直线系统的统一指挥。然而，在实践中，直线与参谋的矛盾冲突，往往成为造成组织运行缺乏效率的重要原因之一。考察这些低效率的组织活动，通常可以发现两种不同的倾向：要么保持了命令的统一性，但参谋作用不能充分发挥；要么参谋作用发挥失当，破坏了统一指挥的原则。这使得二者常常在实际中相互产生一种不满、对立的情绪。

（四）正确发挥参谋的作用

合理利用和正确发挥参谋人员的作用需要注意以下几点：首先，要求明确直线与参谋的关系，分清双方的职权关系与存在价值，形成相互尊重、相互配合的良好基础；其次，必要时授予参谋部门在一定专业领域内的职能职权，以提高参谋人员工作的积极性；最后，直线经理要为参谋人员提供必要的信息条件，以便从参谋人员处获得有价值的支持。

概而言之，处理好直线与参谋之间的矛盾关系，一方面要求参谋人员经常提醒自己"不要越权"、"不要篡权"；另一方面也要求直线经理尊重参谋人员所拥有的专业知识，自觉利用他们的工作，取长补短。

精彩阅读

组织变革的策略

组织变革是一个系统工程，涉及方方面面的关系，因此必须讲究策略。组织变革的策略主要包括变革方针的策略、变革方法的策略和应对阻力的策略。

变革方针的策略主要包括以下两点。

（1）积极慎重的方针。即要做好调查，做好宣传，积极推行。

（2）综合治理的方针。即组织变革工作要和其他工作配合进行，这主要是指组织的任务变革、组织的技术变革和组织的人员变革。

组织变革的方式主要包括以下3种。

1. 改良式的变革

这种变革方式主要是在原有的组织结构基础上修修补补，变动较小。它的优点是阻力较小，易于实施；缺点是缺乏总体规划、"头痛医头，脚痛医脚"，带有权宜之计的性质。

2. 爆破式的变革

这种变革方式往往涉及公司组织结构重大的，以至根本性质的改变，且变革期限较短。

一般来说，爆破式的变革适用于比较极端的情况，除非是非常时期（如公司经营状况严重恶化），否则一般不用这种变革方式。一定要慎用这种变革方式，因为爆破式的变革会给公司带来非常大的冲击。

3. 计划式的变革

这种变革方式是通过对企业组织结构的系统研究，制订出理想的改革方案，然后结合各个时期的工作重点，有步骤、有计划地加以实施。这种方式的优点是有战略规划、适合公司组织长期发展的要求；组织结构的变革可以同人员培训及管理方法的改进同步进行；员工有较长时间的思想准备，阻力较小。为了有计划地进行组织变革，应该做到以下几点：专家诊断，制定长期规划，员工参加。

（资料来源：http：//baike. baidu. com/view/589739. htm#6）

第二节　组织结构的基本类型

尽管从理论上说，企业组织结构的形式可以有无数种，但在现代组织中实际得到采用并占主导地位的则仅有其中的几种，即直线制组织结构、职能制组织结构、直线职能制组织结构、矩阵制组织结构、事业部制组织结构、网络型组织结构等。当然，各类组织结构没有绝对的优劣之分，不同的环境、不同的企业、不同的管理者，都可根据实际情况选用其中某种最合适的组织结构形式。

一、直线制组织结构

直线制组织结构（如图4-1所示）是一种最古老的组织结构形式，最初广泛应用于军事系统，后推广到企业管理工作中来。直线制组织结构的突出特点是，企业的一切生产经营活动均由企业的各级主管人员直接进行指挥和管理，不设专门的参谋人员和部门，至多只有几名助理协助厂长（或经理）工作。企业日常生产经营任务的分配与运作，都是在厂长（或经理）的直接指挥下完成的。

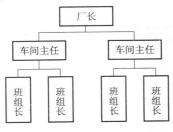

图4-1　直线制组织结构

直线制组织结构的优点是管理结构简单，管理费用低，指挥命令关系清晰、统一，决策迅速，责任明确，反应灵活，纪律和秩序的维护较为容易。但是，这种组织结构要求企业的各级领导者精明能干，具有多种管理专业知识和生产技能知识。现实中，每个管理人员的精力毕竟有限，依靠主管个人的力量很难对问题作出深入、细致、周到的思考，因此，管理工作往往显得比较简单和粗放。同时，组织中的成员只注意上情下达和下情上达，成员之间和组织单位之间的横向联系较差。另外，原胜任的管理者一旦退休，他的经验、能力无法立即传给继任者，再找到一个全能型且又熟悉该单位情况的管理者立即着手工作也面临困难。直线制组织结构的缺点就源于它对管理工作没有进行专业化分工。

二、职能制组织结构

职能制组织结构（如图4-2所示）的主要特点是，采用专业分工的职能管理者，代替直线制组织结构的全能管理者。为此，在组织内部设立各专业领域的职能部门和职能主管，由他们在各自负责的业务范围内向直线系统直接下达命令和指示。各级单位负责人除了要服从上级行政领导的指挥外，还要服从上级职能部门在其专业领域内的指挥。

职能制组织结构的主要优点是：每个管理者只负责一方面的工作，有利于充分发挥专业人才的作用；专业管理工作可以做得细致、深入，对下级工作指导比较具体。职能部门的作用如若发挥得当，可以弥补各级行政领导人管理能力的不足。

但是，职能制组织结构有一个明显的缺点，那就是"上头千条线，下边一根针"，即形成多头领导，削弱了统一指挥。有时各职能部门的要求可能相互矛盾，造成下级人员无所适从。

三、直线职能制组织结构

直线职能制组织结构（如图4-3所示）是对职能制组织结构的一种改进。它以直线制组织结构为基础，在保持直线制组织结构统一指挥的原则下，增加了为各级行政领导出谋划策但不进行指挥命令的参谋部门，所以称之为直线职能制组织结构（严格地说，宜称"直线参谋制组织结构"）。其特点是，只有各级行政负责人才有对下级进行指挥和下达命令的权力，而各级职能部门（参谋部门）只是作为行政负责人的参谋发挥作用，对下级只起到业务指导作用。有些部门如人事部门、财务部门等，只有当行政负责人授予他们直接向下级发布指示的权力时，才拥有一定程度的指挥命令权（即前面所说的职能职权）。这时的组织结构实际上演化为直线参谋制组织结构与职能制组织结构的混合形态，有些时候为准确起见而称此为"直线职能参谋制组织结构"。

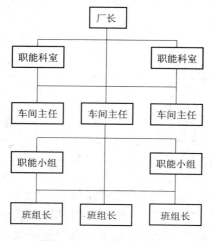

图4-2   职能制组织结构

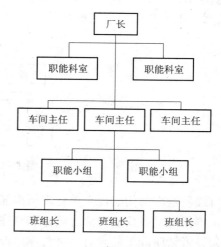

图4-3   直线职能制组织结构

直线职能制组织结构是在综合直线制组织结构和职能制组织结构各自优点的基础上形成的，因而既有利于保证集中统一的指挥，又可发挥各类专家的专业管理作用。其缺点是，各职能单位自成体系，往往不重视工作中的横向信息沟通，加上狭窄的隧道视野和注重局部利益的本位主义思想，可能引发组织运行中的各种矛盾和不协调现象，对企业生产经营和管理效率造成不利影响。而且，如果职能部门被授予的权力过大、过宽，则容易干扰直线指挥命令系统的运行。另外，按职能分工的组织通常弹性不足，对环境变化的反应比较迟钝。同时，职能工作不利于培养综合型管理人才。尽管直线职能制组织结构有这些潜在的缺点，但它目前在我国绝大多数企业尤其是面临较稳定环境的中小型企业中得到了广泛采用。

四、矩阵制组织结构

矩阵制组织结构（如图4-4所示）是在直线职能制组织结构垂直指挥链系统的基础上，再增设一种横向指挥链系统，形成具有双重职权关系的组织矩阵，所以称为矩阵组织。为了完成某一项目（如航空、航天领域某型号产品的研制），从各职能部门中抽调完成该项目所必需的各类专业人员组成项目组，配备项目经理来领导他们的工作。这些被抽调来的人员，在行政关系上仍旧归属于原所在的职能部门，但工作过程中要同时接受项目经理的指挥，因此他实际上拥有两个上级。项目组任务完成以后，便宣告解散，各类人员回到原所属部门等待分派新的任务。此时，原项目组不复存在，但新的项目组随时都可产生，所以矩阵制组织通常亦被称为"非长期固定性组织"。

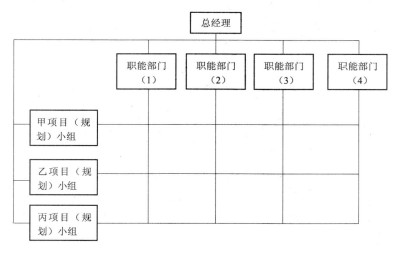

图4-4 矩阵制组织结构

矩阵制组织结构的主要优点是：加强了横向联系，克服了职能部门相互脱节、各自为政的现象；专业人员和专用设备随用随调，机动灵活，不仅使资源保持了较高的利用率，也提高了组织的灵活性和应变能力；各种专业人员在一段时期内为完成同一项任务而在一起共同工作，易于培养他们的合作精神和全局观念，且工作中不同角度的思想相互激发，容易取得创新性成果。

矩阵制组织结构的缺点在于：成员的工作位置不固定，容易产生临时观念，也不容易树立责任心；组织中存在双重职权关系，出了问题，往往难以分清责任。

根据矩阵制组织结构的基本特点，目前有企业已经开发出了多维组织结构形式，其中一种便是三维组织结构。它由专业职能部门、地区管理机构和产品事业部三重指挥链所构成，围绕某种产品的研发、生产和销售等重大问题，协调三方面的力量，加强相互之间的信息沟通和联系。这种三维组织结构适用于跨地区从事大规模生产经营而又需要保持较强的灵活反应能力的大型企业。

五、事业部制组织结构

事业部制组织结构（如图4－5所示）是在多个领域或地域从事多种经营的大型企业所普遍采用的一种典型的组织结构形式。它最初由美国通用汽车公司副总裁斯隆创立，故也称为"斯隆模型"。有的人也将其称为"联邦分权化"，因为它是一种分权制的企业内部组织结构形式。

事业部制组织结构是在一个企业内对具有独立产品市场或地区市场并拥有独立利益和责任的部门实行分权化管理的一种组织结构形式。其具体做法是，在总公司下按产品或地区分设若干事业部或分公司，使它们成为自主经营、独立核算、自负盈亏的利润中心。总公司只保留方针政策制定、重要人事任免等重大问题的决策权，其他权力尤其是供、产、销和产品开发方面的权力尽量下放。这样，总公司就成为投资决策中心，事业部是利润中心，而下属的生产单位则是成本中心，并通过实行"集中政策下的分散经营"，将政策控制集中化和业务运作分散化思想有机地统一起来，使企业最高决策机构能集中力量制定公司总目标、总方针、总计划及各项政策。事业部在不违背公司总目标、总方针和总计划的前提下，充分发挥主观能动性，自主管理其日常的生产经营活动。

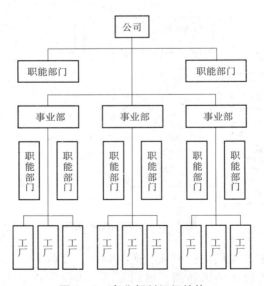

图4－5　事业部制组织结构

事业部制组织结构的优点是：公司能把多种经营业务的专门化管理和公司总部的集中统一领导更好地结合起来，总公司和事业部之间形成比较明确的责、权、利关系；事业部制组织结构以利润责任为核心，既能够保证公司获得稳定的收益，也有利于调动中层经营管理人员的积极性；各事业部门能相对自主、独立地开展生产经营活动，从而有利于培养综合型高级经理人才。

事业部制组织结构的主要缺点是：公司需要有许多对特定经营领域或地域比较熟悉的全能型管理人才来运作和领导事业部内的生产经营活动，所以对事业部经理的素质要求高；各事业部都设立有类似的日常生产经营管理机构，容易造成职能重复，管理费用上升；各事业部拥有各自独立的经济利益，易产生对公司资源和共享市场的不良竞争，由此可能引发不必要的内耗，使总公司协调的任务加重；总公司和事业部之间的集分权关系处理起来难度较大也比较微妙，容易出现要么分权过度，削弱公司的整体领导力，要么分权不足，影响事业部的经营自主性的问题。

事业部制组织结构在欧美和日本的大型企业中得到了广泛采用。但成功的经验表明，采用事业部制组织结构应当具备以下一些基本条件。

（1）公司具备按经营的领域或地域独立划分事业部的条件，并能确保各事业部在生产经营活动中的充分自主性，以便能担负起自己的盈利责任。

（2）各事业部之间应当相互依存，而不能互不关联地硬拼凑在一个公司中。这种依存性可以表现为产品结构、工艺、功能类似或互补，或者用户类同或销售渠道相近，或者运用同类资源和设备，或具有相同的科学技术理论基础等。这样，各事业部之间才能互相促进，相辅相成，保证公司总体的繁荣发达。

（3）公司能有效保持和控制事业部之间的适度竞争。因为过度的竞争可能使公司遭受不必要的损失。

（4）公司要能利用内部市场和相关的经济机制（如内部价格、投资、贷款、利润分成、资金利润率、奖惩制度等）管理各事业部，尽量避免单纯使用行政手段。

（5）公司经营面临较为有利和稳定的外部环境。可以说，事业部制组织结构利于公司的扩张，但相对不利于整体力量的调配使用，因此不适宜在动荡、不景气的环境下使用。

六、网络型组织结构

网络型组织结构是利用现代信息技术手段建立和发展起来的一种新型组织结构形式。现代信息技术使企业与外界的联系加强，利用这一有利条件，企业可以重新考虑自身机构的边界，不断缩小内部生产经营活动的范围，相应地扩大与外部单位之间的分工协作。这就产生了一种基于契约关系的新型组织结构形式，即网络型组织结构。

网络型组织结构是一种只有很精干的中心机构，以契约关系的建立和维持为基础，依靠外部机构进行制造、销售或其他重要业务经营活动的组织结构形式，如图4-6所示。被连接在这一结构中的两个或两个以上的单位之间并没有正式的资本所有关系和行政隶属关系，但却通过相对松散的契约纽带，透过一种互惠互利、相互协作、相互信任和支持的机制来进行密切的合作。例如，卡西欧是世界有名的制造手表和袖珍计算器的公司，却一直只是一家设计、营销和装配公司，在生产设施和销售渠道方面很少投资。20世纪80年代初，IBM公司在不到一年的时间里开发PC机成功，依靠的是微软公司为其提供软件，英特尔公司为其提供机芯。网络型组织结构使企业可以利用社会上现有的资源使自己快速发展壮大起来，因而成为目前国际上流行的一种新形式的组织结构设计。

网络型组织结构是小型组织的一种可行的选择，也是大型企业在联结集团松散层单位时

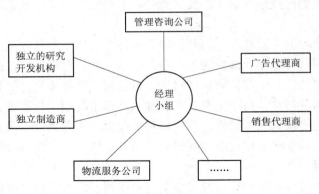

图 4-6　网络型组织结构

通常采用的组织结构形式。采用网络型组织结构的组织，它们所做的就是创设一个"关系"的网络，与独立的制造商、销售代理商及其他机构达成长期协作协议，使它们按照契约要求执行相应的生产经营功能。由于采用网络型组织结构的组织的大部分活动都是外包、外协的，因此，公司的管理机构就只是一个精干的经理班子，负责监管公司内部开展的活动，同时协调和控制与外部协作机构之间的关系。

精彩阅读

虚 拟 企 业

当今企业管理者面对的是一个变幻莫测的竞争环境。这种环境的形成原因包括技术的飞速发展、市场的全球化及其他一些发展趋势。传统的以泰罗制、福特制为标志的企业模式已很难适应新的市场环境；企业同时还要保持较低成本及较短的交付周期，这对旧的组织形式提出了挑战。在这种情况下，一种新的企业运作模式——虚拟企业（Virtual Enterprise，法语名称是 entreprisevirtuelle）脱颖而出。

虚拟企业是当市场出现新机遇时，具有不同资源与优势的企业为了共同开拓市场，共同对付其他竞争者而组织的、建立在信息网络基础上的共享技术与信息，分担费用，联合开发的、互利的企业联盟体。虚拟企业的出现常常是参与联盟的企业追求一种完全靠自身能力达不到的超常目标，即这种目标要高于企业运用自身资源可以达到的限度。因此企业自发地要求突破自身的组织界限，必须与其他对此目标有共识的企业实现全方位的战略联盟，共建虚拟企业，才有可能实现这一目标。

第三节　企业组织结构变化的趋势

随着经济的全球化和知识经济时代的到来，企业的组织结构也在发生深刻的变化。前几节介绍的组织结构基本上是传统的工业经济时代占主导地位的企业组织结构。进入 20 世纪末，在发达的市场经济国家，企业的组织结构正在发生一些明显的变化。这些变化的趋势具体表现为以下 5 个方面。

一、重心两极化

随着买方市场的形成和市场竞争的加剧，企业的重点部门由过去的生产部门转向研究开发和市场营销部门，从企业经营的过程来看，企业的结构特征正在形象地由"橄榄型"转变为"哑铃型"。

企业的组织结构发生这种转变最主要的原因是市场环境的变化。买方市场的形成，科学技术进步的加快，使得企业解决生存发展问题的关键不再是企业的生产问题，而是企业的产品的更新换代的快慢以及如何打开市场的问题。在大批量生产的工业经济时代，企业竞争取胜的法宝是低成本；而今天企业竞争取胜要求的却是速度，甚至一些未来学家认为，未来的社会是"快者生存"的时代。因此，企业的研究开发能力如何，就决定着企业产品更新换代的速度。另外，买方市场形成，品牌竞争已经成为基本的手段，如何占领市场、扩大市场份额成为企业最重要的任务。所以企业的研究开发和市场营销成为当今企业的中心问题，也是资源配置的重点。在市场经济发达国家，一些企业的结构基本上就是由研究开发和市场研究、开发部门组成，生产部门很小甚至没有。如美国的耐克公司就是典型的例子。

二、外形扁平化

随着电子计算机和互联网络在企业生产经营中的应用，企业的信息收集、整理、传递和经营控制手段的现代化，金字塔式的传统层级结构正在向少层次、扁平化的组织结构演进。

在当今的企业组织结构的变革中，减少中间层次，加快信息传递的速度，直接控制是一个基本的趋势。例如，一些跨国公司过去从基层到最高层有十几个层次，在先进的管理手段使用之后，层次精简为 5 ～ 6 层，从而大大提高了管理效率，降低了管理费用。根据这个趋势，有人甚至悲观地预言，未来的时代是不需要中层管理人员的时代。

三、运作柔性化

柔性的概念最初起源于柔性制造系统，是指制造过程的可变性、可调整性，描述的是生产系统对环境变化的适应能力。后来，柔性应用到企业的组织结构，是指企业组织结构的可调整性，对环境变化、战略调整的适应能力。在知识经济时代，外部环境变化以大大高于工业经济时代的变化数量级的速率变化，企业的战略调整和组织结构的调整必须及时，因此柔性组织结构就应运而生，使得组织结构的运作带有柔性化的特征。

四、团队组织

在知识型企业中，一种称为"团队"的小集体是备受赞誉的结构。这里的团队是指在企业内部形成的具有自觉的团结协作精神、能够独立作战的集体。团队组织与传统的部门不一样，它是自觉形成，是为完成共同的任务，建立在自觉的信息共享、横向协调基础上的。在团队中，没有拥有制度化权力的管理者，只有组织者。

在团队中，人员不是专业化的，而是多面手，具有多重技能，分工的界线不像传统的分工那么明确，相互协作是最重要的特征。有了团队组织，团队精神也是现代企业管理的一个重点。有了一定的团队精神，团队组织才可能有效地运作。有关团队组织的问题在前面已专门进行了论述，在此不赘述。

五、整体形态创新

企业的整体形态创新是指企业形态的创新，这种整体形态的创新必然在内部组织结构上发生重大的变化。企业整体形态创新的一个最典型的例子，是虚拟企业的产生。虚拟企业是在经济全球化、信息化、知识化的形式下演变而来的一种动态网络联盟企业。它最重要的特征是将传统企业固定的、封闭的集权式结构改变为开放式网络结构，形象地说，就是由"集权制"转变为"联邦制"。虚拟企业最大的优势是具有灵活性。因为它不是一个结构固定的组织，而是一个在一定的利益条件下结合成的松散组织，在这个组织中，各部分的调整容易且快捷。具体来说，虚拟企业是一个外部化的网络组织。核心企业是这个网络的中心，在满足市场的要求方面它与网络中的其他企业紧密合作，因为它自身仅仅保留了满足市场需求的部分关键功能。

虚拟企业也是市场变化快、技术进步快、产品研制开发难度加大的形式下的企业生存发展模式。因为，它可以最大限度地利用市场的资源和协作的效率，最快地满足市场的需要。

与虚拟企业相关的一个新的概念是战略联盟。有人认为，战略联盟与虚拟企业是同一种企业创新现象的两种相同的描述。本书认为，战略联盟主要指的是跨国公司之间结合而成的虚拟企业，而虚拟企业可以运用到所有的企业。

木 桶 理 论

所谓"木桶理论"，也即"木桶定律"。其核心内容为：一只木桶盛水的多少，并不取决于桶壁上最高的那块木板，而恰恰取决于桶壁上最短的那块木板。

"木桶理论"可以启发人们思考许多问题，如企业团队精神建设的重要性。在一个团队里，决定这个团队战斗力强弱的不是那个能力最强、表现最好的人，而恰恰是那个能力最弱、表现最差的落后者。因为，"最短的木板"在对"最长的木板"起限制和制约作用，决定了这个团队的战斗力，影响了这个团队的综合实力。也就是说，要想方设法让短板子达到长板子的高度或者让所有的板子维持"足够高"的相等高度，才能完全发挥团队作用，充分体现团队精神。

　思考与讨论

1. 简述组织的概念。
2. 如何正确发挥参谋的作用？
3. 简述管理幅度及其影响因素。
4. 请画图说明职能制组织结构及其优缺点。
5. 请画图说明矩阵制组织结构及其优缺点
6. 请画图说明事业部制组织结构及其优缺点。
7. 简述划分部门的方法。你认为哪种方法比较好？

管理游戏

另类排队比赛

［游戏类型］破冰船/充能器/团队协作与沟通。

［活动形式］全体参与，分组进行。

［所需时间］10 分钟左右。

［场地要求］宽敞的会议室，或者户外。

［所需材料］可分发的小奖品若干。

［活动目的］

（1）创造融洽而活跃的氛围，在紧张与笑声中增加听众间彼此的了解。

（2）激发听众活力，提升听众的团队协作与沟通能力。

（3）建立听众对培训项目良好的第一印象，提升整体培训品质。

［操作步骤］

（1）将全体成员分成若干小组，每组 10～15 人。

（2）请各组成员用一分钟简单地互相认识一下，告诉他们在活动中将有机会对彼此有更多的了解，同时也将考验他们的团队协作能力。

（3）游戏以竞赛的方式进行；当培训师给出指示后，各小组要用最短的时间按要求完成排队；本小组完成任务后，全体成员立刻拍手示意。

（4）为了使大家彻底明白规则，先练习一次按身高排队。

（5）正式开始游戏，每次给获胜的小组发奖品。

［提示］

（1）可让各小组自己设计完成任务后的示意方式，可以拍手示意，也可以唱歌、踩脚、吹口哨等。富有创意而独特的方式将更能体现团队精神，而且现场效果也会更热烈。

（2）如果是在室外进行的长时间培训项目，可以每隔一段时间就进行一次排队比赛。

（3）在本游戏中，排队项目的趣味性是游戏成功的一大关键，在这里培训师应多下些工夫。下面介绍一些方法，仅供参考。

① 根据年龄，由小到大进行排队。

② 根据头发长短，由短到长进行排队。

③ 根据鞋的大小，由大到小进行排队。

④ 根据胳膊的长短，由短到长进行排队。

⑤ 根据月收入的多少，由高到低进行排队（这个项目只是让人们发笑，并不需要真正去做）。

⑥ 根据在现在公司的工作时间长短，由短到长进行排队。

⑦ 根据跳槽的次数，由少到多进行排队。

［相关讨论］

（1）在排队的过程中，你所在的小组遇到了哪些问题？是如何解决的？

（2）和别的小组相比，你所在的小组的团队协作能力如何？

（3）游戏过后，你有没有发现小组成员之间熟悉了很多、默契了很多？

［游戏总结］

（1）本游戏颇具趣味性，你常可以听到人们在游戏过程中的笑声。在笑声中，小组成员之间拉近了彼此的距离。

（2）游戏最开始可能有些混乱，因为彼此的不熟悉以及不知该如何进行协作。

（资料来源：钟锐．培训游戏金典．北京：机械工业出版社，2006）

综合分析

动力工业公司的集权与分权

动力工业公司是一家生产多种产品的汽车替换零件制造商，由于执行积极合并的政策，发展很快。董事长约翰·拉弗蒂认为公司的成长是健康的，公司之所以能以罕见的速度迅速扩大，其主要原因在于：公司的经营是在高度分权的基础上进行的。由于它是一个合并了一些公司的康采恩企业，拉弗蒂鼓励所属公司的经理们要仍像在参加动力工业公司以前那样继续经营。现在，正在谈判同中央电子公司的合并问题。这个公司生产广泛系列的电子元件，其中许多用于国防和宇宙工业。中央电子公司对动力工业公司发生兴趣，是由于动力工业公司能提供该公司在发展一种高功能变压器的最终阶段和建立生产新产品的工厂方面所急需的资金。可是中央电子公司的创办人和总经理罗莎·瓦斯克丝认识到同另一个公司合并的潜在危险：她将失去对自己企业的控制，并沦为一个大公司的雇工地位。

但拉弗蒂不断向瓦斯克丝保证，动力工业公司是在高度分权基础上经营管理的，并描述他们的分权概念如下。

"我们希望你，作为一个子公司的总经理，像过去一样照常进行管理。你的企业是成功的，这就没有理由说，作为动力工业公司的一部分，就不能成功地继续经营、销售、生产，以及产品开发等主要职能，只要你认为合适，一切由你经管。总之，我们是按银行家的方式，由我们供给资金，即供给你需要的用于改进和扩充的资本。虽然每个子公司的利润将上交总公司，但仍像你具有自己的公司一样，因为你每年将得到两种收入：一份有保证的薪金和你公司一定比率的净利。"

在作了这样的保证后，瓦斯克丝决定同动力工业公司合并。在6个月里，一切都很顺利，瓦斯克丝几乎没看到公司总部有什么人来。到第7个月月初，总公司的会计员来访问瓦斯克丝，详细地向她说明公司需要有利润计划，并要求她编制好中央电子公司的利润计划、下年度详尽的收入和营业费用的预测。虽然会计员很和气，但却讲得十分清楚，如果中央电子公司的活动明显地偏离了预测的情况，总公司将派一组成本分析专家和工业工程师来查明偏离的原因并将提出必要的变革提议。

和会计员的这场经历刚过去，动力工业公司的劳资关系副董事长又访问了瓦斯克丝，并通知她，几个总公司的劳资关系参谋成员将参加同代表中央电子公司雇工的工会即将进行的谈判。瓦斯克丝抗议说，她对自己公司的劳资契约已谈判多年了。然而，人们对她解释说，这样做是为了全公司范围雇工的福利计划（如年金和保险），同时也是为了防止工会在工资领域中利用一个子公司来反对另一个子公司，所以集中控制谈判是非常必要的。在这次访问时，公司的一些劳资关系参谋成员还向瓦斯克丝略述了公司有关工资计划的规定，并作出安排，以实施公司职员和主管人员的薪金计划。

下一个月，瓦斯克丝访问了拉弗蒂并询问为了取得建设生产高功能变压器新厂房的资金她应采取什么步骤。

拉弗蒂答复说："我将从总公司财务部门派人访问你，并向你指出如何填写基建资金申请表。这不过是个例行手续，但是请记住，你仅仅是 15 个子公司中的一个，大家都同时需要钱，况且今年能否取得这笔钱，不仅取决于你的需要，还将取决于其他 14 个子公司的需要。"

（资料来源：http：//wenku. baidu. com/view/3918052a3169a4517723a34d. html）

问题：

（1）动力工业公司在经营上是否尽可能地实行了分权？

（2）如果你是瓦斯克丝（中央电子公司的总经理），你认为母公司的管理政策基本上是集权还是分权？为什么？

参考答案：

（1）在组织管理中，集权和分权是相对的，绝对的集权或绝对的分权都是不可能的。如果最高主管把他所拥有的职权全部委派给下属，那么他作为管理者的身份就不复存在，组织也不复存在。因此，某种程度的集权对组织来讲是必要的。如果最高主管把权力都集中在自己手里，这就意味着他没有下属，因而也就不存在组织。因此，某种程度的分权同样是组织所需要的。在组织中，集权和分权只是个程度问题。

（2）动力工业公司在经营上是集权的。但它对下属公司的要求是必要的，是从公司的全局出发的。基本上还是集权，因为在资金、人事政策上子公司没有独立的权利。

第五章

人力资源管理

学习目标

1. 掌握人力资源管理的含义；
2. 了解人力资源规划的原则；
3. 掌握招聘的渠道；
4. 理解员工培训的各种方式；
5. 掌握绩效评估的办法；
6. 了解薪金的基本构成。

管理故事

汉高祖刘邦驰骋疆场数十年，败秦灭楚，一统江山。庆功宴上，他对部下谈及"我为什么能打败项羽"时，说道："夫运筹帷幄之中，决胜千里之外，吾不如子房；镇国家，抚百姓，给馈饷，不绝粮道，吾不如萧何；连百万之众，战必胜，攻必取，吾不如韩信。三者皆人杰，吾能用之，以吾所以得天下者。"刘邦认为，他能建立汉朝，关键是用了张良、萧何、韩信三人，而这三人分别是三个方面的重要管理者。的确，刘邦的成功在于他得到了这三个人，并且用好了这三个人，使他们各自充分发挥了自己的管理才能。

启示：实施有效管理的前提是选任适合的人。管理是靠人来完成的，管理和人是一个问题的两个方面，二者相辅相成。

（资料来源：www.doc88.com/p－2703383439…html 2012－6－24）

第一节　人力资源管理的内容

一、人力资源管理的含义

（一）人力资源的含义

对于人力资源，不同的人有不同的理解。有人认为，劳动者就是人力资源；有人认为，人口就是人力资源；还有人认为，人的劳动能力才是人力资源。本书认为，人力资源是指推动社会发展和经济运转的人的劳动能力。

人力资源包括智力劳动能力和体力劳动能力。同时，人力资源也包含人的现实的劳动能力和潜在的劳动能力。人的现实的劳动能力，是指人能够直接迅速投入劳动过程，并对社会经济的发展产生贡献的劳动能力。也有一部分人，由于某些原因，暂时不能直接参加特定的劳动，必须经过对人力资源的开发等过程才能形成劳动能力，这就是潜在的劳动能力。对儿童进行培养，使之逐步在体力上和智力上形成劳动能力，旨在将来作用于社会经济发展过程，这就是潜在人力资源的开发过程。对文化素质较低的人进行培训，使其具备现代生产技术所需要的劳动能力，从而能够上岗操作，这也是潜在人力资源的开发过程。由于人的劳动能力和人始终融为一体，不可分开，因此人力资源又可泛指具有劳动能力的人。

（二）人力资源的相关概念

1. 人口

人口是指一个国家或者地区在一定时期内所有人的总和。在人口范围内，有具备劳动能力者、暂时不具备劳动能力而将来会具备劳动能力者以及丧失劳动能力者。

2. 劳动力

劳动力是指人口中达到法定的劳动年龄，具有现实的劳动能力，并且参加社会就业的那一部分人。劳动力是劳动力市场的主体，代表着劳动力的总体供给数量，其中不包括尚未进入就业领域的学生、失业者以及丧失劳动能力者。

3. 人才

人才是指人力资源中层次较高的那一部分人。相对普通劳动力而言，人才就是较高层次的复杂劳动力。人才资源的数量较人力资源少，但其质量较高。目前，什么是人才尚无统一说法，只是在定义上确认人才是具有特定的知识技能和专长的劳动力。至于对知识、技能和专长的衡量，一般是以学历学位、专业技术职称和各种专业技术证书或资格证书作为认定标准的。那么，哪一级的学历学位、技术职称或专业技术证书才被认定为人才呢？这在我国又以不同地区的具体情况和具体认定方法为准。例如，在我国不发达地区，人才比较少，或许中专学历以上者、初级技术职称以上者或四级技术工人等级以上者就可以被认定为是人才；而在沿海发达地区，人才比较多，或许必须是大学学历以上者、中级技术职称以上者或六级技术工人等级以上者才可以被认定为是人才。但是不管怎么说，人才都是当地人力资源中的高层次部分。

（三）人力资源的特点

1. 人力资源的主动性

人力资源是诸多生产要素中唯一具有主动性的生产要素。人通过主观愿望、意念和思想来支配其他要素，并通过人的劳动过程来创造财富。因此，人的创新精神、创造能力始终是人力资源的精髓。人力资源的主动性主宰了生产力的整体效应和发展过程。

2. 人力资源的时效性

人力资源的时效性是指人力资源的形成与作用效率要受其生命周期的限制。在少年儿童时期，人力资源的投资始终存在，但却不能提供现实的产出；在青壮年时期，人力资源开始了产出，并不断增加产出的质与量；到了老年时期，人力资源的产出量又由于人的体力与精力的下降而在总体上有所下降，甚至丧失劳动能力、退出人力资源范围。可见，考察人力资源的时效性，可以有效地调整人力资源的投入与产出，最大限度地保证人力资源的产出，延长人力资源的作用期间。

3. 人力资源的可再生性

人力资源是"活"的资源。一方面，通过人口的繁衍，人力资源不断地再生产出来，世世代代延续下去；另一方面，人的体能在一个生产过程中消耗之后，又可以通过休息和补充能量而得到恢复。进一步而言，如果人的知识技能陈旧了、过时了，也可以通过培训和学习等手段得到更新。因此，人本身、人的体能与知识技能，都是可以再生的。保证这种再生过程的顺利进行，将有利于人力资源的开发与利用。

（四）人力资源管理的概念

通常所说的人力资源管理，是指企业内部对人的管理。宏观意义上的人力资源管理，是指政府对社会人力资源的开发和管理过程。本书所涉及的，是微观的人力资源管理，即企业的人力资源管理。

企业的人力资源管理，首先要制定企业的人力资源管理战略和人力资源计划。然后，在人力资源管理计划的指导下，进行工作分析，制定工作描述和工作说明书；根据工作分析，招聘并且配置员工；在配置员工，利用人力资源的过程中，企业必须注意规划员工的职业生涯发展，并且把员工的职业生涯发展与组织的发展相匹配，形成互为动力的综合发展途径；在企业与员工互相匹配发展过程中，要不断地相互沟通，解决冲突，消除二者共同发展的障碍，保证过程的顺利进行；当企业的人力资源管理工作进行到一定阶段，就必须对多层次员工的工作绩效进行评估考核，纠正他们工作中的失误，肯定他们工作中的成绩，并就员工下一阶段的工作达成上下级的共识，以便员工形成下一轮的工作计划；在绩效评估以后，要对员工进行激励，包括薪酬方面的激励、福利方面的激励和精神等其他方面的激励。对绩效评估中表现优秀的员工，尤其要加大激励的力度。对绩效评估中表现有缺陷但企业今后发展又需要的员工，企业要进行培训，帮助他们提高知识水平、增进技能，使他们在今后的企业经营活动中能适应企业发展的需要。最后，根据人力资源系统的整个运作情况，企业要修正或者重新制定自身的人力资源发展战略和人力资源计划，为下一阶段的人力资源管理活动再次奠定基础。

二、人力资源管理的重要性

首先人们可以通过重新认识"企业"一词来体会人的重要性。那就是"企业者，人之积"，企业始于人，止于人，企业所有的活动都是由人来操作和完成的。美国钢铁大王卡内基曾说过"把我的资产拿走，可是把人留下，五年以后，我就能使一切恢复旧观"。因此在他死后，他的墓碑上刻有这样一段文字："把才智比自己高的人当做部属，了解个别一起工作的人，在此长眠"。日本索尼公司创始人盛田昭夫也指出：对日本最卓越的企业而言，成功并没有什么不传之秘，没有一个理论，计划或政府可以使企业成功，唯一的关键只有一个，那就是人。以人为本的管理，不仅需要发自内心的贯彻决心，也必须有极大的魄力才能执行。

美国微软公司经营的巨大成功更体现了在新的时代条件下人力资源的重要性。创建于1975年的微软公司进入20世纪90年代后得到飞速发展，1990年销售收入达到12亿美元，

1991 年销售收入达到 18 亿美元，1992 年尽管经济不景气，其销售额仍然增加到 27 亿美元。它的持续快速增长，得益于一个稳定的充满智慧和激情的员工队伍。1989 年公司有 4 000 名员工，到 1992 年，员工人数已超过 1 万人。公司每年要审阅 12 万份简历，举行 7 000 多次面谈，每年增聘 2 000 名员工。由此可见，填补员工的工作量是非常巨大的。正如该公司的一位副总裁说的，"你不可能使用低水平的编程员编制出高水平的计算机程序。发现和选聘最优秀的人才，是微软公司的首要任务。"因此，当比尔·盖茨被问到过去几年为公司做的最重要的事情时，他回答说，我聘用了一批精明强干的人。

可见，一个组织的素质高低，在很大程度上是其所保有和聘用的人员素质的一种反映。得到并保持能干的员工，是每个组织成功的关键所在。人力资源管理的职能，就是选配人员，将合适的人员配备到合适的岗位上，将不合适的人员解雇下来。

三、人力资源管理地位的变化

人力资源管理在企业经济活动和长期发展中的地位，多少年来几经变化，而且是呈提高的趋势。人力资源管理的功能，也同样经历了一个不断提高的过程。

20 世纪 40 年代，担任管理员工工作的，本身也是一般的员工，其管理的范围，仅仅是一些最一般的档案记载，如人员进出、工资发放情况等。严格说来，在 20 世纪 40 年代，还谈不上对人的管理，充其量不过是对人的有关情况的记录。

20 世纪 50 年代，较普遍地有了对员工的制度上的管理。也就是企业制定了各种各样的让员工遵守的制度，由工头监督员工执行。这时，工头自然而然成了员工的管理者，员工只是在工头的控制监督下被动地按制度干活而已。因此，在 20 世纪 40—50 年代，员工是被当做机器来管理的。

20 世纪 60 年代，开始有了较现代意义上的人事管理，包括员工档案管理、员工工资管理、员工制度管理、员工招聘与辞退管理等一系列管理内容。而管理者也升格为最初的普通管理者，如人事科长、人事专员等。

20 世纪 70 年代，企业开始重视人的因素，意识到应当注意协调员工关系，避免内部冲突，加强企业内的人际沟通。因此，协调员工关系就成了人事管理中十分重要的一个方面。这时，担任企业人事管理工作的，已经是企业的中层经理，即企业人事部门的经理。

20 世纪 80 年代，人力资源管理问世。从人事管理到人力资源管理，并不仅仅是名词上的变换，而是在员工管理上具有实质性意义的改变。人力资源管理，不仅形成包括招聘、工作分析、人力资源计划，一直到绩效评估、员工激励、员工培训等多个环节在内的一个较系统的人力资源管理系统，更为重要的是，在对人的认识上，第一次变被动为主动。

在 20 世纪 80 年代之后的人力资源管理中，员工成了企业宝贵的人力资源，这种宝贵的资源具有巨大的潜力。开发和运用这个资源，对企业来说具有特别重要的意义。员工主动性与积极性的发挥，又与企业的文化、企业的目标和企业最高层的理念等密切相关。因此，在这一时期，企业中管理人力资源的，已经是企业的高级管理者，如人力资源总监等。由高层管理者担任人力资源管理者的目的，是为了从企业领导层起，重视人力资源管理，开发企业的人力资源。

到了 20 世纪 90 年代，许多企业已经意识到，人力资源管理不仅对企业的经营与发展起重要的作用，而且还起着决定企业命运的战略性作用。

四、人力资源管理的发展趋势

伴随着日益激烈的商业化竞争，企业对人力资源管理提出了更高的要求。人力资源管理已经远远突破了劳动力配置等浅层次的人事管理模式，向企业管理的纵深和全方位发展，管理的理念、方式等都呈现出新的趋势。

1. 由封闭式管理向开放式管理转变

传统意义上的块状人事管理部门可能被逐步弱化，由部门化向综合化转变。特别是知识经济加速了企业管理的技术化和信息化，使企业可以通过公共信息平台对人力资源进行快速决策和远程管理。人力资源管理更趋向于开放式。

2. 从微观管理向宏观管理转变

传统意义的"3P"（岗位、绩效、薪酬）管理注重人力资源的微观管理，侧重于企业内部人力资源的组织。现代人力资源管理为顺应人力资本的发展，将人力资源从劳动力要素的微观层面上升到人力资本的宏观层面，从战术管理向战略管理演变。

随着企业组织越来越网络化、扁平化、灵活化和多元化，企业人力资源管理也会在管理目标、管理职能、管理技术以及对管理人员的要求等方面产生新的变化。人力资源管理将围绕企业战略目标而开展，也就是为众多的利益相关者（主要包括本企业、投资者、客户、员工、社区和战略伙伴等）提供服务。

3. 更加注重企业的文化归属和"心理契约"的构建

具有凝聚力和长期高成长能力的组织，都具有一个被组织大多数员工认可的共同理想与使命。从某种意义上说，组织的一切管理活动都是为了实现组织的理想与使命。因而，人力资源管理也更趋于强调企业利益共同体的建设。

企业是经济生产、员工生活的场所，更重要的是是员工实现自我、成就自我的场所，企业的目标是企业成长和员工发展双重目标的统一。如果企业只单纯考虑企业经济利益，而不管员工的成长，那只能是短命的企业，其存在是难以长久的，优秀员工迟早会"毁约"，愤然而去。共建企业的"心理契约"是一个充分发挥企业员工积极性、创造性与智慧的过程，是保证员工产出高水平的内激力和遵守承诺的过程。

4. 更加关注人力资源效能开发和员工职业生涯管理

将人力资源管理与劳动者的职业生涯紧密结合起来，使人力资源管理成为凝聚员工和企业的桥梁，而不是简单的管理和要素配置。在企业中，员工追求的利益既是经济利益，从长远来说更是一种良好的职业发展。员工选择一个企业，往往是以追求良好的职业发展为目的。一个优秀的员工如果得不到发展，他的选择往往只能是另谋高就，在一个市场化的经济社会中尤其如此。

在人力资源管理较为先进的企业内部，一般都设有员工职业生涯发展体系，使企业和员工共同成长。美国通用电气公司就有一套初、高级人才开发的完善体系，用于专门培训员工，扩展企业人力资本，为企业的持续发展、保持领先地位奠定了坚实的人才基础。

精彩阅读

如何招聘到优秀人才

"火车跑得快，全靠车头带"，"兵熊熊一个，将熊熊一窝"，企业各层次的管理人才

（尤其是领军人物）对企业的重要性自不待言。笔者就此提出以下几点建议供大家参考。

1. 实行分类招聘策略

没有区别就没有政策，企业物色有潜质的管理后备人才，与物色一般业务人员或操作人员，无论是在招聘渠道上还是在遴选方法上都应有所区别。

2. 招聘工作要着眼于员工的培养与发展

企业招聘管理后备人才既不是为了装点门面，也不是主要为了满足当前所需，而是着眼于企业未来一个时期的发展。因此，在招聘时就要思考这个人进入企业后，3 年、5 年后他能做什么这类问题，亦要注意考察应聘者对自身职业生涯发展的考虑，还要向应聘者积极推介企业针对管理后备人才的培养发展规划——这是那些年轻、深具管理潜质的应聘者最为关注的问题之一。

3. 要注重从重点院校的优秀毕业生中物色人才

从重点院校挑选综合素质好、潜质佳的优秀毕业生，不啻为企业物色管理后备人才的一条捷径。相对于社会在职应聘人员，应届毕业生通常具有可塑性好、学习能力强、积极上进、对企业忠诚度高等特点，也更易于企业实施员工职业生涯管理。

4. 采用有针对性的人员遴选程序和遴选方法

相对于招聘一般人员，招聘管理后备人才的遴选程序通常更为复杂，遴选方法也更为丰富，除常见的通过申请表（或简历）进行初选、笔试、面试外，还常常借助心理测试、评价中心（Assessment Center）等专业方法。

5. 企业高层管理人员和用人部门负责人要积极参与人才招聘工作

相对于人力资源部工作人员，企业高层管理人员和用人部门负责人对企业的整体经营情况和业务发展情况有更清晰和直接的了解，他们在某种程度上更加清楚企业在未来经营管理中需要什么样的管理后备人才。而且，当高层管理人员对外宣传企业时，也处于一种比人力资源专职人员更加有利的位置。

6. 要定期评估企业的人才招聘工作

评估内容包括招聘的管理后备人才进入企业后，在试用期间的业绩及素质表现情况，一年（或两年、三年、五年等）后的业绩、素质表现情况及职业发展情况，离职情况（含离职比例、离职原因、去向）等。企业要善于利用评估结论改进管理后备人才的招聘工作。

（资料来源：http://iask.sina.com.cn/b/8036968.html）

第二节　人力资源规划

一、人力资源规划的含义

狭义的人力资源规划是指企业从战略规划和发展目标出发，根据其内外部环境的变化，预测企业未来发展对人力资源的需求，以及为满足这种需要所提供人力资源的活动过程。广义的人力资源规划是企业所有各类人力资源规划的总称。

二、人力资源规划的目的

(一) 规划人力发展

人力发展包括人力预测、人力增补及人员培训，这三者紧密联系，不可分割。人力资源规划一方面对目前人力现状予以分析，以了解人事动态；另一方面对未来人力需求做一些预测，以便对企业人力的增减进行通盘考虑，再据以制订人员增补和培训计划。所以，人力资源规划是人力发展的基础。

(二) 促使人力资源的合理运用

只有少数企业其人力的配置完全符合理想的状况。在相当多的企业中，其中一些人的工作负荷过重，而另一些人的工作则过于轻松；也许有一些人的能力有限，而另一些人则感到能力有余，未能充分利用。人力资源规划可改善人力分配的不平衡状况，进而谋求合理化，以使人力资源能配合组织的发展需要。

(三) 配合组织发展的需要

任何组织的特性，都是不断地追求生存和发展，而生存和发展的主要因素是人力资源的获得与运用。也就是如何适时、适量及适质地使组织获得所需的各类人力资源。由于现代科学技术日新月异，社会环境变化多端，如何针对这些多变的因素，配合组织发展目标，对人力资源恰当规划甚为重要。

(四) 降低用人成本

影响企业结构用人数目的因素很多，如业务、技术革新、机器设备、组织工作制度、工作人员的能力等。人力资源规划可对现有的人力结构作一些分析，并找出影响人力资源有效运用的瓶颈，使人力资源效能充分发挥，降低人力资源在成本中所占的比率。

三、人力资源规划的制定原则

(一) 充分考虑内部、外部环境的变化

人力资源规划只有充分地考虑了内、外部环境的变化，才能适应需要，真正地做到为企业发展目标服务。内部环境变化主要是指销售的变化、开发的变化、或者说企业发展战略的变化，还有公司员工的流动变化等；外部环境变化是指社会消费市场的变化、政府有关人力资源政策的变化、人才市场的变化等。为了更好地适应这些变化，在人力资源规划中应该对可能出现的情况作出预测和风险变化，最好能有面对风险的应对策略。

(二) 确保企业的人力资源保障

企业的人力资源保障问题是人力资源规划中应解决的核心问题。它包括人员的流入预测、流出预测、人员的内部流动预测、社会人力资源供给状况分析、人员流动的损益分析等。只有有效地保证了对企业的人力资源供给，才可能去进行更深层次的人力资源管理与开发。

（三）使企业和员工都得到长期的利益

人力资源规划不仅是面向企业的规划，也是面向员工的规划。企业的发展和员工的发展是互相依托、互相促进的关系。如果只考虑企业的发展需要，而忽视了员工的发展，则会有损企业发展目标的达成。优秀的人力资源规划，一定是能够使企业和员工达到长期利益的规划，一定是能够使企业和员工共同发展的规划。

四、人力资源规划的作用

（一）保证组织目标的完成

人力资源规划是实现组织战略的基础规划之一。制定人力资源规划的一个主要目的是确保组织完成发展战略。目前大多数组织为了生存、发展及保持竞争优势都制定了独特的战略，经营战略与规划一旦确定，那么下一步就是要有人去执行和完成，人力资源规划的首要目的就是有系统、有组织地规划人员的数量与结构，并通过职位设计、人员补充、教育培训和人员配置等方案，保证选派最佳人选完成预定目标。

（二）适应环境变化的需要

人力资源规划有助于企业对市场经营环境、竞争、企业重组及新技术引进等作出相应的调整反应。现代企业处于多变的环境中，一方面内部环境发生变化，如管理哲学的变化、新技术的开发和利用、生产与营销方式的改变等都将对组织人员的结构与数量等提出新的要求；另一方面外部环境的变化，如人口规模的变化、教育程度的提高、社会及经济的发展、法律法规的颁布等也直接影响到组织对人员的需求，影响到员工的工作动机、工作热情及作业方式。人力资源规划的作用是让企业能更好地把握未来不确定的经营环境，适应内外环境的变化，及时调整人力资源的构成，保持竞争优势。

（三）提高使用人力资源管理效率

人力资源规划有助于组织降低人员的使用成本。它帮助管理人员预测人力资源的短缺和冗余，在人员管理成本上去前，纠正人员供需的不平衡状态，减少人力资源的浪费或弥补人力资源的不足。良好的人力资源规划能充分发挥人员的知识、能力和技术，为每个员工提供公平竞争的机会；能客观地评价员工的业绩，极大地提高其劳动积极性。通过人力资源规划，向员工提供适合个人的职业生涯发展计划，提高员工生活质量，开发员工的生产能力，最终提高组织对人力的使用效率。

五、人力资源规划的编制流程

一个企业必须根据企业的整体发展战略目标和任务来制定其本身的人力资源规划。一般来说，一个企业组织的人力资源规划的编制要经过 5 个步骤，如图 5-1 所示。

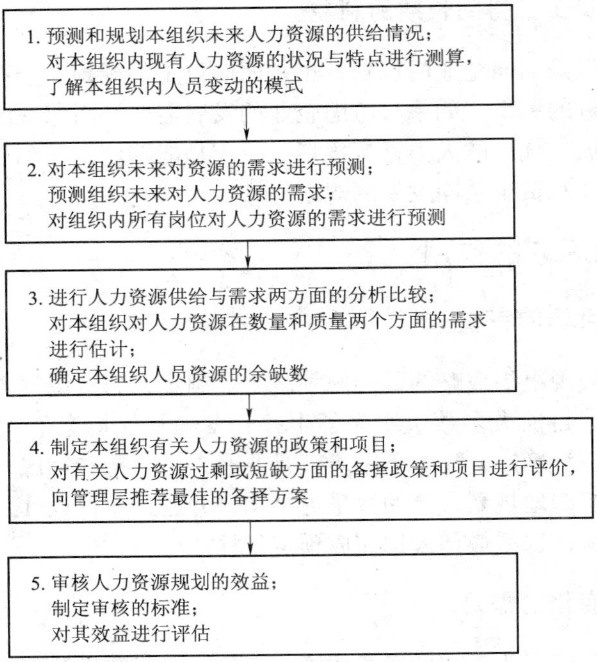

1. 预测和规划本组织未来人力资源的供给情况；
   对本组织内现有人力资源的状况与特点进行测算，
   了解本组织内人员变动的模式

2. 对本组织未来对资源的需求进行预测；
   预测组织未来对人力资源的需求；
   对组织内所有岗位对人力资源的需求进行预测

3. 进行人力资源供给与需求两方面的分析比较；
   对本组织对人力资源在数量和质量两个方面的需求
   进行估计；
   确定本组织人员资源的余缺数

4. 制定本组织有关人力资源的政策和项目；
   对有关人力资源过剩或短缺方面的备择政策和项目进行评价，
   向管理层推荐最佳的备择方案

5. 审核人力资源规划的效益；
   制定审核的标准；
   对其效益进行评估

图 5 - 1　人力资源规划编制步骤示意图

精彩阅读

终身雇佣制

所谓终身雇佣制，并不是法律或成文规定意义上的制度。在日本的法律和企业制度中，根本没有关于雇主必须实行终身雇佣制的规定，更不是"一进企业门，一辈子是企业的人"，不论干好干坏都不能开除意义上的"铁饭碗"。

终身雇佣制是由创立于 1918 年的松下公司提出的。其创业者、被尊为"经营之神"的松下幸之助提出："松下员工在达到预定的退休年龄之前，不用担心失业。企业也绝对不会解雇任何一个'松下人'。"这样一来，企业可以确保留下优秀的员工，员工也可以得到固定的保障。松下开创的经营模式被无数企业仿效，这一终身雇佣制度也为"二战"以后的日本经济腾飞作出了巨大贡献。

（资料来源：baike. baidu. com/view/1302187. htm，2011 - 5 - 28）

第三节　人力资源管理的具体步骤过程

一、招聘与解聘

管理者在了解了他们现有的人事状况后（是人员不足还是超员），就可以着手对此做些事情。如果是组织中存在一个或多个职位空缺，就可以根据职务分析得到的信息来指导招聘，包括安置、确定和吸收有能力的申请者的活动过程。如果是在人力资源规划中指明存在超员，管理者就要减少组织中的劳动力供应，这种变动称作解聘。

（一）招聘

管理者通常有以下几种渠道来招聘潜在的候选人，如表5－1所示。

表5－1　招聘渠道类型及优缺点

招聘渠道	优　点	缺　点
组织内部搜寻	花费少，有利于提高士气；候选人了解组织情况	供应范围有限
广告应征	辐射广，可以有目标地针对某一特定群体	有许多不合格的应聘者，增加了招聘的工作量
员工推荐	可通过现有员工提供对组织的认识；基于推荐者的认真推举可能产生高素质的候选人	范围比较窄，可能不会增加员工的多样性和结构
公共就业机构	正常费用或免费	提供非熟练或受过很少训练的候选人
私人就业机构	广泛接触，仔细甄别，通常给予短期的担保	花费大
学校分配	大量集中的候选人	仅限于初入者级别的职位

使用哪一种方式招聘，通常根据当地劳动力市场、所配置的职务类型、层级及组织的规模来确定。

1. 职位的类型或级别对招聘的影响

某职位所要求的技能越高或在其组织层级中的地位越高，那么招聘就越需要扩展到地区或全国的范围来进行。

2. 组织规模的影响

一般而言，组织规模越大，越容易被人注意到。由于有更多的晋升机会并提供更大职权，通常具有较高的知名度，因此越容易吸引到工作的应聘者。而且大组织内部有更多的候选人储备，可以从中挑选合适的人员补充空缺职位。

3. 劳动力市场规模的影响

通常在大规模劳动力市场上招聘要比在小规模劳动力市场上招聘来得容易。比如，在北京、上海、广州等大型劳动力市场招聘，一般有更充足的劳动力供应。

那么，哪些招聘渠道会产生更优秀的候选人呢？大多数研究证明，员工推荐被证明是最好的一种。首先，现职员工推荐的候选人已事先经过了这些员工的筛选，因为推荐者对于职务和所推荐的人选都较为了解，他们自然倾向于推荐更合适该项职务的候选人；其次，现职员工通常会觉得他们在组织中的声望和所做的推荐质量不无关系，因此只有当他们自信该项推荐不会影响自己的名声时才会主动推荐其他人。

（二）解聘

对于任何一个执行裁员的管理人员来说，解聘绝不是一件令人愉快的事情。但是当市场需求发生重大变化或有更好的替代产品出现时，企业面临着巨大的生存压力，因而不得不压缩其规模时，解聘就成为人力资源管理的一个重要内容，就像企业现在为了适应市场，建立现代企业制度，必然有一批职工下岗一样。

通常，解聘的方案主要有以下几种，如表 5 - 2 所示。

表 5 - 2　解聘方案及说明

方案	说　　明
解雇	永久性、非自愿地终止合同
暂时解雇	临时性、非自愿地终止合同，可能持续若干天时间，也可能延续到几年
自然减员	对自愿辞职或正常退休脱出的职位空缺不予填补
调换岗位	横向或向下调换员工岗位，通常不会降低成本，但可减缓组织内的劳动力供求不平衡
缩短工作周	让员工少工作一些时间
提前退休	为年龄大、资历深的员工提供激励，使其在正常退休期限提早退离岗位
学习培训（中国特色）	进入专业学校学习以缓解单位编制压力，等学习期满，单位亦有一批退休或调离的员工，正好可以重回单位工作

二、甄选与定向

首先通过一个故事来说明甄选过程的实质。

不久前，一个刚取得会计专业资格证书的女大学生来到一家公司的人事部门寻找工作。当她走到人事部的两扇门前面，她看到其中一扇门贴着标签"有大学学位的申请者"，另一扇门贴着"无大学学位的申请者"，所以她打开了第一扇门，可是进去后又面对两扇门，一扇门上写着"成绩平均在 80 分以上的申请者"，另一扇门上写着"成绩不足 80 分的申请者"，由于她的平均成绩是 86 分，所以她再次选择了第一扇门，进去后她再次面对两扇门，分别写着"管理职位的申请者"和"非管理职位的申请者"，由于她获得的是会计学位，她自然打开了第一扇门，进去后发现自己来到了街上。公司通过设计的甄选程序，自动地把不需要的申请者淘汰了。这个案例说明了人员甄选过程的实质，即人力资源规划确定了组织人员的短缺，并且开发了一批申请者以后，管理者需要采取一些方法进行甄别，以确保最合适的候选人得到这一职位。

（一）甄选的手段

甄选是一种预测行为，它设法预见聘用哪一位申请者会确保工作的成功，因为在这之前，这个候选人还没有到这个单位工作。比如，为一销售职位配备人员，其甄选过程应当能预见到哪一位申请者会产生更大的销售额。

甄选过程将会产生 4 种可能的结果，如表 5 - 3 所示。其中，两种结果说明决策正确，另外两种结果说明决策失误。

表 5 - 3　人员甄选可能产生的结果

	业绩类型	接受	拒绝
后来工作成绩表现	成功	（1）正确的决策	（2）错误的决策
	不成功	（3）错误的决策	（4）正确的决策

第（1）种情况和第（4）种情况反映了当选中的申请人被预测到会取得成功并在日后的工作中被证实取得了成功，或者预测到申请者不会成功且雇用后会有这样的表现时，所对应的决策就是正确的。在前一种情况下，管理者成功地接受了这个申请人，在后一种情况下，管理者成功地拒绝了这位申请者。但是如果错误地拒绝了一位将在未来工作中有杰出表现的候选人或错误地接受了后来表现极差的候选人，那么甄选过程就出现了问题。因此，甄选活动的主要着眼点是减少作出错误拒绝和错误接受的可能性，提高作出正确决策的概率。为了达到这一目的，管理者可以采用以下几种甄选手段。

1. 申请表分析

几乎所有的组织都要求应聘者填写一份申请表，这可能只是一份应聘者填上姓名、地址、电话号码的简表，也可能是一份综合性的个人履历表，要求仔细填写个人的活动、技能和成就，比如从事过何种职业，取得过哪些成就，包括职位、有效的辅助证明材料等。

2. 笔试

典型的笔试内容涉及智商、悟性、能力和兴趣等方面，如国家公务员考试。现在有许多公司在招聘人才时都要进行笔试，测试内容包括专业技术、心理承受能力等方面。笔试在第二次世界大战后的 20 年间非常流行，但是在 20 世纪 60 年代以后跌入谷底。因为笔试这种手段常被视为具有歧视性，认为它并不能有效地验证笔试成绩与工作绩效具有高度相关性。不过从 20 世纪 80 年代后期开始，笔试又重新得到了重视。现在的各种组织在招聘人力资源时都要进行笔试，包括国外也是这样。

3. 绩效模拟测试

绩效模拟测试目的是使应聘者实际做一些工作之前就发现他是否具备相应的能力。这种方式通常有两种有效方法。

（1）工作抽样法。是指给申请者提供一项职务的缩样复制物，让他完成该项职务的一种或多种核心任务。申请者通过实际执行这些任务，将展示他是否拥有必要的技能。这种方法一般适用于招聘常规的职务。例如，公司招聘一位文字秘书，就可以利用工作抽样法来考核。让应聘者写一份会议通知，并完成计算机打印稿，来考察他的文字能力、计算机操作能力和录入速度。

（2）测评中心法。是指由公司直线主管人员、监督人员及受过训练的心理专家组成一个测评中心，模拟性地设计出实际工作中可能面对的一些现实问题，让应聘者经受 2～4 天的测试练习，从而评价其管理能力。这种方法适用于挑选从事管理职位的候选人，比如让申请者制订一项生产计划或制订一项营销计划。

4. 面试

面试与申请表分析一样，几乎是普遍得到应用的一种人员甄选手段。但是如果事先没有进行设计并按标准化的方式进行，面试可能潜伏着各种潜在的偏见和障碍，主要体现在以下几个方面：

（1）先前对应聘者的认识可能影响面谈者的公正评价；

（2）面试的考官通常对什么代表"合格的"应聘者带有固定的框框；

（3）面试的考官倾向于支持与自己持相同态度的应聘者；

（4）应聘者接受面试的顺序会影响到对他的评价；

（5）面试中信息吐露的顺序会影响到对他的客观评价；

（6）反面信息或观点有时不适当地得到更多的重视；

（7）面试的考官经常在面试的前四五分钟内形成对应聘者是否合适的判断；

（8）面试的考官经常在作出结论后的几分钟内忘记面试的多数内容；

（9）面试对于决定应聘者的智力、人际关系技巧方面更有效度。

鉴于面试中存在的以上局限性，那么管理者如何设计，才能使面试这种方式更有效呢？经过大量的实务研究，管理学家提出了以下一些建议：

（1）对所有应聘者设计一些固定的面试问题；

（2）根据职务说明书和职务规范文件取得对应聘者应聘岗位的有关详细的信息；

（3）尽量减少对应聘者履历、经验、兴趣、其他测试成绩等的先前认识；

（4）多提问一些要求应聘者对实际做法给予详尽描述的行为问题；

（5）采用标准的评价格式；

（6）面试中考官要做笔记；

（7）避免通过短时间面试就形成合适与否的决策。

面试除了注意以上事项外，还应在面试方式上进行设计。比如，针对企业如何招聘到顶尖的销售员，国外的一份市场营销权威杂志建议经理人员应遵从以下几个步骤。

（1）面试要分3次进行。最糟糕的莫过于头一次面试感觉不错，就当场录用，但以后却发现此人的表现与面试时大相径庭。如果进行3次面试，就可以避免这种可能性发生。

（2）安排3个人来面试应聘者。除了面试者外，另外找两个能客观评价应聘者的人，邀请他们参与面试时，不要给予他们任何面试者个人的感受的暗示，以免影响他们的看法，全新的看法价值无限。

（3）在3个不同地方面试。人们在不同的工作环境中的反应各不相同，选择不同的地点进行面试，有利于尽可能多地了解应聘者的方方面面。比如，首次面试选择在办公室，第二次面试可以让应聘者和有经验的销售人员一同外出，最后一次面试安排应聘者与主管共进午餐。

（4）至少核实3个推荐者。如果3个人都首肯应聘者的学历、技能和工作经验，优中择优后招聘错的可能性就会大大降低。

5. 履历调查

该方法已被证明是获取人员甄选有关信息的一个有价值的渠道。管理研究证实，对应聘者在申请表中填写的"事实"进行核实是有益的，有相当大比例职务的应聘者对他们的就业日期、职务头衔、过去薪金或离开原工作岗位的原因夸大其词或不真实陈述。因此，将这些申请表上的硬性资料与其原来的雇主做一核对，就是一种有意义的行为，可以获得更真实和准确的人力资源信息。比如应聘单位要求应聘者提供原工作单位对其的综合评价资料、进入政府或事业单位之前的调档工作就是一种履历调查。

6. 体格检查

几乎在所有的情况下，体格检查都是为健康保险而做的，因为管理者要设法减少组织对雇员受雇前的伤害的保险开支。

（二）何种甄选手段最有效

以上介绍了人员甄选的几种常用的手段，那么存不存在一种最有效的甄选手段呢？下面首先解决一下如何判断一个手段的有效性。

判断甄选手段的有效性方面，一般有以下两种考核指标。

1. 效度

效度（Validity）是指甄选手段和有关的工作标准之间确实存在着相关关系。就是说，如果所用的是有效度的手段，那么通过该手段测试后的得分与后来的工作绩效是成正相关关系。例如，如果人事经理通过笔试手段来达到甄选合适的雇员，就必须证明笔试成绩越高，他的能力越大，否则笔试这个甄选手段就是没有效度的。

效度在这里按 1～5 的尺度衡量，5 最高，1 最低，其余处于中间。

2. 信度

信度（Reliability）是指一种手段是否能对同一事物作出持续一致的测量。例如，假定一项测试具有信度，那么某个人的成绩就应当在相当一段时间内保持相对稳定，否则这种手段就不可能有效。这好比某人每天在一台不稳定的秤上测量体重，秤本身不具备信度，这种测量的结果必然说明不了什么问题。

上文所介绍的几种甄选手段，因甄选不同职位的候选人，其效度和信度是不一样的，因而在实际利用中，只能选用那些对特定职务具有良好效果的某些手段。具体到这些手段的效度如何，经过管理学家大量的测试，得出如下结论，如表 5-4 所示。

表 5-4　甄选手段在不同单位的效度

效度／类型 手段	高层 管理岗位	中低层 管理岗位	复杂的非 管理岗位	常规的 作业岗位
申请表分析	2	2	2	2
笔试	1	1	1	1
工作抽样法	-	-	4	4
测评中心法	5	5	-	-
面试	4	3	2	2
履历调查	3	3	3	3
体格检查	1	1	1	2

（三）定向

一旦选定了某项职务的候选人，这个候选人就需要被介绍到招聘岗位和组织中，使他适应工作环境，这个过程称为定向。定向的目的，是减轻新员工刚开始工作时的焦虑和不安，让新员工熟悉工作岗位、工作单位和整个组织，并设法促进由外来者角色向内部人的转换。根据定向的范围和目的，一般可分为以下 3 种类型。

1. 工作岗位定向

使新员工在甄选阶段所获得的信息得到进一步修正和发展。让他了解工作岗位的具体义务和责任，了解他的上级如何考评他的工作业绩，同时也使新员工进一步修正其最初对职务所可能持有的不切实际的期望。

2. 工作单位定向

使员工了解所在工作单位的目标，使之清楚他将如何为单位目标的实现作出贡献，同时也将他介绍给单位的同事。

3. 组织定向

使新员工了解组织的目标、发展历史、经营宗旨和程序规则等。其中也包括有关的人事政策、福利、工作时间、付薪程序、加班费用等，让新员工参观组织的总体设施也常常是组织定向的一个内容。

三、员工培训

（一）培训的意义

培训是指有计划、有目的地对组织成员进行培养训练，不断提高他们的素质的管理活动。

培训是保持和提高组织职工队伍技术水平、思想水平的重要手段。当今社会，生产力不断发展，科学技术不断进步，文化知识飞速更新，无论什么组织，要想跟上时代步伐，使自己的员工及时掌握新技术、新知识，必须切实抓好员工的培训工作。

培训是组织进行人力资源开发的主要途径。人力资源是组织内最重要的资源，也是潜力最大的资源。能否把这部分资源的潜力挖掘出来，对完成组织的任务具有十分重要的意义。有计划、有组织地进行人才培养和员工培训，不仅可以保持他们的技术水平，而且还有利于强化员工的归属感、认同感，使员工觉得组织看重他们，从而激发他们努力学习，积极工作的热情。

（二）培训的原则

1. 培训必须制度化

对员工的培训必须成为一种制度，不能凭头脑发热办事情。只有成为一种制度，培训才能自始至终。比如，在西方发达资本主义国家组织中，培训已成为一种制度，谁不经过上岗培训，谁就不能上岗；对员工每隔一定时期（一般 2～3 年）都要进行离职培训。培训制度化有利于培训的全员化，也有利于严格考核。

2. 培训必须全员化

培训全员化是指对组织的全体成员进行培训。有些组织的领导人思想上存在着这样一种错误认识：似乎只有一般员工、下级管理人员才需要培训，高级管理人员是不需要培训的。其实不然，科学技术进步，知识更新对所有人的影响是一样的。如在一个组织中，工程技术人员、管理人员要进行培训，厂长、经理、三总师（总经济师、总会计师、总工程师）也需要培训，而且对这些高层管理者的培训更为严格。因为他们的水平、知识储备是否跟得上形势的发展，直接决定着组织的发展和存亡，所以，培训必须全员化。

3. 培训必须与实用相结合

组织的员工培训不是普通的教育，它是为组织的目标服务的。因此，培训必须紧密地联系组织的任务，不能让员工仅为文凭和学历去参加培训。培训的内容必须结合组织要完成的任务，如组织开展员工培训，必须结合组织的生产经营活动才是合理的。

4. 培训方式多样化

从实际出发，培训就不能只搞一个模式，对有的员工组织可以将其送出去学习深造，而有的员工则可在组织内采用师傅带徒弟的办法对其进行培训。

（三）培训的形式

根据各自培训的实际情况不同，一般可采用下面4种培训形式。

（1）全脱产培训。即员工脱离生产（工作）岗位，由组织派到其他单位或学校进修的一种培训方式。这种培训方式的优点是能使受培训的员工集中精力学习；不足之处是受培训者原来的工作需要派人顶替。所以，全脱产培训一般用于对重点培养对象的培训，特别是送到普通高校培训，成本一般较高，更应注意这一点。不过，全脱产培训又是一种十分必要的培训方式。

（2）不脱产培训或半脱产培训。即边生产、边学习的一种培训方式。这种方式又叫师傅带徒弟的方式。在组织中，这种培训方式主要用于提高工作的生产技能和操作技巧。具体的方式还可以分为师带徒、巡回教育、技艺传授、技术讲座、示范表演、岗位练兵、技术表演等。

（3）业余教育。即员工在业余时间参加各种文化补习班、业余中专、电视大学、函授大学的学习。这种培训主要利用员工的业余时间，来提高员工的专业文化教育基础知识。

（4）自学。即员工依靠自己的自觉性，自己制订学习计划，并自觉地按计划进度学习。自学成才，组织所用成本费用少，但员工的学习目的可能会与组织的生产不一致。所以，要设法引导员工的自学方向，使员工自学成才的目标与服务组织结合起来。

四、绩效评估

（一）绩效评估的作用

绩效评估是对员工的工作绩效进行评价，以便形成正确的人事决策的过程。绩效评估在人力资源管理的作用主要表现在以下几个方面，如表5-5所示。

表5-5　绩效评估的作用类型

使用目的	比例（％）
报酬	85.6
绩效反馈	65.1
培训	64.3
提升	45.3
人事规划	43.1
留住或解聘	30.3
人事研究	17.2

注：表中结果是基于600个组织的调查。

（二）绩效评估的方法

1. 书面描述法

书面描述法就是写一份记叙性材料，描述一个员工的所长和所短、过去的绩效和潜能的发挥等，然后提出予以改进和提高的建议。它的优点是不需要采取某种复杂的格式，也不需要经过多少培训就能完成。其缺点是一种"好的"或"坏的"的评价，可能不仅取决于员工的实际绩效水平，也与评估者的写作技能和评估者对员工的个人好恶有很大关系。

2. 关键事件法

评估者记下一些细小但能说明所做的特别有效果的事件，其要点是只描述具体行为，为某一个人记下一长串关键事件，就可以提供丰富的评估依据，并给员工指明上级有哪些期望或不期望的行为。比如，针对某一工作岗位，根据这一岗位的职能要求，客观记录某一员工完成这一工作职能所做的一系列工作事件，标出哪些事件做得非常有效，哪些事件效果很差，哪些事件效果一般，这样就可以对其作出一个客观的评价。

3. 评价表法

评价表法是一种最古老的也是最常用的绩效评估方法。它列出一系列绩效因素，如工作的数量与质量、职务知识、协作与出勤、对事业的忠诚和首创精神，然后评估者逐一对表中的每一项给出评分，评分一般采用5分制或百分制。

4. 行为定位评分法

这种方法是近年来日益得到重视的一种绩效评估方法。这种方法综合了关键事件法和评价表法的主要要素。例如，对销售经理的评价就可以用这种方法，如表5-6所示。

表5-6　销售经理行为定位评分表

关键事件　　绩效因素	客户投诉率	客户回访率	销售创意	渠道建设
工作数量				
工作质量				
业务知识				
创新程度				
忠诚度				

行为定位评分法侧重于具体的而且可衡量的工作行为，它将职务的关键要素分解为若干绩效因素，然后为每一绩效因素确定有效果或无效果行为的一些具体示例。

5. 多人比较法

多人比较法是将一个员工的工作绩效与一个或多个员工作比较，这是一种相对的而不是绝对的衡量方法。这种方法又有3种最常用的形式，分别是分组排序法、个体排序法和配对比较法。

（1）分组排序法。是评估者按特定的分组方法将员工编入相应的组中。例如，某家管理咨询公司根据员工对公司绩效的贡献程度将员工分为高级分析员、中级分析员、初级分析员等。再如，海尔的"三上转换"就是分组排序法在绩效评估中的应用。

（2）个体排序法。要求评估者根据一定的评估标准将员工按从高到低的顺序加以排列。因此，只有一人可以是最优的。

（3）配对比较法。每一个员工都一一与比较组中的其他员工结对进行比较，评出其中的优者和劣者。在所有的结对比较完成后，将每位员工得到的"优者"数累计起来，就可以排列出一个总的顺序。这种方法确保每位员工都与其他所有人作对比。但当要评估的员工人数非常多时，这种配对比较法就很不容易进行。这种方法的缺点是当要评估的人数相当多时，会很不经济。

6. 目标管理法

目标管理法不仅在计划中得到广泛应用，同时也是绩效评估的一种手段。事实上，它是对管理人员和专门职业人员进行绩效评估的一种首选方法。目标管理法的具体做法在此不再赘述。目标管理在管理中这么流行，一个原因可能要归功于客观存在对结果目标的重视。管理者通常很重视强调利润、销售额和成本这些能带来成果的指标，这种趋向恰好与目标管理法对工作绩效定时测评的关注一致。正因为目标管理重结果更甚于手段，因此使用这一评估方法可使管理者得到更大的自主权，以便选择其达到目标的最好路径。

（三）将评估结果反馈给员工

许多管理者不愿意将正式绩效评估结果告诉每一位员工，为什么？这大概有两方面原因：一是管理者对自己所使用的绩效评估方法缺乏足够的信心；二是管理者担心自己面对下属，尤其是当评价为非正面的结果时，下属人员可能会做出令人不快的反应。尽管如此，管理者也应该将评估结果告诉员工，因为这是员工得到有关工作绩效表现的反馈信息的一个主要渠道。卓有成效的绩效评估回顾会使员工感到评估是公正客观的，也将使员工了解到自己需要做出改进的绩效领域，并下决心改正现有的缺陷。

精彩阅读

西方发达国家的员工培训

在发达资本主义国家，组织十分注意员工培训。因为资本家已经明白，组织的竞争归根结底是人才的竞争。在市场竞争中，不进则退。因此，员工培训在西方组织中备受重视。下面对当今西方组织中的员工培训情况略作介绍。

1. 实行全员培训制度

在西方的企业中，上自总经理，下至新进厂的工人，都必须接受严格的培训。当然，这一方面是因为企业是私有的，有严格的责任制，股东对总经理等要职要作严格的考核；厂长、经理对任命的下属、招聘的员工，也必须充分考虑他们的能力。另一方面是因为科学技术的迅速发展，也迫使其不断地进行技术培训。

2. 以提高本职工作能力为培训的目的

在西方各国，组织培训的主要目的是提高员工的专业技术水平，紧密结合本职工作。但提高本职工作能力，又需要有一定的文化基础，所以，一般对文化科学知识较低的职工必须进行文化提高的培训。

3. 培训方式灵活多样

发达资本主义国家的培训方式一般比较灵活，但主要有如下 5 种形式：在职培训，多是师带徒的办法，边学边干；离职短期培训；离职进学校或者专门机构培训；培训专门人才与选拔优秀人才结合。

发达资本主义国家的组织非常重视管理人员的培训和优秀人才的选拔，制定了从第一级管理人员到厂长（经理）的提拔程序，使高层领导人来自基层，层层选拔。同时还规定了职工在每一个阶段必须经过哪些内容的培训和训练，使其具有丰富的业余技术知识和处理问题的工作能力。高层领导干部经过层层选出以后，还要放在各种岗位上去锻炼提高，以便全面了解和掌握组织的有关业务。

（资料来源：吕实．管理学．北京：清华大学出版社，2010）

第四节 员工薪酬

一、薪酬的内容

员工薪酬是指员工在从事劳动、履行职责并完成任务之后，所获得的经济上的酬劳或回报。它包括员工的基本薪金、绩效薪酬、红利以及股票期权计划等。

（一）基本薪金

薪金即工资，它是以一定的货币形式定期支付给员工的劳动报酬。薪金通常由以下几个部分组成：基本工资、职位工资、年功工资、技能工资，以及其他基本薪酬。基本薪金的特点是比较稳定，因此又被称为"不变薪酬"。

（二）绩效薪酬

绩效薪酬又称奖励薪金，是与员工工作绩效直接挂钩的薪酬形式。绩效薪酬的特点是灵活可变，随员工绩效的变化而浮动。绩效薪酬的具体形式是多种多样的，完全由企业根据自己的经营需要和客观情况来设定。一般较为常见的绩效薪酬有：计件工资、销售提成、绩效分红、与绩效挂钩的浮动工资以及其他绩效薪酬。由于绩效薪酬是薪酬系统中的"活"的部分，因此又被称为"可变薪酬"。

（三）红利

红利又称分红，是员工分享企业利润的一种报酬形式。有的企业为了调动员工的积极性，并提高员工对企业的忠诚度，除了一般薪酬之外，还会将企业的一部分利润以分红形式分配给企业的员工。分红的前提是企业的利润与员工的工作绩效相联系。如果员工的工作绩效提高，企业的利润也因之而提高，那么员工就可以得到较多的红利。反之，如果员工的工作绩效不高，企业利润不高，员工就只能得到较少的红利甚至没有红利。红利通常在年终与企业的利润结算以及员工的绩效评估结合起来，通过计算后发放。

（四）股票期权计划

股票期权计划是一种长期的薪酬形式，它为员工提供购买本公司股票的一种权利，凭借这种权利，员工可以以优惠的条件购买企业的股票。如果企业经营得好，股票升值，员工可以得到长期的可观的收入。如果公司经营得不好，股票贬值，员工就可能得不到任何的股票收入。通过股票期权计划，目的在于长期调动员工的积极性，留住企业的核心人才。

二、薪酬的功能

（一）保障作用

员工是企业的劳动力资源，是企业经营的第一生产要素。员工通过劳动获得薪酬来维持自身和家庭的生活需要，同时也要满足自身和家庭成员发展的需要。因此，员工薪酬数额至少要能够保证员工及其家庭的上述需要，否则就会影响员工的基本生活，影响社会劳动力的生产和再生产。通常，员工的基本薪金部分最能体现薪酬的保障作用，其稳定的、不变的特性能让员工无后顾之忧地安心从事工作，获得安全感。

（二）激励作用

薪酬代表着一定的物质利益，因此它对员工有重要的激励作用。首先，合理的、有一定吸引力的薪酬能够调动员工的工作积极性，激发他们的潜力，促进他们的工作效率。其次，较高的薪酬可以吸引企业所需要的各方面人才来为企业工作，扩大企业的人力资本存量。再次，有效的企业薪酬系统可以通过各类薪酬的合理构成来增强企业的凝聚力和吸引力，增强员工对企业的归属感，保留人才，用好人才。

（三）综合发挥薪酬的两大作用

不同种类的薪酬，会有不同的作用。有的薪酬保障作用大于激励作用，有的薪酬激励作用大于保障作用。在设置员工薪酬时，必须考虑这些薪酬的特性，以便综合发挥其作用。

三、不变薪酬与可变薪酬

员工薪酬从变动性来看，可分为不变薪酬和可变薪酬。不变薪酬主要是指员工的基本薪金；可变薪酬则包括员工的绩效薪酬、红利和股票期权计划。在员工的整个工资总额中，设定不变部分占多大比重，相应地可变部分又占多大比重，是企业薪酬管理的一个重要环节。基本薪金固然能满足员工的基本需要，避免风险，保证员工的安全感和稳定感。但是，基本薪金与员工的工作努力程度和实际工作绩效没有直接的关系，员工干好干坏都可以得到这笔固定的收入，因此，基本薪金有着不利于调动员工积极性的一面。在员工薪酬中，基本薪金即不变薪酬的部分比例不能太大，太大了不利于激励员工，当然也不能太小，太小了员工的不稳定感与不安全感会上升。那么，员工薪酬中，不变的部分和可变的部分各占多大的比例为好呢？这要根据企业的具体性质和员工的具体情况来定。一般在竞争激烈的行业或技术更新较快的行业中，在员工文化素质较高、年纪较轻的企业中，员工薪酬中的可变部分所占的比重较大。在美国，企业员工薪酬中可变部分通常占70%，不变部分占30%。在日本，企业员工薪酬中有60%是可变的，40%是不变的。随着我国企业改革的推进，薪酬制度的改革也有了很大的进展。有不少企业家和人力资源管理专家认为，在我国企业目前的薪酬制度规划中，员工的可变薪酬部分无论如何不能低于15%，并且应当逐步提高到40%左右，以保持员工的工作动力和企业的经营活力。

四、短期薪酬与长期薪酬

员工薪酬从其作用时效性来看，可分为短期薪酬和长期薪酬。基本薪金、绩效薪酬和红利都属于短期薪酬。这些短期薪酬的形式尽管作用不同，激励的强度也不一样，但是有一点是相同的，这就是它们都是针对员工在短期内完成的工作和绩效所支付的报酬，因而它们只对员工的短期行为产生影响。然而，企业经营是一个连续的过程，许多经营决策要在中长期内才会见效；许多技术创新和工艺流程改造也可能在中长期内才会完成；许多新产品的发明和试制乃至投产，也需要更长的时间才能够实现。所以，仅仅依靠员工的短期薪酬，很难达到长期激励员工，让他们为企业的长期发展作出贡献的目的。这样，员工的长期薪酬的激励作用已越来越多地受到企业的关注。长期薪酬激励主要有两种形式，即对企业核心人才实行的股票期权计划和对全体员工实行的员工股票选择计划。由于员工股票选择计划是对全体员工实施的计划，带有较大的福利性；而且根据我国的国情，也不太适合在我国全面推行。因此，在以后的分析中，会将企业核心人才的股票期权计划作为员工长期薪酬的主要形式来看。

那么，在企业员工尤其是企业核心人才的薪酬管理中，短期薪酬与长期薪酬又应当按什么比例来控制较合理、较有效呢？这也是一个具体情况采取具体办法的过程。一般来说，企业的普通员工的工作成就或绩效在较短的时期内就能够表现出来，其工作对企业的影响程度也比较容易判定。因此，对企业的普通员工，企业更多地采取短期薪酬激励，长期薪酬激励相对较少。企业的核心人才，包括企业的管理人员、技术人员和高级技术工人，他们的工作成就或工作绩效，往往需要在一个较长的时期内才能逐步表现出来。他们的工作对企业经营产生的影响较大，影响的程度也不太容易判定。因此，对于企业的核心人才，企业应当更多地采取长期激励的方式。而且，对于企业的最高决策者来说，由于他们的工作对企业经营的影响至关重大，因此，他们的薪酬中，长期激励部分应占较大的比例。

五、员工福利的重要性

近年来，员工福利在企业人力资源管理活动中的地位日益凸显，其重要性主要体现在以下几个方面。

（一）为员工提供安全保障

这是员工福利的基本功能。各种福利项目如养老保险、医疗保险等，可以为员工解决生活中生病等突发的意外事件，也为员工退休后的养老做好安排，从而使员工消除后顾之忧，安心本职工作。

（二）招募和吸引优秀的人才

高素质的人力资源是企业发展壮大必不可少的基础和前提。企业间的竞争已经从资源的竞争转变为人才的竞争。吸引高素质人才的加盟，是企业在激烈竞争中获胜的前提条件。越来越多的企业认识到，除了优厚的工资、良好的工作环境，周到的员工福利待遇也已成为吸引人才的一个重要方面。

（三）降低员工流动率

企业员工的流动率过高必然对劳动生产率产生不利影响，从而妨碍组织目标的实现。成功的福利管理能够有效地留住员工，避免员工频频跳槽。

（四）提高员工的绩效

员工福利的激励功能往往被人们忽视。事实上有效的福利管理，可以提高员工的士气，增强员工的凝聚力和主人翁责任感，激发员工的工作热情，进而提高工作绩效。例如，最近美国花旗银行等组织，开始尝试为员工提供一些专门用来照顾家中年迈父母的福利计划。具体做法有：缩短员工的工作时间，或者提供额外的补贴，让员工雇人照顾父母，甚至干脆仿效幼儿园，在企业内部开办托老院，专门在员工上班时间帮助照看其父母。企业希望通过这些福利措施帮助员工解决实际困难，从而激励其努力工作。实践证明此举已取得良好效果。

（五）节约成本

劳动力成本在企业成本中占有较大比重。降低成本提高效益的关键之一，是如何有效管理对劳动力的投入。在劳动力价格不断上升的今天，充分利用员工福利，一方面可以使员工获得更多实惠，更好地激励员工，另一方面也可以使企业在员工身上的投入得到更多的回报。

六、我国目前的主要福利项目

福利作为培育员工对企业归属感和忠诚度的独特手段，历来为企业家和管理者所重视。在我国，福利和工资分配所依据的原则不同。工资分配所依据的是"按劳分配"原则，其水平是根据员工劳动的数量和质量来确定的；而福利则是根据整个社会的生活和消费水平，根据企业的实际支付能力，有条件、有限度地解决和满足员工的物质文化需要，并利用各种休假和修养制度来保证员工的身心健康。

我国企业为员工提供的福利，主要有以下几种。

（一）公共福利

公共福利是指法律规定的一些福利项目。主要有以下几种。

（1）医疗保险。这是公共福利中最为主要的一种福利，企业必须为员工购买相应的医疗保险，确保员工患病时能得到一定的经济补偿。

（2）失业保险。为了使员工在失业时有一定的经济支持，企业应按规定为每一位正式员工购买失业保险。

（3）养老保险。员工年老时，将失去劳动能力，因而组织应该按规定为每位正式员工购买养老保险。

（4）伤残保险。为了使员工在受伤致残失去劳动能力时能得到相应的经济补偿，组织应该按规定为每位正式员工购买伤残保险。

以上4种保险，都是按法律规定，一个组织必须为其每位正式员工购买的保险。

（二）个人福利

个人福利是指企业根据自身发展需要和员工需要而选择提供的福利项目，主要有以下几种。

（1）养老金。也称退休金，是指员工为企业工作了一定年限后，企业按规章制度及企业效益而提供给员工的金钱。它与各地的生活指数有关，并有最低限度，若企业为员工购买了养老保险，则养老金可相应减少。

（2）储蓄。也称互助会，是指由企业组织、员工自愿参加的一种民间经济互助组织，员工每月储蓄若干金钱，当员工经济发生暂时困难时，可以申请借贷以渡过难关。

（3）辞退金。是指企业由于种种原因辞退员工时，所支付给员工的一定数额的金钱。一般地，辞退金与员工在本企业的工龄有关，且在聘用合同中要明确规定。

（4）住房津贴。是指企业为了使员工有一个较好的居住环境而提供给员工的一种福利，主要包括每月的住房公积金，企业购买或建房后免费或低价租给或卖给员工居住，为员工购买住房提供免费或低息贷款，全额或部分报销员工租房费用。

（5）交通费。主要是指上下班为员工提供交通方便。主要包括企业派专车接送员工上下班，企业按规定为员工报销交通费，企业每月发放一定数额的交通补助费。

（6）工作午餐。是指企业为员工提供的免费或低价午餐；或有的企业虽然不直接提供工作午餐，但提供一定数额的工作午餐补助费。

（7）海外津贴。是指一些跨国公司为了鼓励员工到海外去工作而提供的经济补偿。海外津贴受职务高低、派往国的类别、派往时间长短、家属是否陪同、工作期间回国机会的多少、愿意去该国的人数等因素的影响。

（8）人寿保险。是指企业全额资助或部分资助的一种保险。投保后，员工一旦发生意外，其家属可获得相应的经济补偿。

（三）有偿假期

有偿假期是指员工在有报酬的前提下，可不用上班的一种福利项目。具体包括以下几种。

（1）脱产培训。这种项目具有两重性，既是企业对人力资源投资的一种商业行为，又是一种福利，使员工受益。

（2）病假。员工在出示医生证明，或经上级同意后，可因病休息。

（3）事假。不同企业允许有差异，但通常包括婚假、妻子产假、搬迁假等。

（4）公休。是指根据企业的规章制度，经有关管理人员同意，员工可在一段时间内不用上班的一种福利。不同企业公休可以有所不同，但一般规定员工每年有一周至一个月的公休。

（5）节日假。包括我国明文规定的节假日和一些企业自行规定的节假日。

（6）工间休息。是指员工在工作中间的休息，一般上下午各一次，每次10～30分钟。

（7）旅游。是指企业全额资助或部分资助员工外出旅游的一种福利。企业可以根据自己的实际情况制定旅游时间与旅游地点，可以每年一次，也可以数年一次。

（四）生活福利

生活福利是指企业为员工生活提供的其他种类福利项目，主要有以下几种。

（1）法律顾问。企业可以聘用长期或短期法律顾问，为员工提供法律服务，甚至一些企业也为员工聘请律师而支付费用。

（2）心理咨询。企业为员工提供各种形式的心理咨询服务，以帮助其减轻或避免因现代竞争日趋激烈而带来的心理问题。心理咨询形式常见的有设立心理咨询站，长期聘用心理顾问，请心理专家作心理健康讲座等。

（3）贷款担保。企业为员工个人贷款时出具担保书，使员工能顺利贷到款项。

（4）托儿所。企业在条件许可的情况下，建立托儿所为员工解决托儿难问题。

（5）托老所。越来越多的企业开始设想和建立托老所使员工更安心地工作。

（6）内部优惠商品。某些生产日用品的企业，为了激励员工，常以成本价向员工出售一定数量的产品，或专门购买一些员工所需商品，然后以折扣价或免费向员工提供。

（7）搬迁津贴。是指企业为员工搬迁住所而提供一定数额的经济支持。不过，津贴数额、能享受搬迁津贴的间隔期有所不同。

（8）子女教育费。现代员工越来越重视子女教育，为了使员工子女能接受良好教育，企业提供子女教育费成为一项吸引优秀人才的重要福利，这项福利因企业不同而有所不同。

管理定律

奥格尔维定律

奥格尔维定律是由美国奥格尔维·马瑟公司总裁奥格尔维提出的。"每个人都雇用比我们自己更强的人，我们就能成为巨人公司，如果你所用的人都比你差，那么他们就只能做出比你更差的事情。"

奥格尔维定律强调的是人才的重要性。一个好的公司固然是因为它有好的产品，有好的硬件设施，有雄厚的财力作为支撑，但最重要的还是要有优秀的人才。光有财、物，并不能带来任何新的变化，只有具有大批的优秀人才才是最重要、最根本的。

思考与讨论

1. 简述人力资源管理的职能。
2. 人力资源有哪些特点？
3. 企业招聘员工的渠道有哪些？
4. 人力资源规划的作用是什么？
5. 员工薪酬的作用是什么？
6. 绩效评估的方法有几种？
7. 我国员工福利的种类有哪些？

管理游戏

帮你东山再起的人

［活动目的］

（1）使听众重新认识自己，提升自信心。

（2）激励听众，提升挫折应对能力。

［操作步骤］

（1）培训师先给大家讲下面这个故事。

20世纪80年代初，两伊战争的突然爆发，使一个名叫萨义德的中年男人一夜之间变成了穷光蛋。他用全部财产投资的工厂，被无情的炸弹炸毁了。没过多久，妻子也离开了穷困潦倒的他。一连串的打击，让萨义德变得日益消沉、沮丧。在别人眼中，他似乎已经崩溃。

一个偶然的机会，他看到一本名为《绝地反击》的书。这本自传体的书给他带来了勇气和希望，他决定找到作家，请作家帮助自己东山再起。

经历了一番波折，萨义德终于找到了他心目中的"贵人"。作家耐心地听完了他的故事之后，说道："萨义德，我非常同情你的遭遇，不过很抱歉，我不是那个能帮助你东山再起的'贵人'。"

闻听此言，萨义德原本充满希望的眼睛，一下子失去了神采。

停了几秒钟，作家随后说道："虽然我不能帮助你东山再起，但我相信有一个人可以。"

"真的吗？请马上带我去见那个人吧！"

"好吧，请跟我来。"

作家将萨义德带到一个屋子前，对他说："能帮助你的人，就在屋子里面，我就不进去了。"

萨义德进入屋内，环顾四周却发现屋内空无一人。他刚想出门问个究竟，却在转身的一瞬间，从一面巨大的镜子中看到了自己。

"镜子中的人，难道就是我吗？那个蓬头垢面、衣衫褴褛、双目无神的人，难道就是我吗？"就在那一瞬间，萨义德明白了作家的用意：真正能让自己东山再起的，不是别人，正是自己。

几年后，萨义德在当地成为了远近闻名的商人。每当别人问起他"如何在这么短的时间内神奇般地改变人生"时，他一定会提到那面镜子以及镜子前的顿悟！

（2）培训师讲完故事，开始引导性地提问。

［提示］假如听众人数不多，不妨给每人发一面小镜子，在讲完故事之后，给大家1分钟的时间仔细看看自己。假如听众较多，则准备一面大镜子，放在明显的位置，请大家在休息时去镜子前仔细看看自己（镜子务必要准备，这样做可以引发听众深层次的思考）。

［相关讨论］

（1）听完这个故事，你有哪些感想？

（2）你如何看待萨义德在镜子前的感悟？

（3）这个故事对你的工作与生活有什么指导性的意义？

［游戏总结］

（1）自信心是一个人做事情与活下去的支撑力量，没有这种信心，就等于给自己判了死刑；相反，拥有了超强的自信心，逆境就不再是人生的苦难，而变成历练与成长的契机。

（2）自助则天助！自己先站起来，信任自己，上帝才能保佑你。一切来自自立。

（3）《易经》上有一句著名的话："天行健，君子以自强不息！"

（资料来源：钟锐．培训游戏金典．北京：机械工业出版社，2006）

天洪公司

　　天洪公司是一家发展中的公司,它在15年前创立,现在拥有10多家连锁店,发展的几年中,从公司外部招聘来的中高层管理人员,大约有50%的人不符合岗位要求,工作绩效明显低于公司内部提拔起来的人员。在过去的两年中,从公司外聘的中高层管理人员中有9人不是自动离职就是被解雇。

　　从外部招聘来的商业二部经理因年度考评不合格而被免职后,终于促使董事长召开了一个由行政副总裁、人力资源部经理出席的专题会议,分析这些外聘的管理人员频繁离职的原因,并试图找出一个全面的解决方案。

　　首先,人力资源部经理就招聘和录用的过程作了一个回顾。公司是通过职业介绍所或报纸上刊登的招聘广告来获得职位候选人的信息的。人员挑选的工具包括一份申请表、三份测试卷(一份智力测试和两份性格测试)、有限的个人资历检查以及必要的面试。

　　行政副总裁认为,他们在录用某些职员时,犯了判断上的错误,他们的履历表看起来不错,他们说起来也头头是道,但是工作了几个星期后,他们的不足就明显暴露出来了。

　　董事长则认为,根本的问题在于没根据工作岗位的要求来选择适用的人才。"从离职人员的情况来看,几乎我们录用的人都能够完成领导交办的工作,但他们很少在工作上有所作为,有所创新。"人力资源部经理提出了自己的观点,他认为公司在招聘中过分强调人员的性格和能力,而并不重视应聘者过去在零售业方面的记录。例如,在7名被录用的部门经理中,有4人来自与其任职无关的行业。

　　行政副总裁指出,大部分被录用的职员都有共同的特征,如他们大都在30岁左右,而且经常跳槽,曾多次变换自己的工作;他们雄心勃勃,并不十分安于现状;在加入本公司后,他们中的大部分人与同事关系不是很融洽,与直属下级的关系尤为不佳。

　　会议结束后,董事长要求人力资源部经理"彻底解决公司目前在人员招聘中存在的问题,采取有效措施从根本上提高公司人才招聘的质量"。

　　　　　　　　　　　(资料来源:www.doc88.com/p-2344009932...html,2012-11-15)

问题:

(1)天洪公司在人员招聘中存在什么问题?原因是什么?

(2)你对改善这些问题有什么更好的建议?

参考答案:

(1)被录取人员与公司不相容。产生这一问题的原因在于招聘环节没做好:在人员挑选中,过分强调应聘人员的性格特征,没有关注应聘者的工作经验;面试由行政人员主持,但他们对岗位的资格要求了解不深,这样也会影响招聘的质量;对人际交往能力、沟通能力、创新精神等素质的考察缺乏有效的手段;对招聘工作缺乏必要的总结。

(2)按工作说明书的素质要求来招聘;加强试用期内工作跟踪式调查,以便及时发现问题、解决问题;综合运用筛选技巧、面试方式、情景模拟测试;面试可分为初试与复试,面试考官必须包括所要从事的岗位的有关的经理等人员。

第六章

领　导

学习目标

1. 了解什么是领导；
2. 掌握人性假设理论；
3. 理解特性理论；
4. 理解领导者权力的构成；
5. 掌握领导的影响力；
6. 掌握管理方格理论；
7. 掌握领导生命周期理论。

管理故事

一个人去买鹦鹉，看到一只鹦鹉前面标着"此鹦鹉会两门语言，售价二百元"，另一只鹦鹉前面标着"此鹦鹉会四门语言，售价四百元"。该买哪只呢？两只鹦鹉都毛色光鲜，非常灵活可爱。这人转啊转，拿不定主意。结果突然发现一只老掉了牙的鹦鹉，毛色暗淡散乱，标价八百元。这人赶紧将老板叫来，问："这只鹦鹉是不是会说八门语言？"店主说："不。"这人奇怪地问："那为什么又老又丑，又没有能力，会值这个数呢？"店主回答："因为另外两只鹦鹉叫这只鹦鹉老板。"

这个故事告诉人们，真正的领导人，不一定自己能力有多强，只要懂信任，懂放权，懂珍惜，就能团结比自己更强的力量，从而提升自己的身价。相反许多能力非常强的人却因为过于完美主义，事必躬亲，认为什么人都不如自己，最后只能做最好的攻关人员，成不了优秀的领导。

（资料来源：wenwen. soso. com/z/q628054...htm，2012 - 10 - 14）

第一节　领导概述

领导是有效管理的一个重要方面，尽管管理者在组织中拥有指挥下级行动的特权，但下级并不会自动地服从命令。在现代社会中，有些下级会公然反抗他们的管理者或者是不认真执行管理者的命令。因此，如何有效地进行领导是现代管理者必须掌握的一种基本技能。

一、领导与领导者的定义

首先应指出管理学研究的领导是一种行为过程。本书采用美国管理学家孔茨、奥唐奈和韦里奇给领导下的定义，"领导是一种影响力；是引导人们行为，从而使人们情愿地、热心地实现组织或群体目标的艺术过程。"对这个定义要分三个层次理解。首先，它揭示了领导的本质，即影响力。这种影响力能够引导人们的行为。这里的引导，是指使人们以某种方式或跟随一个特定的过程行动。理想情况下，这一过程由以下因素组成。第一，创立的组织政策、程序、工作章程。第二，这个定义明确指出了领导是一个过程，是引导人们行为的过程，不仅如此，它还是一个艺术过程。领导者面对千变万化的组织或群体的内外环境，特别是面对着各种各样的人，他们的身份不同，有着各种不同的教育、文化和经历背景，他们进入组织或群体的目标和需要各不相同，而且人们的需要、目的等都处在动态的变化之中。越是高层的领导行为，因其面对因素的复杂性和不确定性越高，所以艺术的成分就越多。第三，这个定义指出了领导的目的。领导是一项目的性非常强的行为过程，它的目的在于使人们心甘情愿地、热心地为实现组织或群体的目标而努力，让人们情愿地而非无奈地、热情地而非勉强地为组织或群体的目标而努力，这体现了领导工作的水平。

德鲁克认为，"领导者的唯一定义就是其后面有追随者"。在领导工作中，领导是领导行为的主体，但千万不要把领导者与被领导者对立起来。实际上领导者与被领导者是各以对方的存在而存在的，没有被领导者当然也就无所谓领导了。在领导行为过程中，领导者当然会影响被领导者，但此时被领导者也同样会影响领导者。领导工作的完成，离不开与他人的交流和沟通。因此，领导并不仅仅是单向的，它是一种双向的动态过程，即除了领导者通过指导、激励等影响被领导者外，被领导者也给领导者以信息来修正领导者的现在和未来行动。人们的感受、能力与心态是在不断变化的，领导者与被领导者的关系也必须不断修正，行动必须持续调整，因此，领导是一种动态过程。

二、领导与管理

字面上，"领导"有两种含义。一种是名词属性的"领导"，即"领导者"的简称；另一种是动词属性的"领导"，即是"领导者"所从事的活动。可见，领导和管理有着密切的关系。

从表面上看，管理者和领导者之间没有什么区别，在日常工作中人们通常将二者混为一谈，但实际上它们有着本质的区别。好的领导和薄弱的管理不能产生好的效果，有效的管理但领导不力也不能达到组织的目标。

（一）管理与领导的共性

从行为方式上看，管理和领导都是一种在组织内部通过影响他人的协调活动，实现组织目标的过程。从权力的构成情况看，二者也都是组织层级的岗位设置的结果。

（二）管理与领导的区别

从本质上说，管理是建立在合法的、有报酬的和强制性权力基础之上的对下属命令的行为，下属必须遵循管理者的命令。在这个过程中，下属可能尽最大努力去完成工作任务，但也可以只尽一部分努力去完成任务，在企业实践中，后者是客观存在的。另外，管理是维持组织运行的既定规则和制度，它使组织得以正常地运转，没有行之有效的管理，组织将在千头万绪中一片混乱，管理恰恰给组织带来秩序和效率。而领导则不同，领导作为一种影响别人的能力，既是来自于职位赋予领导者的合法权利，但更多的是来自于个人的影响权和专长权，这两种权力是与个人的品质和专长有关而与职位无关的。

因此，一个人可能既是管理者，也是领导者，但是，一个人是管理者，却不一定是一个领导者。理想情况下，所有的管理者都应是领导者，但是，并不等于说所有的领导者都处于管理岗位上。一个人能影响别人这一事实，并不表明他具有组织运行及岗位要求的管理能力，如计划、组织、领导、控制及创新等。领导的本质就是被领导者的追随与服从，它不是由组织所赋予的职位和权力决定的，而是取决于追随者的意愿。因此，有些有职权的管理者可能没有部下的服从，也就谈不上是真正意义上的领导者。管理学意义上的领导者，是指影响他人并拥有管理的制度权力的人。在21世纪的今天，企业面对的是日新月异的知识经济时代，技术进步一日千里，国家竞争愈演愈烈，这些都对领导者提出了更高的要求，需要其具备更高的能力，如敏锐的洞察力、果断的行动力、巨大的影响力等。具备这些素质的领导者，才能适时地推动企业的变革，不断适应新的环境变化，使企业立于不败之地。

三、领导的实质

（一）领导实质上是一种对他人的影响力

即领导者对下属及组织行为的影响力。这种影响力能改变或推动下属及组织的行为，为实现组织目标服务。这种影响力也可称为领导力量。领导者对下属及组织施加力量的过程就是领导的过程。

（二）领导的基础是下属的追随与服从

领导者实施领导施加影响力，其基础在于下属的追随与服从，而且，这种追随与服从的程度越高，领导力量就越大。领导与服从是伴生的。

领导活动形成一个封闭环，其实质就是领导与下属之间的影响与追随关系。一个有影响力和感召力的人才有可能产生领导力量；一个接受影响、能被感召的群体才会主动追随领导，服从支持领导的命令或意图去实现群体目标。

四、领导的作用

领导活动对组织绩效具有决定性影响，具体体现在以下4个方面。

（一）指挥作用

有人将领导比喻为乐队的指挥，一个乐队指挥的作用是通过演奏家的共同努力形成一种和谐的声调和正确的节奏。在组织的集体活动中，需要头脑清醒、胸怀全局、高瞻远瞩、运筹帷幄的领导者，帮助组织成员认清所处的环境和形势，指明活动的目标和达到目标的途径。领导就是引导、指挥、指导，领导者应该帮助组织成员最大限度地实现组织目标。领导者不是站在群体的后面去推动群体中的人们，而是站在群体的前列，指引组织的发展方向并促使人们前进并鼓舞人们去实现目标。

（二）激励作用

组织是由具有不同需求、欲望、个性、情趣和态度的个人所组成的，因而组织成员的个人目标与组织目标不可能完全一致。领导的任务就是把组织目标和个人目标结合起来，引导组织成员满腔热情、全力以赴地为实现组织目标作出最大贡献。领导者为了使组织内的所有员工最大限度地发挥其才能，实现组织的既定目标，就必须关心、爱护、尊重员工，激发和鼓舞员工的工作斗志和热情，充分发掘员工的潜力，不断地充实和增强人们积极进取、奋发努力的工作动力。

（三）协调作用

在组织实现其既定目标的过程中，人与人之间、部门与部门之间发生各种矛盾冲突及在行动上出现偏离目标的情况是不可避免的。领导者的重要任务就是协调各方面的关系和活动，保证各个方面都朝着既定的目标前进。

（四）沟通作用

领导者是组织的各级首脑和联络者，在信息传递方面发挥着重要作用，是信息的传递者、监听者、发言人和谈判者，在管理的各个层次中起到上情下达的作用，以保证管理决策和管理活动顺利进行。具体沟通形式包括信息的传输、交换与反馈，人际交往，关系融通和交流感情等。

五、领导者的影响力

组织行为学认为，要实现有效的领导，关键是领导者在被领导者心目中有崇高的威望，而威望的高低则取决于领导者自身具备的影响力的大小。

所谓影响力，是指一个人在与他人的交往中，影响和改变他人心理和行为的能力。影响力，人皆有之，但是由于交往的双方各自的知识、经验、能力、地位、权力等特点与条件不同，交往的环境不同，影响力所起的作用是大不相同的。人们的影响力大小是一个相对比较量。领导者在与他人交往中的影响力的大小，是由许多因素决定的，如地位、权力、知识、能力、品格和资历等。作为一位有效的领导者，他必须对权力和影响力有正确的认识。一般人们把权力解释为一个人有某种地位和素质而获得的一种力量，这种力量可用来影响别人，使别人根据他的劝告、建议或命令办事。

（一）领导者影响力的分类

领导者的影响力包括两类，分别是权力性影响力和非权力性影响力。这是两种产生于不同基础、发挥不同作用的影响力。

1. 权力性影响力

权力性影响力也叫强制性影响力，是指由社会赋予个人的职务、地位、权力等所构成的影响力。这种影响力的基础有两点。一是在于"法定的"地位。正式组织中的上级主管部门赋予某个个人以一定的职务和权力，带有法定的性质，使被领导者认为领导者有合法权利指挥、支配人们的工作行为，自己必须听命、服从。二是在于其"奖惩权"。领导者掌握着奖惩权，接受其领导的就给予奖励，拒绝其领导的就予以惩罚，因此，人们只有服从。

权力性影响力的基础决定了其影响力的特点与作用，即对别人的影响带有强制性和不可抗拒性，是以外推力的形式发挥作用的。这种由于职务、权力、地位而产生的影响力，完全是外界赋予的，不是由于领导者本身的素质及现实行为所形成的，因而在权力影响力作用下被影响者的心理与行为一般表现为被动服从。它对人的激励作用是十分有限的。如果领导者只是一味地以权力压服下属，还会带来下属的不满和反抗情绪的增强。

2. 非权力性影响力

非权力性影响力也叫自然性影响力，是与权力性影响力相对的，它与法定的权力无关，而是由于个人自身的品德、才能、学识、专长等因素而对他人形成的影响力。任何一个人如果他具有高尚的品德、渊博的知识或者表现出某种出众的专长，都会受人爱戴、敬佩，都会产生这种影响力。

非权力性影响力取决于个人的品德、行为和学识专长两个方面。品德高尚受人敬佩的人，其言行影响力的强度远在一般人之上。同样，博学多才、知识丰富的人比缺乏真知灼见、低能平庸的人更具有影响力。

由领导者个人自身因素而产生的影响力不是给人的行为改变以外推力的作用，而是对人们心理的自然感召，使之发自内心自愿改变行为。因此，非权力性影响力的特点是自然性，在这种影响力的作用下，人们的心理和行为多表现为自觉自愿、积极主动。同时，在具体活动中，它比权力性影响力具有更大的影响，并起着权力性影响力所起不到的作用。

（二）领导者影响力的构成

1. 权力性影响力的构成

权力性影响力的要素主要包括传统因素、职位因素和资历因素3个方面。

（1）传统因素。是指人们对领导者的一种传统观念。自古以来，人们形成了一种观念，认为领导者总是不同于一般人，认为领导者有权、有才干，比普通人强，从而产生了对领导者的服从感，这就使领导者的言行增加了影响力。这种传统观念所产生的影响力普遍存在，只要成为了领导者，这种力量就自然而来。这是一种观念性因素。

（2）职位因素。职位是指个人在组织中的职务和地位。具有领导职务的人，社会赋予他一定的权力，而权力使领导者具有强制下级的力量，凭借权力可以左右被领导者的行为、处境、前途以至命运，使被领导者产生敬畏感。领导者的职位越高，权力越大，别人对他的敬畏感也就越强烈。职位因素造成的影响力，是以法定为基础的，与领导者本人的素质条件没有直接关系。它是一种社会性因素。

（3）资历因素。资历是指领导者的资格和经历。领导者的资格和经历对被领导者产生的心理影响称为资历因素影响。领导者的资历越深，影响越大。它是一种历史性因素。

显而易见，由传统因素、职位因素、资历因素所构成的影响力，都不是领导者的现实行为造成的，而是外界赋予的。它对下级的影响带有强制性和不可抗拒性。这种权力来自领导者所担任的职务，有了这个职务，就有了这个职务法定的权力，下属不能随便不接受其领导。因此，这种权力是一种位置权力或地位权力，它取决于个人在组织中的地位。这种影响力对被领导者的作用主要表现为被动服从。它的核心是权力。它对人的心理和行为的激励作用是有限的。

2. 非权力性影响力的构成

非权力性影响力既没有正式的规定，也没有组织授予的形式，它是一种自然性影响力，是靠领导者自身的威信和以身作则的行为来影响他人的。非权力性影响力产生的基础比权力性影响力产生的基础广泛得多。构成非权力性影响力的因素主要包括品格因素、能力因素、知识因素和情感因素 4 个方面。

（1）品格因素。这是非权力性影响力的重要前提。品格是指反映在人的一切言行中的道德、品行、人格、作风等的总和。这是非权力性影响力的本质要素。优良的品格会给领导者带来巨大的影响力，使群体成员对其产生敬爱感。一个适应社会的好的品格，常被人们作为典范来效仿。品格优良、作风正派的领导，必然带出一大批正直的下属。袁采说："己之性行为人所重，乃可诲人以操履之详。"作为领导应该懂得无论自己职位有多高，倘若在品格上出了问题，政治威望（感召力或亲和力）就会荡然无存。

（2）能力因素。这是非权力性影响力产生的重要内容。能力是指能够胜任某项工作的主观条件，这是非权力性影响力的实践性要素。人的能力是多方面的，如果一个领导能够在安排下属的工作中，避其所短，扬其所长，如使下属的专长得到充分的发挥，使本群体的各项工作更加井然有序，这就是领导者识人、用人的本领和能力。古人曰："有才者不难，能善用其才则难"，说的就是这个道理。

（3）知识因素。这是非权力性影响力产生的重要依据。知识是指人们在改造客观世界的实践活动中所获得的直接经验和间接经验的总和。这是非权力性影响力的科学性要素。知识是一个人的宝贵财富，是领导者领导群体成员实现群体目标的重要依据。丰富的知识会给领导者带来良好的感召力，会使下属对其产生依赖感。领导者如果具有某种专业知识，那么，必然会对他人产生影响，具备这种素质的领导要比不具备这种素质的领导在行使权力上要顺利得多。

（4）情感因素。这是非权力性影响力产生的重要纽带。情感是人对客观事物（包括人）主观态度的一种反映。这是非权力性影响力的精神性要素。领导人深入基层，平易近人，时时体贴关心下属，和下属同甘共苦，与下属建立良好的情感，就容易使下属对其产生亲切感，下属的意见也容易反映到领导处，从而可使领导根据群众的工作情况和思想状况作出更科学、合理的决策。

一般来讲，任何领导都同时具有两种影响力，但对不同的人来说，两种影响力的大小却是各不相同的。对于权力性影响力相同的两个领导者来说，其威信的高低，主要取决于非权力性影响力。因此，要提高领导者的影响力与威信，一方面要合理用权，职权相称；另一方面要加强领导者的自身修养，全面提高个人素质，并且应使两种影响力互相促进、彼此呼应。一个能够将两种影响力综合运用的领导者，才是具有领导艺术魅力的人。

六、经济全球化对企业领导提出的新要求

中国加入世贸组织，全面融入全球经济体系。中国企业领导人将在世贸组织的规则框架下，逐渐享受一个更加透明、可以预测的宏观环境和统一平等的市场体系。同时，在产品和服务竞争、经营模式以及人力资源方面，由于直接面对技术革新的加速和强大的国际对手，他们面临的不确定性也大大增加。中国企业领导人究竟需要哪些关键特质才能应对新经营环

境下的高度不确定性？《世界经理人文摘》邀请世界经理人网站的广大用户、中国企业领导人和管理专家一起推荐和评选企业领导人的十大特质。结果显示，帮助中国企业领导人应对新时期不确定性的十大特质体现在以下方面：建立愿景、信息决策、配置资源、有效沟通、激励他人、人才培养、承担责任、诚实守信、事业导向、快速学习。

1. 建立愿景

确立企业发展方向是领导人最主要的职责之一。建立愿景的能力如果很糟糕，甚至不具备该能力，那么产生的后果就不仅仅是员工得不到激励，更严重的是他们会因此迷失方向或者怀疑目前的方向。当今经济环境不确定性因素的增加，给企业发展方向的确立带来了新的挑战。中国企业对企业愿景需要有更多的认识。

2. 信息决策

在复杂多变的经营环境中，企业领导人放弃信息分析与理性决策，成为一种倾向。但是，高度不确定性不应该成为企业领导人"拍脑袋"的借口。领导人必须能够在充满不确定性的模糊情景下进行有效决策，如果等到状态变得清晰，极有可能已经失去最好的机会。

3. 配置资源

把有限的资源配置到能够产生最大效益的人员、项目与任务中，是企业运行的一项基本任务。合理配置有限的资源本身就是一种策略。配置资源中特别要讲究领导技巧，远离市场的企业领导人不应该直接指令所有资源的配置过程，而是下放权力，允许资源被"吸引"到直接面对市场的人员和他们发现的市场新机会上去。

4. 有效沟通

把复杂的事情，使用简洁通俗的语言表达出来。沟通不能总是采取自上而下的模式，领导者需要成为倾听大师。在组织变革方面的沟通，要求领导人具备足够的耐心和热情。领导人应该选择好不轻易放弃的事业，遇到挫折不气馁，并经常在不同场合宣扬这项事业。

5. 激励他人

激励机制一直是中国企业的一块"软肋"。在持续的竞争压力或企业变革中，员工需要的是不断地激励。成功的领导者必须在企业内部建立起有效的激励体制、透明的赏罚制度，实行"绩效付酬"，让优秀的员工得到更多的认可，使他们产生归属感。

6. 人才培养

在成功的企业中，培养他人的能力，是判断领导成熟度的重要标准。如果一个领导者害怕自己的下属比自己厉害，而把自己的下属给"淹死"，则其下边不会有能干的人才。因此，一个不遗余力培养人才的领导者，才会拥有很多人才，成功的机会才会更多、更大。

7. 承担责任

即使是一个优秀的企业领导人，在不确定性的经营环境中也不可能总是一次就把事情做成功。在遭遇挫折和失败时，只要勇于负起责任，认真总结，从头再来，就会有成功的机会。企业领导人的岗位赋予了他们承担责任的义务。决定性的决策往往具有风险性，但是无论如何，在不确定性情形下进行决策，总比不做决策好。这些时候，领导人肯定要承担风险和责任。

8. 诚实守信

有效的领导者是那些有效地管理不确定性的人，而诚实守信则是有效地管理不确定性的第一条原则。成功的领导者的"最大的成功"在于号召力不只是他手中的权力，或是施以实惠，更多的是依靠自我纪律与诚信。只有诚信才能使自己在人际关系中保持吸引力，建立广泛而良好的社会、人际关系，从而吸引、保留企业需要的各种优秀人才。

9. 事业导向

成功的企业领导者一定具有强烈的事业心，把企业的事业当做自己的事业，全身心地投入到事业中去。

10. 快速学习

许多成功的企业家都曾经历过各自事业的低潮或逆境，其实失败并不可怕。成功之路往往不是简单地写在管理大师们的书籍中，而是由企业家们在一次次失败中领悟，甚至顿悟形成的。

精彩阅读

领导班子应具备的合理结构

领导班子的结构，实际上就是领导成员之间年龄、知识、阅历、风格等差异性的搭配和组合，科学、合理的结构应该是各成员个性充分发挥，差异性得到统一的组合体。不同的视角，有不同的种属归类。这里，按干部考核的习惯和传统，分成以下几种类型。

1. 梯形的年龄结构

领导班子梯形年龄结构，是指各级种类领导班子，应是由有适当比例的不同年龄区段的干部构成的整体。一般来说，一个合理的领导班子的年龄结构，应该是老、中、青三结合，由阅历较宽、经验丰富、深谋远虑、善于观察形式和把握方向的老干部，精力充沛、思路开阔、反应敏捷、有开拓创新精神的中年干部，奋发有力、虚心好学、竞争心强、生气勃勃易于接受新生事物、新思想的青年干部，组成一个具有合理年龄梯次的整体。

2. 合理的专业知识结构

领导班子的专业知识结构，是指将具有较高的文化知识和专业知识水平的领导成员，进行合理组合，达到互相补充，使整个领导班子成为具有综合业务能力的群体。这里所说的知识，既包括书本知识，也包括实践经验知识。

3. 较好的智能结构

所谓智能，主要是指在工作中运用知识的能力。智能主要包括自学能力、研究能力、表达能力和组织管理能力、创造能力等。领导班子较好的智能结构，是指具有不同类型智能的领导成员间的构成状况和协调组合。

4. 协调的气质结构

气质，个性之一，是人在心理活动和外部动作中表现出来的某些关于强度、灵活性、稳定性和敏捷性等方面的心理综合特征，它是个体对外界事物的一种惯性的心理反应。个体间的气质不同，使每个人表现出独特的个性心理特征。领导班子协调的气质结构，是指具有不同类型气质的领导成员的协调组合。协调的气质结构，有助于优化领导班子的整体效能。同一气质类型的领导班子，不是好的结构。领导班子成员具有不同气质类型，又能协调一致，合作共事，互相补充，取长补短，这样的领导班子才是多功能和高效能的。

5. 精干配套的工作结构

工作结构的精干配套，主要是指担负决策、执行任务的党政主要领导班子的搭配，要做到人员精、人数少、工作配套，符合精干有力的原则。

（资料来源：http：//wenku. baidu. com/view/6c1932c34028915f804dc220. html）

第二节　人性的假设理论

领导的对象是人，要想对下级实施正确的领导，必须具备一个前提——正确地认识和对待下级，这就必须以人性的研究为基础。对人性有了准确的界定，才能确定相应的、适宜的领导方式、管理方式。关于人性假设的理论很多，归纳起来主要有 4 种，即经济人假设、社会人假设、自我实现人假设和复杂人假设。

一、经济人假设

经济人假设，又称 X 理论，是由美国行为科学家道格拉斯·麦格雷戈（Douglas Mc Gregor）在总结了以往管理人员对人的看法后提出来的。

（1）大多数人的本性是懒惰的，他们尽可能地逃避工作。

（2）大多数人都缺乏进取心，不愿承担责任，情愿受人领导。

（3）大多数人天生以自我为中心，对组织需要漠不关心。

（4）大多数人本性反对变革。

（5）大多数人都是缺乏理智的，常常轻信别人，易于受到别人影响。

（6）大多数人都是由经济诱因来引发工作动机的，其目的在于获得最大的经济利益。

（7）人群大致分为两类，多数人符合上述假设，少数人能克制自己，这部分人应当负起管理的责任。

根据经济人假设，管理人员的职责和相应的管理方式有以下 4 种。

（1）管理人员关心的是如何提高劳动生产率、完成任务，他的主要职能是计划、组织、经营、指引、监督。

（2）管理人员主要是应用职权、发号施令、使对方服从，让人适应工作和组织的要求，而不考虑在情感上和道义上如何给人以尊重。

（3）强调严密的组织和制定具体的规范及工作制度，如工时定额、技术规程等。

（4）以金钱报酬激励员工。

这是一种"胡萝卜加大棒"的管理方式，一方面靠金钱的收买与刺激，一方面靠严密的控制、监督和惩罚迫使员工为组织目标努力。这种经济人假设观点在现代社会基本上已经过时。

二、社会人假设

这是人际关系学说的倡导者梅奥等人依据霍桑试验提出来的。所谓社会人，是指人在进行工作时将物质利益看成次要的因素，人们最重视的是和周围人的友好相处，以此来满足其社交和归属的需要。社会人假设的主要内容包括以下 4 点。

（1）人类工作的主要动机是社会需要，通过与同事之间的关系可以获得基本的认同感。

（2）工业革命所带来的专业分工和机械化的结果，使工作变得单调而无意义。因此，必须从工作的社会关系中寻求工作的意义。

（3）工人与工人之间的关系形成的影响力，比管理部门所采取的管理措施和奖励具有更大的影响。

（4）人们最期望于领导者的是领导者能承认他们，并满足他们的社会需要。

与社会人假设相应的管理措施如下。

（1）管理人员不能只把眼光局限在完成任务上，也应注意对人的关心、体贴、爱护和尊重，建立相互了解、团结融洽的人际关系和友好的感情。

（2）管理人员在进行奖励时，应当注意集体奖励，而不能单纯采取个人奖励。

（3）管理人员要充当上级和下级之间的中间人，经常了解工人感情，听取意见并向上级发出呼吁。

根据这一理论，美国企业中曾实行了一项专门的计划，即提倡劳资结合、利润分享，其中除了建立劳资联合委员会、发动下属提建议外，主要的措施是将超额利润按原工资比例分配给大家，以谋求良好的人际关系。这项计划收到了较好的效果。

三、自我实现人假设

自我实现人假设又称 Y 理论，是由麦格雷戈提出来的。该理论的主要内容如下。

（1）人们并非天生就对组织的要求采取消极或抵制态度。他们之所以会如此，是由于他们在组织内的经历和遭遇所造成的。

（2）人们并非天生就厌恶工作。应用体力和脑力来从事工作，对于人们来讲，正如游乐和休息一样，是自然的。

（3）外来的控制和处罚，并不是使人们努力达到组织目标的唯一手段。它对人们甚至是一种威胁和阻碍。人们愿意通过自我指挥和自我控制来完成应当完成的目标。

（4）对目标的参与是同获得成就的报酬直接相关的。这些报酬中最重要的是自我意识和自我实现需要的满足，它们能促使人们为实现组织的目标而努力。

（5）在适当条件下，人们不但能接受，而且能主动承担责任。逃避责任、缺乏抱负以及强调安全感，通常是经验的结果，而不是人的本性。

（6）大多数人、而不是少数人在解决组织的困难问题时，都能发挥较高的想象力、聪明才智和创造性。但在现代工业社会的条件下，一般人的智慧潜能只是部分地得到了发挥。

根据以上假设，相应的管理措施有 3 种。

（1）改变管理职能的重点。管理经济人的重点放在工作上，即放在计划、组织和监督上；管理社会人主要是建立亲善的感情和良好的人际关系；而管理自我实现人应重在创造一个使人得以发挥才能的工作环境，此时的管理者已不是指挥者、监督者，而是辅助者，应从侧面给下属以支持和帮助。

（2）改变激励方式。无论经济人假设还是社会人假设，其激励都是来自金钱和人际关系等外部因素。对自我实现人则主要应给予来自工作本身的内在激励，让其担当具有挑战性的工作，担负更多的责任，促使其在工作上作出成绩，满足其自我实现的需要。

（3）在管理制度上给予工人更多的自主权，实行自我控制，让工人参与管理和决策，并共同分享权力。

四、复杂人假设

复杂人假设是在20世纪60年代由美国心理学家和行为科学家埃德加·沙因等人提出来的。这一假设的提出是由于几十年的研究证明，前面所说的经济人、社会人和自我实现人，虽然都有其合理的一面，但并不适用于一切人。因为人是复杂的，不仅因人而异，而且同一个人在不同的年龄和情境中也会有不同的表现。人会随着年龄、知识、地位、生活，以及人与人之间关系的变化，而出现不同的需要。因此，研究者认为人是复杂的，并提出了复杂人假设。其主要内容有以下5个方面。

（1）每个人都有许多不同的需求和不同的能力。人的工作动机不但是复杂的，而且变动性很大。这些动机对应于各种不同的需求，动机的构成不但因人而异，而且同一个人也因时而异、因地而异，各种动机之间交互作用而形成复杂的动机模式。

（2）人在组织中可以产生新的需要和动机。因此，一个人在组织中表现的动机模式是他原来的动机和组织经验交互作用的结果。

（3）人在不同的组织和不同的部门中可能有不同的动机模式。在正式组织中不合群的人，在非正式组织中却可能使其社会需要和自我实现需要得到满足。组织的各个部门可以利用成员的不同动机来达到其目标。

（4）一个人是否感到心满意足、是否肯为组织尽力，决定于他本身的动机构造和他同组织之间的相互关系。工作的性质、本人的工作能力和技术水平、动机的强弱以及与同事间的相处状况，都可能对其产生影响。

（5）由于人的需求各不相同，能力有差别，工作性质也不相同，因此对不同的管理方式，各个人的反应是不一样的，没有一套适合于任何时代、任何人的万能的管理方式。

复杂人假设没有要求采取和上列假设完全不同的管理方法，而只是要求了解每个人的个别差异。对不同的人、在不同的情况下，采取不同的领导方式，即一切随时间、条件、地点和对象等因素的变化而变化，不能一刀切。

五、对人性假设理论的分析

人性假设理论都是由西方心理学家、行为科学家提出来的，其中有科学的成分，也有片面性。我国的社会制度、文化传统与西方不同，这就决定了我们不能照抄照搬西方的东西，而必须根据我国的实际情况，对这些理论进行分析、研究并加以扬弃。

（1）人的本性不是生而有之，更不是一成不变的，不存在抽象的、共同的人性。人的本性受到许多因素的交互作用和影响，会随着时间、各种外部条件的变化而变化。因而，经济人、社会人、自我实现人的假设都是有片面性和局限性的，复杂人假设则是一种辩证的观点，更加接近实际。

（2）四种人性假设理论是在不同的历史时期提出来的，它们反映了随着社会的发展、进步，人们物质文化生活水平的提高，人们在需求层次和需求结构上的变化，这对人们是有启发的。

（3）不论哪种假设都认为，应根据人的不同需要和素质而采取不同的管理方式和领导方法，这一点具有普遍意义。任何一种管理制度、领导方式都是，也必须是针对具体情况提出，不能绝对地说哪种好、哪种不好，必须在深入调查研究本企业的人员素质、工作性质、经营环境的基础上，谨慎选用。

以上分析是就一般情况而言的，就我国当前的具体情况来看，可从以下 5 点来研究人性与领导的关系。

（1）现阶段，对多数人来说，劳动还是谋生和满足其他各种需要的手段，他们共同的、迫切的需要仍然是改善生活状况。但人们不仅仅是为金钱而工作，人有各种各样的需要，需要的层次也随着人们的生活水平、文化水平以及地位和年龄的变化而变化。

（2）多数人对组织任务及其管理方式的最初态度，总是从能否满足自己需要的角度作出反应的。但组织可以采取适当的措施来改变这种态度，从而使其更多地考虑组织需要并为组织做贡献。

（3）组织目标和个人目标并不总能完全一致，为此，组织和个人都应做出努力，使组织目标尽可能照顾到个人目标，使个人目标尽可能靠近组织目标。只有这样，才有可能在实现组织利益最大化的同时实现个人利益最大化。

（4）管理体制和方法应当因人、因事、因时而异。但在现阶段，我国企业的管理重点仍然是实现管理科学化。在此基础上应用各种先进的管理理论、管理方法才能收到应有的效果。

（5）我国是社会主义国家，职工是国家和企业的主人，领导者、管理人员和职工的关系应当是平等的、相互信任的同志式关系。所以，不论采用哪种管理方式和方法，都应当关心人、尊重人、爱护人，应该思想领先、发扬民主、提倡参与、启发自觉。正确处理严与爱、竞争与协作、组织目标与个人目标、物质激励与精神激励、危机感与主人翁责任感的辩证关系。

精彩阅读

领导班子整体结构合理化的标准

衡量领导班子结构是否合理，要看它是否适应该系统的本质特征。领导班子作为一个系统，具有 5 方面的特征，即目的性、集合性、相关性、整体性和环境适应性。因此，领导班子的结构是否科学合理，要从这 5 方面作系统分析。

（1）目的性分析。弄清领导班子的结构是否符合领导班子建立的目的和要达到的功能。

（2）集合性分析。弄清组成领导班子的成员数量是否合理，既无不足，又无多余。

（3）相关性分析。研究领导班子成员的年龄、素质等的搭配是否形成相互结合、相互补充、相互作用的合理关系。

（4）整体性分析。研究领导班子成员的构成是否有利于加强领导班子的整体功能。结构越合理，整体功能越大；否则，功能越小，甚至内耗，产生负效应。

（5）环境适应性分析。研究领导班子与周围环境之间的关系是否合理。能否自我适应、自我控制、自我完善，以求得平衡稳定。

科学化结构的领导班子的标准是：不仅能使每个领导成员人尽其才，才尽其用，而且能够相互补充，协调一致，从而产生巨大的集体力量和整体效应；人员精干，运转灵活，搭配合理，有很高的工作效率和自我调节能力；能够胜任它所担负的工作任务，适应现代化建设的需要。

（资料来源：wenku. baidu. com/view/6c1932c34028915... 2011 - 2 - 26）

第三节　国外领导理论简介

一、领导特性理论

（一）传统领导特性理论

美国普林斯顿大学的鲍莫尔（William Jack Baumol）提出了作为一个领导者应具备的十个条件。早期的领导理论将研究重点放在了领导者的个人特性上。一些人认为有人生来就具有领导者的特性。然而这些特性究竟是什么？许许多多的著名领袖人物他们的特性究竟有多少共同点，又有哪些区别？这些问题使不少管理者和研究人员困惑了一个多世纪。

一开始人们试图找出"伟人"身上的特性，许多专家假设领导者的素质是天生的。他们作了成千上万次研究探求领导的特性，有身体方面的，有能力方面的，更多的是个性和社会方面的特征。但这些特性研究被证实是很难捉摸的。

1. 斯托格迪尔的领导个人因素论

斯托格迪尔（R. M. Stogdill）在全面研究了关于有效领导应具备的素质方面的文献后，总结了与领导有关的个人因素有如下 6 种。

（1）五种身体特征，如精力、外貌、身高、年龄、体重。

（2）两种社会性特征，如社会经济地位、学历。

（3）四种智力特征，如果断性、说话流利、知识渊博、判断分析能力强。

（4）十六种个性特征，如适应性、进取心、热心、自信、独立性、外向、机警、支配力、有主见、急性、慢性、见解独到、情绪稳定、作风民主、不随波逐流、智慧。

（5）六种与工作有关的特征，如责任感、事业心、毅力、首创性、坚持、对人的关心。

（6）九种社交特征，如能力、合作、声誉、人际关系、老练程度、正直、诚实、权力的需要、与人共事的技巧。

2. 皮奥特维斯基和罗克的领导品质论

皮奥特维斯基（Poitwisky）和罗克（Roke）在 1963 年出版的一本名为《经理标尺：一种选择高层管理人员的工具》的著作中，对成功经理的个人特性列举如下：

（1）能与各种人士就广泛的题目进行交谈的能力；

（2）在工作中既能"动若脱兔"地行动，又能"静若处子"地思考问题；

（3）关心世界局势，对周围生活中发生的事也感兴趣；

（4）在处于孤立环境和局势时充满自信；

（5）待人处事机巧灵敏，而在必要时也能强迫人们拼命工作；

（6）在不同的情况下根据需要，有时幽默、灵活，有时庄重、威严；

（7）既能处理具体问题，也能处理抽象问题；

（8）既有创造力，又愿意遵循管理惯例；

（9）能顺应形势，知道什么时候该冒险，什么时候谋求安全；

（10）作决策时有信心，征求意见时谦虚。

令人遗憾的是，总的来说，并非所有成功的领导者都具备领导品质论所描述的品质，而且许多非领导者可能具备上述大部分甚至全部品质，而且几乎没有一种品质是所有领导者所共有的。因此，领导品质论无法指出哪些素质是领导者必需的，而且也无法对各种品质的相对重要程度作出客观的评价。

（二）现代领导特性理论

现代领导特性理论认为，领导是一种动态过程，领导者的品质特征是在实践中逐步形成的，可以通过教育培养造就。

美国企业界普遍认为，一个合格的领导者一般应具有以下10种品质。

（1）合作精神。能赢得人们的信任，愿意与他人一起工作，对人不是压制，而是说服或以情动人。

（2）决策才能。决策时能依据客观事实，而不是凭借主观想象，并能高瞻远瞩。

（3）组织能力。能发挥下级及广大职工的才能，善于组织人力、物力和财力。

（4）精于授权。能大权独揽，小权分散，抓住大事，把小事授权给下属。

（5）善于应变。能随机应变，不抱残守缺或墨守成规。

（6）勇于负责。对上级和下级、产品和用户以及整个社会都抱有高度的责任心。

（7）敢于求新。对新事物、新环境、新观念有敏锐的洞察力。

（8）敢担风险。敢于承担企业亏损和不景气所带来的风险，对开拓新局面充满信心。

（9）尊重他人。重视并采纳他人的合理意见，不武断妄行。

（10）品德超人。个人品德高尚，为社会人士和企业员工所敬佩。

日本企业界要求领导者应当具有以下10项品德及10项能力。

（1）10项品德。使命感、信赖感、积极性、诚实、合作精神、进取心、忍耐、公平、热情、勇气。

（2）10项能力。思维、决策能力、规划能力、判断能力、创造能力、洞察能力、劝说能力、对人的理解能力、解决问题的能力、培养下级的能力、调动积极性的能力。

美国管理学家吉塞利在《管理才能探索》一书中就领导个人品质对有效领导的重要性进行了研究。他认为领导者的智力极高或极低都会削弱领导效果，领导者的智力水平与下属不应该过分悬殊。其结果如表6-1所示。

表6-1 领导个人品质对有效领导的重要性

重要性	领导个人品质特征
非常重要	督察能力 首创精神 职业成就感 才智 自我实现 自信心 决断能力
中等重要	对工作稳定性的需要 适应性 对金钱奖励的需求 成熟程度
最不重要	性别（男性或女性）

领导特性理论的后期研究，摆脱了对具体因素的分析，只是提出一些思考的原则。美国管理学家本尼斯指出，有效的领导者应该按照以下准则去塑造自己。

（1）必须扩展自身的素质范围与强度，以弥补不足之处。

（2）必须是追求尽善尽美的理想主义者，应该具有良好的素质基础，当工作向其提出较高的素质要求时，不至于出现束手无策的局面。

（3）必须具有对事物的认识和理解能力，善于从过去看到现在，从现在预测将来，这是一种基于对事物的超前意识。

（4）必须具有冒险精神和牺牲精神，尽可能地走在工作的前沿，担负起组织带头人的使命。

（5）必须善于对事物作出判断，学会怎样去迅速获取、处理信息，并使之进入自己已经掌握的信息系统之中。

（6）必须是一个"社会建筑师"，其功能在于使组织具有社会文化的特征，建立起组织所特有的"工作文化和组织文化"环境。

（7）必须进行有效的人群管理，必须正确地认识评价自己，认识自己是领导人这一基本出发点。

二、领导行为理论

由于领导特性理论的缺陷，在解释领导行为有效性问题上出现了困难，于是人们把研究重点转到领导的行为本身，谋求从工作行为的特点来说明领导的有效性，从而产生了领导行为理论。领导行为理论侧重于对领导行为的分析，它关心两个基本问题。一是领导是怎么做的，即领导的行为表现是什么？二是领导是以什么方式领导一个群体的？

（一）领导作风理论

心理学家勒温（Kurt Lewin）根据领导者如何运用职权，把领导者在领导过程中表现出来的极端的工作作风分为 3 种类型。

1. 专制作风或独裁作风

具有这种作风的领导者从不考虑别人的意见，所有决策都由自己作出；很少参加群体的社会活动，与下级保持相当的心理距离；主要依靠行政命令、纪律约束，罚多而奖少；下级没有权力，没有参与决策的机会，只能服从。

2. 民主作风

具有这种作风的领导者鼓励下属参与决策，下属个人有相当大的工作自由和灵活性；在领导工作中主要应用个人权力和威信，而不是靠职位权力和命令使人服从；在分配工作时尽量照顾到个人的能力、兴趣和爱好；积极参加团体活动，与下级没有任何心理上的距离。

3. 放任作风

具有这种作风的领导者把权力完全给予组织成员或群体，自己对于工作尽量不参与，也不主动干涉，毫无规章制度。工作进行几乎全赖组织成员自负其责。

勒温根据试验认为，放任作风的领导工作效率最低，只能达到社交目标，而完不成工作目标。专制作风的领导虽然通过严格管理达到了工作目标，但组织成员没有责任感，情绪消极、士气低落。民主作风的领导工作效率最高，不但能完成工作目标，而且组织成员关系融洽，工作积极主动、有创造性。

（二）领导行为连续统一体

由美国管理学家罗伯特·坦南鲍姆（Robert Tannenbaum）和沃伦·施密特（Warren H. Schmidt）提出的领导行为连续统一体，很好地说明了领导风格的多样性和领导方式所具有的因情况而异或说随机制宜的性质。领导行为连续统一体，如图6-1所示。

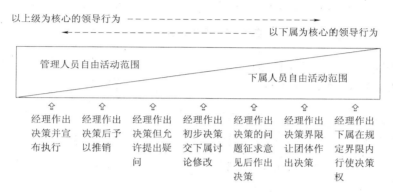

图 6-1 领导行为连续统一体

在图6-1的两端分别是民主和独裁两种极端的领导行为。从左至右，领导者运用职权逐渐减少，下属的自由度逐渐加大，从以工作为重逐渐变为以关系为重。随着领导者授权程度以及决策方式的不同，就形成了一系列的领导方式。

坦南鲍姆与施密特认为，说不上哪种领导方式是正确的，哪种领导方式是错误的，应当根据具体情况考虑各种因素，选择适当的领导方式。在这个意义上，领导行为连续统一体也是一种情境理论。

领导行为连续统一体的概念认为，适宜的领导方式取决于环境和个性。在这一连续的统一体中可能影响领导方式的最重要的因素如下。

（1）对领导者的个性起作用的一些因素，如他们的价值观体系、对下属的信任程度、对某些领导方式的偏好等。

（2）下属所具有的可能影响领导者行为的因素，如责任心、经验和知识等。

（3）环境因素，如组织的价值准则和传统、问题的性质、时间的压力等。

（三）领导行为四分图理论

美国俄亥俄州立大学教授斯多基尔、弗莱西曼和他们的同事，在对领导效能进行大量研究的基础上，提出了领导行为四分图理论，如图6-2所示。根据这样的分类，领导者可以分为4种类型，即高结构—高关怀、低结构—高关怀、高结构—低关怀和低结构—低关怀。"创立结构"是指把重点放在完成组织绩效的领导行为，如任务规定明确，组织分明，职责清晰，并使用职权去监督和促使绩效目标的实现，这是一种重视任务的领导行为。"关怀体谅"是指信任尊重下级员工，关爱员工，关怀员工的个人福利与需要，上下级沟通对话并鼓励下级参与决策的制订，这是重视下级员工及人际关系的领导行为。

研究者逐渐形成一种称为"双高假说"的认识，认为最好的、最有效的领导方式就是

图 6 - 2　领导行为四分图

兼顾关怀与结构、关系和任务两方面，图 6 - 3 直观地显示了这一假说。图中的反馈回路表明关怀与结构这些领导行为与领导过程的结果间的影响是相互的、双向的。

图 6 - 3　关怀、结构与成功领导的关系

（四）管理方格理论

管理方格理论是由美国管理学家罗伯特·布莱克和简·穆顿于 1964 年提出的，他们认为领导主要通过处理人与工作的关系来体现。他们从对人的关心和对工作的关心两个方面去研究领导风格，通过 "99" 方格图加以表述，从而创立管理方格理论。管理方格图如图 6 - 4 所示。横坐标表示管理者对工作的关心程度，纵坐标表示管理者对人的关心程度；纵横两个方向又分 9 格表示不同的关心程度，纵横 9 格交叉构成 81 个方格，每个格都代表领导对人和对工作的关心的不同组合。下列 5 种为典型风格。

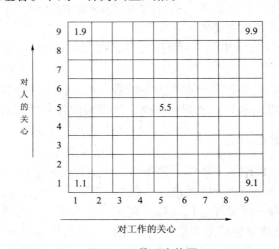

图 6 - 4　管理方格图

（1）贫乏型（1.1）。领导者对人与工作皆不关心，放任自流，既对工作完成不利，又不能处理好与下属的关系。这是一种放任型的管理方式，不可取。

（2）专制型（9.1）。领导者只注重工作与效率，不关心下属的个人因素，不利于调动下属的积极性，进而影响工作效率。

（3）俱乐部型（1.9）。领导只关心下属，而不关心工作本身，尽管营造出宽松的环境及和谐的人际关系，但很少协调下属为完成工作而努力。

（4）团队型（9.9）。领导者高度关心工作，同时也高度关心人。领导者通过调动每个员工的工作积极性，团结他们自觉自愿地为实现组织目标而团结协作，在完成工作任务的同时也实现其自身价值。

（5）中间型（5.5）。领导者对工作和人都是一般程度的关心，在完成工作任务和维持一定的团队士气中寻求平衡。

管理方格理论在应用时要注意：既要关心人，也要关心工作，忽视任何一方都会影响组织目标的有效实现；要根据不同环境和条件而对两个"关心"有所侧重。团队型（9.9）是领导者追求的目标，中间型（5.5）是合格领导的基本要求。大多数领导者所持的都是处于中间状态的各种混合型领导方式。

（五）领导风格的影响因素及其对下属行为的影响

1. 影响领导风格的因素

（1）领导者个性特征。如价值取向、性格特征、行为习惯、兴趣爱好和对下属的信任程度。

（2）下属的个性特征。如下属的追随度、知识、经验、技能、责任感、进取精神、与领导的性格形似性等。

（3）组织环境。如领导权力的稳固程度、规章制度的完善与执行情况、企业文化、工作性质和工作环境等。

2. 领导风格对下属行为的影响

专制风格的领导可能使组织目标最终完成，但员工的工作态度是消极被动甚至是抵触的，消极怠工、跳槽、纠纷会不断出现，干群关系、劳资关系会被激化升级。

民主风格的领导会使下属以主人翁的意识去参与管理，以积极的态度努力完成工作，下属的主观能动性得到极大地发挥，下属在物质和精神上都得到极大地满足。员工队伍稳定，干劲十足，干群关系和劳资关系和谐稳定，表现出团队精神，是效率最高、效果最好的一种模式。

放任风格领导下的管理效率低下，工作松散无序，失于控制，犹如一盘散沙，没有凝聚力和向心力。

三、领导权变理论

领导权变理论又称领导情景理论。领导权变理论关注的是领导者和被领导者的行为及环境的相互影响。该理论认为，一种具体的领导方式不会到处都适用，有效的领导行为应随着被领导者的特点和环境的变化而变化。这种关系可以用以下公式来表示。

$$E = f(L, F, S)$$

式中：E——领导的有效性；

L——领导者；

F——被领导者；

S——环境；

f——函数关系。

下面介绍两种有代表性的领导权变理论。

（一）菲德勒的权变理论

美国管理学家弗雷德·菲德勒（F. E. Fiedler）在大量研究的基础上提出了有效领导的权变理论。他认为，任何形态的领导方式都可能有效，其有效性完全取决于领导方式与环境是否适应。决定领导方式有效性的环境因素主要有3个方面。

（1）职位权力。是指领导者所处的职位能提供的权力和权威在多大程度上能使组织成员遵从他的指挥。一个具有明确的并且相当高的职位权力的领导者比缺乏这种权力的领导者更容易得到他人的追随。

（2）任务结构。即对工作任务明确规定的程度。任务清楚，工作的质量就比较容易控制，也更容易为组织成员规定明确的工作职责。

（3）上下级关系。是指领导者受到下级爱戴、尊敬和信任以及下级情愿追随领导者的程度。

菲德勒研究了两种领导风格，即关系导向和任务导向。他以一种被称为"你最不喜欢的同事"（Least Preferred Co-worker，LPC）的问卷来反映和测试领导者的领导风格。一个领导者如果对其最不喜欢的同事仍能给予好的评价，领导者LPC值较高即被认为对人宽容、体谅、提倡人与人之间关系友好，是关心人（关系导向）的领导。如果对其最不喜欢的同事评价很低，领导者LPC值较低，则被认为是惯于命令和控制，不是关心人而更多的是关心任务（任务导向）的领导。

菲德勒将3种情境因素组合成8种情况。3种条件都具备或基本具备，是有利的领导情境（情境Ⅰ，Ⅱ，Ⅲ）；3种条件都不具备，是不利的领导情境（情境Ⅷ）。在有利和不利两种情况下，采用"任务导向型"的领导方式，效果较好；对处于中间状态的情境（情境Ⅳ，Ⅴ），采用"关系导向型"的领导方式，效果较好。如图6-5所示。

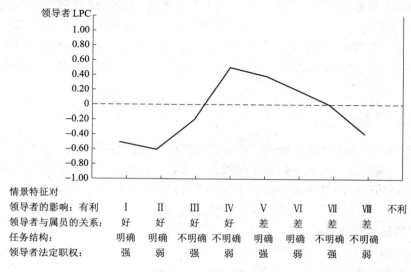

图 6 - 5　菲德勒模型

（二）领导的生命周期理论

生命周期理论是由俄亥俄州立大学的卡曼（A. K. Korman）于 1966 年提出的。他在分析俄亥俄州立大学领导行为四分图的基础上，加入了被领导者的成熟程度的因素，他指出，有效的领导行为应该把工作行为、关系行为和被领导者的成熟程度结合起来考虑。所谓被领导者的成熟程度，是指被领导者的成就动机、负责任的意愿和能力以及与工作相关的受教育水平和经验等。

工作行为、关系行为与被领导者的成熟程度之间是一种曲线关系。随着职工由不成熟走向成熟，领导行为也应按照下列顺序逐渐推移：高任务、低关系—高任务、高关系—高关系、低任务—低任务、低关系，如图 6-6 所示。

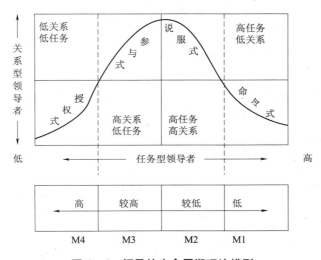

图 6-6　领导的生命周期理论模型

图 6-6 中横轴的上半部分表示以抓工作为主的工作行为，下半部分表示被领导者的成熟度，纵轴表示以关心人为主的关系行为。相应的领导方式取决于下属的成熟程度。基本的领导方式有四种，每个象限代表一种领导方式。

第一象限是命令式，即高任务、低关系。适用于被领导者低成熟度的情况。下属既不愿意也不能够负担工作责任。领导者以单向沟通的方式，明确地给下属规定工作任务和工作规程。

第二象限是说服式，即高任务、高关系。适用于被领导者较不成熟的情况。下属愿意担负工作责任，但由于缺乏工作技巧而不能胜任。领导者应以双向沟通的方式，通过感情交流使下属在心理上受到感染而支持领导者的工作。这时，大多数工作仍是领导者决定的，下属的工作仍需领导者给予指导、鼓励和支持。

第三象限是参与式，即高关系、低任务。适用于被领导者较成熟的情况。下属能够胜任工作，但却不愿领导有过多的指示和约束。领导者应该通过双向沟通与下属交流信息、讨论问题，悉心倾听下属的主张，让他们在相应的职责范围内自行处理问题，以充分发挥他们的能力。

第四象限是授权式，即低关系、低任务。适用于被领导者高成熟度的情况。下属具有较高的自信心、能力和愿望来承担责任。领导者给下属以自行处理问题的权力，让下属"自行其是"，自己只起监督作用。

成熟与不成熟，就一件工作而言，因人而异；就一个人而言，因工作而异。领导者应根据下属的成熟程度选择适当的领导方式，又应积极创造条件，使下属在尽可能短的时间内获得较高的成熟度。

管理定律

乔布斯法则

提出者：美国苹果电脑公司老板史蒂夫·乔布斯。

乔布斯说，他花了半辈子时间才充分意识到人才的价值。他在一次讲话中说："我过去常常认为一位出色的人才能顶两名平庸的员工，现在我认为能顶50名。"由于苹果公司需要有创意的人才，所以乔布斯说，他大约把四分之一的时间用于招募人才。高级管理人员往往能更有效地向人才介绍本公司的远景目标。而对于新成立的富有活力的公司来说，其创建者通常在挑选职员时十分仔细，老板亲临招聘现场，则可使求职者以最快速度了解与适应公司的文化氛围和环境。

点评：宁要一个诸葛亮，不要三个臭皮匠。

思考与讨论

1. 简述权力性影响力的构成。
2. 非权力性影响力主要包括哪些因素？
3. 简述管理方格理论的内容。
4. 简述如何描述领导生命周期理论？
5. 如何提高领导影响力？
6. 经济人假设、社会人假设、复杂人假设、自我实现人假设的观点是什么？
7. 简述西方管理界对人性看法的发展历程。

管理游戏

课堂讨论与游戏

[活动目的] 在当今社会工作和生活中，每个人都可能遇到各种问题，各种困境。在解决问题时，每个人的方法各不相同，每个人的情商和智商也得到不同的体现。

[操作步骤] 先给大家讲一个情景剧故事。

春节前夕，大正百货大楼内的顾客来来往往，好不热闹。为了迎接春节的到来，商场进了一批新鞋。这时，有位年轻的顾客来到商场。

顾客：今天我休息，听说商场最近进了一批新鞋，要过节了，看看有什么新样式，来给自己选双新鞋。

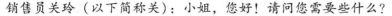

销售员关玲（以下简称关）：小姐，您好！请问您需要些什么？

顾客：把这双鞋拿给我看看。

关：好的。这双鞋是澳洲纯牛皮的，采用先进的一流工艺，流水作业，精工而成。小姐，您穿上一定会很漂亮的！

顾客：嗯！不错，很适合我，多少钱？

关：因为春节要到了，我们8折优惠，原价158元，现价126元。

顾客：价钱还可以，穿上去也挺舒服的，那就买一双吧！

关：好的。但是——（略带迟疑之色）小姐，是这样的，由于进货部门的一些疏忽，虽然这双鞋质量绝对没有问题，但在阳光的照射下，略微可以看出皮子上有一小块瑕疵，您看是不是再考虑一下？

顾客：这样呀！（面露犹豫之色）那我就仔细看看！

关：并不是很影响美观的！我想这双鞋过了春节后也许会打折，您看是不是到时再过来看看呢？

顾客：嗯，那好！我再来吧！小姐，谢谢你！（她庆幸地走了）。

销售员孙：（从另一个柜台走过来）小关，你做得不对呀！

关：我哪里做得不对了？

孙：到手的钱，你就这样放过了，你说你错在哪儿了？

关：可是商场讲的是信誉呀！那样做不好吗？

孙：鞋是她看上的，挑过了，关我们什么事？

关：如果顾客回家后发现问题岂不是不好？

孙：你怎么死心眼儿呀！如果都像你这样，咱们的鞋卖给谁呀？

关：孙师傅，您不是常教育我们这些新员工要为顾客着想，替商场着想吗？在顾客的利益上，尽量想顾客之所想吗？

孙：我都卖了30多年的鞋了，还用你教育我（满脸的怒气）！

关：难道我卖给顾客有问题的鞋就对了吗？

孙：你还不服是不是？！

关：我哪里有不服，只是就事论事而已！

孙：你做错了事还不承认！

关：你这人怎么这样，强词夺理呀？倚老卖老！

二人言语不和，就这样争吵起来！后来二人到了经理室，经理给予了处理。

［相关讨论］

（1）如果你是经理，你会怎样处理？

（2）销售员关玲错了吗？

（3）这个故事给你的启发是什么？

［分析］

如果我是公司的营销经理，我认为关玲的做法是正确的。

首先，全心全意为消费者服务是社会主义商业特征的体现，应把服务放在首位，在此基础上获得赢利。

其次，为了增加自己的营业收入而让顾客吃亏是损人利己的行为，特别是明知道顾客购买商品后必然会吃亏而不去告诉顾客真相,这本身就是欺骗行为,有悖于商业职业道德。

再次,"顾客至上,信誉第一"是商场提出的经营宗旨,关玲也正是按照商场提出的要求去做的。

最后,关玲的做法非但不会给企业带来损失,而且还有利于企业经营。从表面上看,这笔买卖没有成交似乎失去一笔收入,但从长远来看,这种处处为顾客着想把顾客利益放在首位的做法无疑会赢得顾客的好感。特别是在市场竞争日益激烈的今天,企业间的竞争更多是争取顾客。当顾客认识到他可以在企业放心购买到称心如意的商品,享受到更多的满意和便利时便会义无反顾地充当企业的宣传者,为企业招徕大批的忠实的顾客,因此,从长远来看,要想使销售不断增加,首先应把为顾客服务放在首位,只有得到顾客的信任,销售才会不断扩大,企业才会得到长远的发展。

(资料来源:www.sdpc.edu.cn/jpkc/xdglx/ . . . /2.htm,2007-10-23)

综合分析

<h2 style="text-align:center">这则广告该不该登</h2>

某橡胶厂曾在市日报上刊出一条消息:由于材料问题,近来厂里生产的一些不合格 PC 老人健身鞋流入市场,工厂除向消费者道歉外,负责退货。

刊登广告的背景:一位顾客拿了一双刚买的 PC 老人鞋来到橡胶厂,反映质量问题。经对产品认真检查,发现该鞋的鞋面尼龙绸松散开来,确实属不合格产品。接着又发生了几次类似的事件。厂里经过调查,发现造成不合格产品的原因是用了部分某地产的不合格质量的尼龙材料鞋面。对此,厂领导决定把已发给商业部门的 319 箱产品拉回,同仓库里的存货共 4 863 双鞋全部封存。对已经售出的部分产品,通过广告公开道歉,并一律由厂家负责退换。于是,出现了上面那则广告。由于这一事件该厂直接损失二十余万元,但是收到了大批的称赞他们对消费者负责,对产品负责的表扬信。对这一事件,厂里的员工有两种意见,一种意见认为是小题大做,次品鞋卖出的不多,有来找的处理一下就算了,没有必要大肆渲染,这有损企业名声,直接的损失也不小;另一种意见认为这样做是非常必要的,这一方面体现了工厂对消费者认真负责的诚意,同时也会大大增强全厂职工的质量意识。他们之间的争论持续了半年之久。

(资料来源:http://www.doc88.com/p-716757298261.html)

问题:

(1) 该厂的广告是"小题大做"吗?你对此持怎样的意见?

(2) 假如你是厂长,你会如何处理这一问题?依据是什么?

参考答案:

(1) 我认为该厂做的这则广告是非常必要的,体现了质量第一,一切为顾客的原则,质量是企业生存之本。另外这也是一次有效的公关宣传,扩大了该厂的知名度,提高了企业的信誉度。当今社会,良好的质量、良好的信誉、良好的企业形象对企业的发展非常重要。现在是买方市场,消费者选择产品的同时也是在选择企业。这则广告的刊登,不能用经济损失来衡量,要看长远的利益。作为一个企业,所追求的应该是长远的利益,而不是短期利益。企业必须始终坚持质量第一的思想。

（2）如果我是厂长，也会刊登这则广告。依据：质量是企业生存的基础，是衡量一个企业的品牌形象的重要因素之一。一个企业一定要狠抓质量关，如果产品没有好的质量，最终会走向灭亡。另外，刊登的这则广告可以说是进行了一次花钱不多的良好的公共宣传。如果采取"有来找的就个别处理一下"这种建议，虽说可使企业避免二十几万元的损失，但是会在某些顾客心目中留下"质量差"的印象，也放弃了一次提高企业知名度、美誉度的机会。

第七章

激　　励

 学习目标

1. 认识激励的基本概念；
2. 了解激励的原则；
3. 掌握马斯洛的需要层次理论；
4. 了解赫兹伯格的双因素理论；
5. 掌握亚当斯的公平理论；
6. 理解弗鲁姆的期望理论；
7. 掌握挫折的自我防卫方式。

管理故事

　　法国工程师林格曼曾经设计了一个引人深思的拉绳试验：把被试验者分成一人组、二人组、三人组和八人组，要求各组用尽全力拉绳，同时用灵敏度很高的测力器分别测量其拉力。结果，二人组的拉力只是单独拉绳时二人拉力总和的95%，三人组的拉力只是单独拉绳时三人拉力总和的85%，而八人组的拉力则降到单独拉绳时八人拉力总和的49%。这个结果对于如何挖掘人的潜力，搞好人力资源管理，很有研究价值。

　　启迪："拉绳试验"中出现"1＋1＜2"的情况，明摆着是有人没有竭尽全力。这说明人有与生俱来的惰性，单枪匹马地独立操作，就竭尽全力；到了一个集体，则把责任悄然分解到其他人身上。社会心理学研究认为，这是集体工作时存在的一个普遍特征，并概括为"社会浪费"。

　　人的潜力极限需要刺激，而最长效、最管用的刺激手段，莫过于建立人尽其才、人尽其力的激励机制。责任越具体，人的潜力发挥得越充分，要滑头的人越少，用真劲的人发展的空间越大。这样，既能在人力资源管理上挖潜节能，又可让"南郭先生"无法滥竽充数混日子，最大限度地减少"社会浪费"。

（资料来源：中国人事报，2006－08－02）

第一节　激励概述

　　企业管理的本质是对人的管理。因为，企业是人的集合体，企业的生产经营活动是靠人来进行的，企业经营的各种要素只有在员工的参与下才能发挥作用，员工是企业的第一生产力，企业管理的首要问题就是对员工的管理。而对员工的管理的实质又是什么呢？很简单，就是如何让员工始终保持旺盛的士气、高昂的热情，为企业目标而努力。这就是激励问题。一个有效的管理者，必须掌握激励理论、技巧，对员工进行激励，才能实现组织的目标。

一、激励的含义

　　激励是心理学上的一个术语，是指心理上的驱动力，含有激发动机，鼓励行为，形成动力的意思，即通过某种内部和外部刺激，促使人奋发向上努力去实现目标。

　　人们加入一个组织或者群体，都是为了达到他们单干所不能达到的目标。然而，进入组织的人们不一定会努力工作，贡献出他们潜在的能力。他们为组织服务的愿意程度是有高低的，有的强烈，有的中等，有的一般，也有的是消极的。如何使组织中的各类成员，为实现组织的目标热情高涨地工作，尽可能有效地贡献出他们的智慧和才能，这就是管理者要研究的激励问题。

　　虽然激励这一词汇在组织管理过程中被广泛运用，但要对它下一个确切的定义却有相当的难度。"激励"从字面上看是激发和鼓励的意思，在管理工作中，可把"激励"定义为调动人们的积极性的过程。如果讲得再全面一点，可以解释为：为了特定目的而去影响人们的内在需要或动机，从而强化、引导或改变人们行为的反复过程。

　　管理学家从不同的角度来研究激励这个概念，概括地讲，激励就是激发人的动机，诱发人的行为。激励是一种力量，激励是一个过程。激励给人以行动的动力，使人的行为指向特定的目标。在管理过程中，对人的行为的激励，就是通过对心理因素的研究要采取各种手段，制造各种诱因，诱发人们贡献他们的时间、精力和智力。激励就是与保持和改变人的行为的方向、质量和强度有关的一种力量，激励的目标是使组织中的成员充分发挥出他们潜在的能力。从这个角度来说，激励是一种力量，是一种使人们充分发挥其潜能的力量。激励是决定行为如何开始，如何被注入能量，如何得以维持，如何被导向确定的目标等行为发生的整个过程的重要因素。激励与以下几个内容有关。

　　（1）激励的目的性。任何激励行为都具有目的性，这个目的可能是一个结果，也可能是一个过程，但必须是一个现实的、明确的目的。所以，从这个意义上讲，虽然一般来说激励是管理者的工作，但任何希望达到某个目的的人都可以将激励作为手段。

　　（2）激励通过人们的需要或动机来强化、引导或改变人们的行为。人们的行为来自动机，而动机源于需要，激励活动正是对人的需要或动机施加影响，从而强化、引导或改变人的行为。因此，从本质上说，激励所产生的人们的行为是其主动的、自觉的行为，而不是被动的、强迫的行为。

　　（3）激励是一个持续反复的过程。从将要讨论的内容可以看到，激励是一个由多种复杂的内在、外在因素交织起来的持续作用和影响的复杂过程，而不是一个互动式的即时过程。

　　虽然从定义上看，激励的目的是强化、引导或改变人们的某种行为，然而事实上成功的激励达到的往往是一种精神力量或状态，而这种力量或状态恰恰可以起到加强、激发和推动人们积极性的作用，并且引导行为指向目标；相反，如果激励不能改变人们的内心状态而只得到机械、单调而且是被动的行为时，那恰恰是激励的失败。因此，激励是对人的一种刺激，使人有一股内在的动力，朝着所期望的目标前进的心理活动和行为过程。

二、激励的过程

　　激励是"需要—欲望—满足"的连锁过程。

　　心理学揭示的规律显示：动机欲望支配着人们的行为，而动机又产生于人的需要。需要是人的一种主观体验，是对客观要求的必然反映。人在社会生活实践中形成的对某种目标的渴求和欲望，构成了人的需要的内容并成为人行为活动积极性的源泉。人的行为受需要的支配和驱使，需要一旦被意识到，它就以行为动机的形式表现出来，驱使人的行为朝一定的方向努力，以达到自身的满足。需要越强烈，由它引起的行为也就越有力，越迅速。

　　从感觉需要出发，在人的心理上引起不平衡状态，产生不安和紧张，导致欲望动机，有了动机就要选择和寻找目标，激起实现目标的行动。当需要得到满足，行为结束。心理紧张消除后，人们又会产生新的需要，形成新的欲望，引起新的行为。这样周而复始，循环往复。激励就是利用人的需要、欲望和行为之间的关系，激发人的欲望，满足人的需要，挖掘人的内在潜力，促使人的行为向组织目标努力。这个连锁反应的过程如图 7-1 所示。

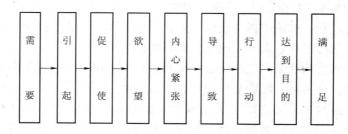

图 7-1　需要—欲望—满足的连锁过程

　　由此可见，激励就是通过创造外部条件来满足人的需要的过程。

三、激励的原则

（一）物质激励与精神激励相结合的原则

　　人既有物质需要，也有精神需要。相应地，激励方式上就应该坚持物质激励与精神激励相结合。因为物质需要是人类最基本的需要，也是最低层次的需要，所以，物质激励是一种基本的激励形式，但其激励作用也是有限的。随着生产力水平和人的素质的提高，人们的精神需求增强，激励的形式就应该更加强调精神激励。换句话说，物质激励是基础，精神激励是根本，应在两者结合的基础上，逐步过渡到以精神激励为主。在这个问题上，应该避免走极端，迷信物质激励则容易导致拜金主义，迷信精神激励又容易导致唯意志论或精神万能论，事实证明，这两种做法都是片面的、有害的。

（二）外激励与内激励相结合的原则

人的行为既受到内因的驱动，又受到外因的影响；内因的作用是根本的，外因必须通过内因而起作用。这就要求领导者要善于将外激励和内激励相结合，并且以内激励为主；要着眼于激发员工的高层次需要和深层次动机，使其内心深处焕发出工作的热情和动力。这种工作动力比外激励所引发的动力要深刻和持久得多。

（三）正激励与负激励相结合的原则

正激励和负激励各自针对不同的行为，而这两种行为在组织中都是常见的，所以，正激励和负激励都是必要而有效的。它们不仅作用于当事人，而且还间接地影响其周围的人。只有将二者结合运用，才能树立正面的榜样和反面的典型，扶正祛邪，形成一种好的风气，产生无形的压力，使整个群体或组织的行为更积极、更有生气。但鉴于负激励有一定的消极作用，容易产生挫折心理和挫折行为，应该慎用。领导者在坚持正激励与负激励相结合的同时，应坚持以正激励为主。

（四）目标结合原则

在激励机制中，设置目标是一个关键环节。首先，目标设置必须体现组织目标的要求，否则激励就会偏离正确的方向；其次，目标设置也必须能够满足员工个人的需要，否则无法达到满意的激励强度。只有将组织目标与个人目标结合好，使组织目标包含较多的个人目标，使个人目标的实现离不开为实现组织目标所作的努力，才能收到良好的激励效果。

（五）按需激励原则

激励的起点是满足员工的需要，但员工的需要存在着个体差异性和动态性，因人而异，因时而异，并且只有满足最迫切需要（即主导需要）的措施，其激励强度才大。因此，领导者在进行激励时，必须进行深入的调查研究，不断了解员工需要层次和需要结构的变化趋势，然后采取有针对性的激励措施，这样才能收到实效。

（六）民主公正原则

公正是激励的一个基本原则。如果奖罚不公，不仅收不到预期的效果，反而会适得其反，造成许多消极后果。公正就是赏罚严明并且赏罚适度。赏罚严明就是要铁面无私、不论亲疏、不分远近、一视同仁。正如韩非子所说："诚有功，则虽疏贱必赏；诚有过，则虽近爱必诛。"赏罚适度就是要从实际出发，赏与功相匹配，罚与罪相对应，既不能小功重奖，也不能大过轻罚。正如古人所说："赏轻则民不劝，罚轻则民亡惧，赏重则民侥幸，罚重则民不聊生。"

公正的一个主要体现就是在物质激励上要贯彻按劳分配原则，使员工多劳多得、少劳少得。只有这样，才能破除平均主义的传统观念，激励员工勤奋劳动、积极竞争，在为组织作出贡献的同时获得更多的个人利益，也只有这样，物质激励手段才能真正起到其应有的作用。

民主是公正的保证，也是激励的基本要求。在制定激励制度、奖惩方案的过程中吸收职工参与和监督，可以有力地防止不正之风，最大限度地确保公正。

四、正确运用激励原则

正确运用激励原则，可以提高激励的效果，达到人力资源管理中预先设定的目标。激励原则的运用应注意以下因素。

（一）准确地把握激励时机

从某种角度来看，激励原则如同化学实验中的催化剂，要根据具体情况决定采用时间。人力资源管理实际中，并不存在一种绝对有效的、时时适宜的激励时机，激励时机的选择是随机制宜的。从事人力资源管理工作，应根据具体客观条件，灵活地选择激励的时机或采用综合激励的形式，以有效地发挥激励的作用。激励原则在不同时间进行，其作用与效果有很大区别。根据时间上的快慢差异，激励时机可分为及时激励和延时激励；根据时间间隔，激励时机可分为规则激励与不规则激励；根据工作周期，激励时机可分为期前激励、期中激励和期末激励。

（二）相应地采取激励频率

激励频率是指在一定时间进行激励的次数，它一般以一个工作学习周期为时间单位。激励频率与激励效果之间并不是简单的正比关系，在某些特殊条件下，二者可能成反比关系。因此，只有区分不同情况，采取相应的激励频率，才能有效发挥激励的作用。激励频率选择受到多种客观因素的制约，包括工作的内容和性质、任务目标的明确程度、激励物件的自身素质、工作学习状况及人际关系等。一般来说，如果工作学习性质比较复杂，任务比较繁重，激励频率应相应提高；反之，则相反。对于目标任务比较明确，短期见效的工作，激励频率应当高；反之，则相反。在具体的人力资源管理中，应具体情况具体分析，采取恰当的激励频率。

（三）恰当地运用激励程度

激励程度是激励机制的重要因素之一，与激励效果有极为密切的联系。所谓激励程度，是指激励量的大小，即奖赏或惩罚标准的高低。能否恰当地掌握激励程度，直接影响激励作用的发挥，过量激励和不足量激励不但起不到激励的真正作用，有时甚至会起反作用，造成对工作积极性的挫伤。在人力资源管理过程中，如果设定的激励程度偏低，就会使被激励者产生不满足感、失落感，从而丧失继续前进的动力；如果设定的激励程度偏高，就会使被激励者产生过分满足感，感到轻而易举，也会丧失上升的动力。所以要求人力资源管理者从量上把握，激励要做到恰如其分，激励程度要适中，超过了一定的限度或不到一定程度，激励的作用就不能得到充分发挥。

（四）正确地确定激励方向

所谓激励方向，是指激励的针对性，即针对什么样的内容来实施激励。它对激励的效果具有显著的影响作用。根据美国心理学家马斯洛的需要层次理论，人的行为动机起源于5种需要，即生理需要、安全需要、社会需要、尊重需要和自我实现的需要。而人的需要并不是一成不变的，它是一个由低到高的发展过程，但这一过程并不是一种间断的阶梯式的跳跃，而是一种连续的、波浪式的演进。不同的需要通常是同时并存的，但在不同的时期，各种需要的刺激作用是不同的，总存在一种起最大刺激作用的优势需要。一般来说，当较低层次的需要相对满足后，较高层次的优势需要才会出现。这一理论表明，激励方向选择与激励作用的发挥有着非常密切的关系，当某一层次的优势需要基本得到满足时，激励的作用就难以继续保持，只有把激励方向转移到满足更高层次的优势需要，才能更有效地达到激励的目的。需要指出的是，激励方向选择是以优势需要的发现为其前提条件的。因此，管理者在管理实践中要努力发现不同阶段的优势需要，正确区分个体优势需要与群体优势需要，以提高激励的效果。

五、精神激励的方法

精神激励是十分重要的激励手段。国内外的先进企业在实践中创造了许多行之有效的精神激励的具体方法。

（一）目标激励

企业目标是一面号召和指引千军万马的旗帜，是企业凝聚力的核心。它体现了员工工作的意义，预示着企业光明的未来，能够在理想和信念的层次上激励全体职工。企业目标与职工的个人目标应该是一致的，这种一致性，是目标激励发挥作用的保证、效果。从这个意义上说，激励也就是对需求与动机的诱导。

（二）荣誉激励

荣誉是众人或组织对个人或群体的崇高评价，是满足人们自尊需要，激发人们奋力进取的重要手段。中国自古以来就有重视名节、珍视荣誉的传统，这种激励方法就尤其重要而有效。荣誉激励的对象既包括个人，也包括集体，在实际中应灵活运用。有时，给予集体荣誉比突出个人，能够起到更有效的激励作用。

（三）形象激励

一个人通过视觉感受到的信息，占全部信息量的80%，因此，应该充分利用视觉形象的作用，通过光荣榜、图片展览、电视等媒介和途径表彰先进人物、宣传先进事迹，从而激发员工的光荣感、成就感、自豪感。

（四）榜样激励

模仿和学习是人们的一种普遍需要，其实质是完善自我的需要，对于青年人，这种需要尤为强烈。榜样激励就是通过树立英雄模范人物来满足员工的模仿和学习需要，把员工的行为引导到组织目标所期望的方向。在这方面，领导者本人的身先士卒、率先垂范是最重要的榜样激励形式。

（五）感情激励

人是有思想、有感情的，感情因素对人的工作积极性有重大影响。感情激励就是加强与员工的感情沟通，尊重员工、关心员工，与员工之间建立平等和亲切的感情，让员工体会到领导的关心、企业的温暖，从而激发出主人翁责任感和爱厂如家的精神。感情激励不同于西方企业常用的"感情投资"，二者有本质的不同：前者是出于对员工的真诚关心；后者是资方对员工施展的手腕，是虚伪的感情游戏，其目的在于"获利"。二者的效果也不同：前者可使管理者与员工之间建立真诚的友谊，进而实现上下同欲；后者充其量是维持表面的和谐，一旦员工发现其虚伪性，便会产生强烈的逆反心理，甚至会产生难以挽回的严重后果。

感情激励的技巧在于"真诚"，常见的具体形式有"三必访"（一是员工住院，领导必访，以看望慰问；二是员工家庭发生矛盾、关系紧张，领导必访，以协调化解；三是员工因意外事故、自然灾害等不可抗力造成家庭特别困难，领导必访）或"五必访"制度、生日祝贺礼仪、为员工办实事、排忧解难等。

（六）内在激励

所谓内在激励，是指增加工作的创造性、挑战性，使工作内容丰富多彩、引人入胜，从而让员工从工作中获得无穷的乐趣、感受到生活的意义，并获得自尊，实现自我价值。就是说，内在激励是靠工作本身激励职工。其具体形式包括实行人与工作的双向选择、工作轮换、设立工人技术职称、进行"工作设计"以使工作内容丰富化和扩大化等。

（七）兴趣激励

兴趣是人的爱好，也常常是人的长处。它往往与求知、求美和自我实现等心理活动相关联，对人的工作态度、钻研程度、创造精神影响很大。在管理中重视兴趣因素会取得很好的激励效果。除了进行工作分配时要考虑员工的兴趣外，组织各种兴趣小组、针对员工的兴趣开展业余文化活动等也都是行之有效的兴趣激励的形式。

（八）参与激励

在我国，员工是企业的主人。领导者应把员工摆在主人的位置上，尊重员工、信任员工，让员工在不同层次、不同深度上参与企业的决策，吸收员工中的正确意见，全心全意地依靠员工办好企业。这在管理学中就叫"参与激励"。通过参与，员工对企业就会形成归属感、认同感。实际中常见的参与激励的形式包括班组民主管理、"诸葛亮会"、合理化建议活动等。

精彩阅读

安利公司渠道成员的激励

安利是一家生产家庭日用品的跨国公司，1998年美国《福布斯》杂志全美500家私人企业排行榜上，安利名列第41位。安利的营销模式是直销，它有遍布世界各地的营业代表，这些营业代表本身并不属于安利公司，只是帮助安利做产品的宣传与销售。如何激励这些企业体系之外的成员，安利做了大量的工作。

1. 首先明确双方的关系

企业与体系外的营业代表之间的关系是"你搭台，我唱戏"，企业是帮助营业代表实现自身价值的一个载体。企业通过不断健全与完善该载体给营业代表以无限的发展空间。他们是一对在利益上不能分割的共同体，目标是获得双赢，所以二者必须相互忠诚。

2. 把好进入关

要想让营业代表选择"本剧场"，而不会"到别的剧场去唱戏"，首先必须要让营业代表认可本企业及产品，要让营业代表相信本企业及产品是实现其自身价值的最好选择。

3. 帮助各级营业代表成长是企业与上级营业代表成功的关键

正是由于这种利益的共同体，在安利的营销渠道内形成了紧密团结的团队，而非恶性竞争者。为了达到共同进步，在企业与营业代表之间、营业代表内部成员之间都采取了多种手段以提升营业代表的营销能力。只有基层的营业代表的营销能力增强了，上级营业代表的团队整体业绩才可能提升，双方才可能共同获利。

4. 加强沟通，强调情感

安利对用户强调关爱，对于渠道成员同样传递关爱。强调企业与成员之间、上下级成员之间不仅仅是简单的产品销售，而是强调"销售的实现只是友谊的开始"。为了实现整个团队的目标，团队成员之间必须经常沟通，互相帮助，提倡"助人者自助"的营销理念，推崇人品的完善。

5. 奖励的多样性

安利对营业代表的奖励种类相当丰富，既注意物质奖励，也不忽视精神奖励；既注意短期利益的实现，也考虑到长期利益的实现，较好地满足了成员的各种需求。

（资料来源：wenku. baidu. com/view/e44d6fd6b9f3f90，2011 - 10 - 16）

第二节　激励理论的内容

一、马斯洛的需要层次理论

1943 年，美国心理学家马斯洛提出了需要层次理论。这一理论流传甚广，目前已经成为世界各国普遍熟悉的理论。马斯洛认为，人的需要是有层次的，按照它们的重要程度和发生顺序，呈梯形状态由低级需要向高级需要发展。人的需要主要包括生理需要、安全需要、社会需要、尊重需要和自我实现的需要。需要总是由低到高，逐步上升的，每当低一级的需要获得满足以后，接着高一级的需要就要求满足。由于个人的动机结构的发展情况不同，这5 种需要在个体内所形成的优势动机也不相同。当然，这并不是说当需要发展到高层次之后，低层次的需要就消失了；恰恰相反，低层次的需要仍将继续存在，有时甚至还是十分强烈的。为此，马斯洛曾经指出，要了解员工的态度和情绪，就必须了解他们的基本需要。

（一）需要层次的基本结构

马斯洛的需要层次理论的 5 个需要层次，具体如下。

1. 生理需要

生理需要是人最原始、最基本的需要，包括衣、食、住、行和性等方面的生理要求，是人类赖以生存和繁衍的基本需要，这类需要如果不能满足，人类就不能生存。从这个意义上说，它是推动人的行为活动的最强大的动力。

2. 安全需要

当一个人的生理需要获得满足以后，就希望满足安全需要。例如，人们要求摆脱失业的威胁，解除对年老、生病、职业危害、意外事故等的担心，以及希望摆脱严酷的监督和避免不公正的待遇等。

3. 社会需要

社会需要主要包括社交的需要、归属的需要以及对友谊、情感和爱的需要。社会需要也叫联系动机，是说一个人在生理需要和安全需要基本满足之后，社会需要便开始成为强烈的动机。人一般都有社会交往的欲望，希望得到别人的理解和支持，希望同伴之间、同事之间关系融洽，保持友谊与忠诚，希望得到信任和爱情等。另外，人在归属感的支配下，希望自己隶属于某个集团或群体，希望自己成为其中的一员并得到关心和照顾，从而使自己不至于感到孤独。社会需要是一种比生理需要、安全需要更细致、更难以捉摸的需要，它与一个人的性格、经历、受教育程度、所属国家和民族以及宗教信仰等都有一定的关系。

4. 尊重需要

尊重需要，即自尊和受人尊重的需要。例如，人们总是对个人的名誉、地位、人格、成就和利益抱有一定的欲望，并希望得到社会的承认和尊重。这类需要主要可以分为两个方面：一是内部需要，即个体在各种不同的情境下，总是希望自己有实力、能独立自主，对自己的知识、能力和成就充满自豪和自信；二是外部需要，即一个人希望自己有权力、地位和威望，希望别人和社会看得起，能够受到别人的尊重、信赖和高度评价。

马斯洛认为，尊重需要得到满足，能使人对自己充满信心，对社会满腔热情，体会到自己生活在世界上的用处和价值。

5. 自我实现的需要

自我实现的需要也叫自我成就需要，是指一个人希望充分发挥个人的潜力，实现个人的理想和抱负。这是一种高级的精神需要，这种需要可以分为两个方面。一是胜任感。表现为人总是希望干称职的工作，喜欢带有挑战性的工作，把工作当成一种创造性活动，为出色地完成任务而废寝忘食地工作。二是成就感。表现为希望进行创造性的活动并取得成功。例如，画家努力完成好自己的绘画，音乐家努力演奏好乐曲，指挥员千方百计要打胜仗，工程师力求生产出新产品等，这些都是在成就感的推动下产生的。

（二）各层次需要发展变化的基本规律

（1）在人的心理发展过程中，五个层次的需要是逐步上升的。通常情况下，当低级的需要获得满足以后，就失去了对行为的刺激作用，这时追求更高一级的需要就成为驱使行为的动力。当人们进入高级的精神需要阶段以后，往往会降低对低级需要的要求。例如，成就需要强烈的人，往往把成就看得比金钱更重要，把工作中取得的报酬，仅仅看成是衡量自己进步和成就大小的一种标志。这种人事业心强，有开拓精神，能埋头苦干，并敢于承担风险。

（2）人在不同的心理发展水平上，其动机结构是不同的。

（3）人的需要具有主导性。在实际生活中，由于客观环境和个人情况的差异，在需要层次结构中，往往会有某种需要占优势地位，这种占优势地位的需要就称为主导性需要。根据主导性需要的不同，可以把人的需要结构分成下列几种典型的需要结构模式。

① 生理需要主导型。在生产力不发达，生活水平不高，衣、食、住、行和就业尚都困难的情况下，生理需要就成为最迫切、最突出的需要。

② 安全需要主导型。在某种特殊的情况下，如战争、洪水、地震、社会秩序混乱等，人们的安全需要就特别突出。

③ 社会需要主导型。青年人到了一定时期，就希望交往，渴望爱情；老年人退休以后，经常守在家里，就会感到寂寞、孤独，迫切需要交往，需要得到温暖和安慰。

④ 尊重需要主导型。自尊心理许多人都有，所谓"士可杀，不可辱"，就强烈地反映了这种自尊的需要。苏联教育家马卡连柯也说过："得不到尊重的人，往往有最强烈的自尊心。"许多事实证明，那些失足而决心悔改的青年人，自尊的需要往往格外强烈，他们更迫切地需要别人的信任和帮助。

⑤ 自我实现需要主导型。有强烈事业心的人，自我实现的需要特别突出。马斯洛说："是什么角色，就应该干什么事。""最理想的人就是自我实现的人。"自我实现是心理发展水平的较高阶段，对于心理发展水平较高的人，管理者应该重视为发展他们的才能和特长创造适当的组织环境，并给予挑战性的工作。

二、双因素理论

双因素理论首先是由美国心理学家赫茨伯格提出的，其全称为激励因素—保健因素理论，简称双因素理论。20 世纪 50 年代末期，赫茨伯格曾在匹兹堡地区的 11 家工商企业机构中，对 200 多名工程师、会计师进行了调查研究。调查中他设计了许多问题，如"什么时候你对工作特别满意？""什么时候你对工作特别不满意？""原因是什么？"，等等，请受访者一一回答。赫茨伯格根据调查所得的大量材料，发现使员工感到不满意的因素和使员工感到满意的因素是不同的。前者往往是由外界的工作环境引起的，而后者通常是由工作本身产生的。

（一）双因素理论的基本内容

赫茨伯格经过研究认为，引起人行为动机的因素主要有两种：一种为保健因素，如工作条件、人事关系、工资待遇等；另一种为激励因素，如工作责任的大小、个人成就的高低、工作成绩的认可等。

1. 保健因素

赫茨伯格从 1 844 个案例调查中发现，造成员工不满的原因，主要是由于公司的政策、行政管理、监督、工作条件、薪水、地位、安全以及各种人事关系的处理不善。这些因素的改善，虽然不能使员工变得非常满意，真正地激发员工的积极性，但是却能解除员工的不满，故这种因素称为保健因素。研究表明，如果保健因素不能得到满足，往往会使员工产生不满情绪、消极怠工，甚至引起罢工等对抗行为。

2. 激励因素

赫茨伯格从另外的 1 753 个案例调查中发现，使员工感到非常满意的因素，主要是工作富有成就感、工作本身带有挑战性、工作的成绩能够得到社会的认可，以及职务上的责任感和职业上能够得到发展和成长等。这些因素的满足，能够极大地激发员工的热情，对于员工的行为动机具有积极的促进作用，它常常是一个管理者调动员工积极性，提高劳动生产效率的好办法。研究表明，这类因素解决不好，也会引起员工的不满，它虽无关大局，却能严重影响工作的效率。因此，赫茨伯格把这种因素称为激励因素。

赫茨伯格在研究的过程中，还发现在两种因素中，如果把某些激励因素，如表扬和某些物质的奖励等变成保健因素，或任意扩大保健因素，都会降低一个人在工作中所得到的内在满足，引起内部动机的萎缩，从而导致个人工作积极性的降低。

赫茨伯格认为，传统的"满意—不满意"的观点，认为满意的对立面是不满意是不正确的。他认为"满意"的对立面应该是"没有满意"，"不满意"的对立面应该是"没有不满意"。

（二）双因素理论的价值

赫茨伯格的"双因素理论"提出后，曾受到过许多非议。有人认为，人是非常复杂的，当他们对工作感到满意时，并不等于生产效率就得到提高；反之，当他们对工作感到不满意时，也并不等于生产效率降低，因为人们会由于种种原因，在不满意的条件下达到很高的生产效率。仅仅以"满意—不满意"作为指标，并不能证实满意感与生产效率的关系，因而对"双因素理论"的可信度提出怀疑。

但是，自从 20 世纪 60 年代以来，双因素理论的研究越来越受到人们的重视，据1973—1974 年美国全国民意研究中心公布，有 50% 的男性员工认为，工作的首要条件是能够提供成就感，而把有意义的工作列为首位的，比把缩短工作时间列为首位的人要多七倍。

赫茨伯格的双因素理论实际上是针对满足的目标而言的。所谓保健因素，实质上是人们对外部条件的要求；所谓激励因素，实质上是人们对工作本身的要求。根据赫茨伯格的理论，要调动人的积极性，就要在"满足"二字上做文章。满足人们对外部条件的要求，称为间接满足，它可以使人们受到外在激励；满足人们对工作本身的要求，称为直接满足，它可以使人们受到内在激励。

三、成就需要理论

美国心理学家麦克利兰提出了成就需要理论。他认为人除了生理需要外，还有三种需要，即权力需要、归属需要和成就需要。

1. 权力需要

权力需要是影响和控制他人的愿望。具有高权力需要的人喜欢承担责任，努力影响他人，喜欢处于竞争性环境和令人重视的地位，有高个人权力需要的人只关心实现个人的目标。权力需要常常表现为"双刃剑"，当权力需要表现为对他人恶意的控制和利用时，对组织来说就是一种不利的"个人化权力"；如果权力需要可导致组织和社会的建设性改进，那么它就是一种积极的"社会化权力"。有着强烈权力需要的人，会有较多的机会晋升到组织的高级管理层。原因在于，成就的需要可以通过任务本身得到满足，而权力的需要只能通过上升到某种具有高于他人的权力层次才能得到满足。麦克利兰对美国电报电话公司管理层进行了 16 年的跟踪研究，结果发现在这家公司高层管理者中有一半以上的人对权力有强烈的需要。

2. 归属需要

归属需要是指被人喜欢和接受的愿望。有高归属需要的人更愿意与他人和睦相处，而可能会较少考虑高水平地履行职责。高归属需要者喜欢合作而不是竞争的环境，希望彼此间的沟通和理解。有着强烈归属需要的人可能是成功的"整合者"，如品牌管理人员和项目管理人员等，他们能够协调组织中几个部门的工作，具有过人的人际关系技能，能够与他人建立积极的工作关系。

3. 成就需要

成就需要是对成就的强烈愿望和对成功及目标实现的执著。有些人他们追求的是个人的成就而不是成功后的报酬，他们有一种欲望想将事情做得比以前更好、更有效率，这种内驱力就是成就需要。实证研究表明，高度的成就需要同工作中的高绩效是相联系的。那些在富于竞争性的工作中取得成功的人，他们对取得成就的需要远远高于平均水平。大多数管理者和企业家都有高水平的成就需要，他们比一般的专业人员具有更高的成就需要。麦克利兰的研究还表明，非管理人员也有取得成就的需要。

既然高成就需要同工作的高绩效相关，那么识别高成就需要者的特征对于管理者来说就是非常重要的。麦克利兰通过 20 多年的研究指出，高成就需要者更喜欢个人责任、能够获取工作反馈和适度冒险性的环境。高成就需要者接受困难的挑战，能够承担成功或失败的责任。他们不是赌徒，因为从偶然的成功中他们得不到任何的成就感。也应当指出，高成就需要的人并不一定就是好的管理者，特别是在大型组织中。归属需要和权力需要与管理者的成功也有着密切关系。

麦克利兰的成就需要理论的重要性在于，它表明了使员工与其工作相匹配的重要性。与具有高成就需要的员工不同，高归属需要的员工则喜欢安定、保险系数高和可预见的工作场所，体贴细心的管理者更适合他们。麦克利兰的研究还表明，下属的三种基本的激励需要是可以通过培训来培育和激发的。在一定程度上，管理者能够通过创造适当的工作环境来提高员工的成就需要，管理者可以赋予员工一定程度的自主权和责任感，逐步使其工作更具挑战性。

四、期望理论

期望理论也是一种激励理论，它是由美国心理学家弗鲁姆在 1964 年出版的《工作与激发》一书中首先提出的。弗鲁姆认为，人总是渴求满足一定的需要和达到一定的目标，这个目标反过来对于激发一个人的动机具有一定的影响，而这个激发力量的大小，取决于目标价值和期望概率（期望值）的乘积。

（一）弗鲁姆的期望公式

弗鲁姆的期望理论可以用如下公式来表示：

$$激发力量 = 效价 \times 期望值$$

（1）激发力量。是指活动本身在调动一个人的积极性，激发人的内部潜力去行动方面的强度。

（2）效价。又称为目标价值，是指一个人对他所从事的工作或所要达到的目标的效用价值。或者说达到目标对于满足个人需要的价值。对于同一个目标，由于人们的需要、兴趣和所处的环境不同，对目标的效价也往往不同。一个希望通过努力工作得到升迁机会的人，在他心中，"升迁"的效价就很高；如果他对升迁漠不关心，毫无要求，那么升迁对他来说效价就等于零；如果这个人对升迁不仅毫无要求，而且害怕升迁，那么升迁对他来说效价就是负值。

（3）期望值。也叫做期望概率，是指一个人根据过去的经验判断自己达到某种结果（目标）的可能性的大小。一个人往往根据过去的经验来判断行为所能导致的结果，或所能获得某种需要的概率。因此，过去的经验对一个人的行为有较大的影响。

该公式说明，一个人把目标的价值看得越大，估计能实现的概率越高，那么激发的动机就越强烈，焕发的内部力量也就越大；相反，如果期望概率很低或目标价值过小，就会降低对人的激发力量。

期望之所以能够影响一个人的积极性，从心理学上解释，是因为"目标价值"的大小直接反映并影响一个人的需要和动机，因而它影响一个人实现目标的情绪和努力程度。"期望概率"本身也直接影响一个人的行为动机和实现目标的信心。如果期望概率很低，经过一定努力仍不能达到目标，就会削弱人们的动机强度，甚至会使人完全放弃原来的目标而改变行为。

（二）期望理论的实践意义

弗鲁姆的期望理论，对于有效地调动人的积极性，做好人的思想政治工作，具有一定的启发和借鉴意义。因为期望理论是在目标尚未实现的情况下研究目标对人的动机影响。一个好的管理者，应当研究在什么情况下使期望大于现实，在什么情况下使期望等于现实，以便更好地调动人的积极性。

在思想政治工作中，应该充分地研究目标的设置、效价和期望概率对激发力量的影响。因为不同的人有不同的目标，同一个目标，对不同的人也会有不同的价值。只有具体问题具体分析，才能真正调动起每个员工的积极性。

1. 目标设置

根据弗鲁姆的期望理论，为了使激发力量达到最佳效果，首先应当注意目标的设置。心理学认为，恰当的目标能给人以期望，使人产生心理动力，从而激发起热情，产生积极行为。为此，在设置目标时，必须考虑以下两个原则。

第一，目标必须与员工的物质需要和精神需要相联系，使他们能从组织的目标中看到自己的利益，这样效价就大。

第二，要让员工看到目标实现的可能性很大，这样期望概率就高。

2. 效价的作用

前面已经指出，同样的目标，在不同人的心目中，往往会有不同的效价，这主要是由个人的理想、信念、价值观不同造成的，同时也与人的文化水平、道德观念、知识能力、兴趣爱好以及个性特点有关。要全面地理解"效价"的作用和意义。企业和员工不能单纯地只看目标的价值"对自己有没有好处"或"对企业有没有好处"，还应该看到目标的价值对社会有多少贡献。如果对效价的理解仅仅局限于"对自己有没有好处"，很容易使人走上追逐个人名利的邪路；如果对效价的理解只是局限于"对企业本身有没有好处"，就会把企业引向歧途。

即使是在资本主义世界，企业的目标效价，也不能单纯地从企业的利益出发，而不考虑国家的利益。例如，日本的住友银行在一次招收新职员的考试中，总裁堀团出了一道试题："当住友银行与国家双方利益发生冲突时，你以为如何去办才合适？"许多人答道："应从住友的利益着想。"堀团对这些人的评语是："不能录取。"另有许多人答道："应以国家的利益为重。"堀团认为这个答案及格，但不足以录用。只有少数几个人的回答是："对于国家利益和住友利益不能双方兼顾的事，住友绝不染指。"堀团认为这几个人卓有见识，把他们录用了。一个资本主义国家的财团在考虑效价时，尚且能首先考虑到国家的利益，在社会主义国家的企业，就更应该以国家利益为重了。

3. 期望值的估计

所谓期望值的估计，即对实现目标可能性大小的估计。对期望值的估计应该恰如其分。估计过高会盲目乐观，实现不了，容易受到心理挫折；估计过低容易悲观泄气，会影响信心，放松努力。

对期望值的估计，人与人之间也存在着很大的差异，这主要与一个人的兴趣、愿望、知识、能力和生活经验等因素有关。一般来说，如果目标符合社会发展规律，又不脱离当前的实际，达到的可能性就大，在这种情况下，就要设法提高员工的"期望值"，鼓舞士气，增强信心；相反，如果目标违背社会发展规律，就要劝说和引导员工降低"期望值"，直至最终放弃这个目标。

为了实现组织目标，作为管理者或领导者，既要设法提高目标在员工心目中的效价，又要设法提高员工对目标的期望值，除此之外，还应该采取切实可行的措施，建立有效的保证体系，只有这样，才能从总体上提高实现目标的最大可能性。

五、公平理论

公平理论又称社会比较理论，是由美国行为科学家亚当斯于 1963 年前后提出来的一种激励理论。该理论侧重于研究工资报酬分配的合理性、公平性及其对员工生产积极性的影响。公平理论的基本观点是：当一个人做出了成绩并取得了报酬以后，他不仅关心自己所得报酬的绝对量，而且关心自己所得报酬的相对量。因此，他要进行种种比较来确定自己所获报酬是否合理，比较的结果将直接影响今后工作的积极性。

亚当斯认为，报酬的多少固然对人的激励大小有关，但人的工作动机不仅受其所得的绝对报酬影响，而且更重要的是受相对报酬的影响，即人们总是进行"投入"、"产出"之比。所谓"投入"，是指一个人对自己的条件如毕业早晚、工龄长短、教育水平高低、技术能力大小等的估计，也就是他所付出的"资本"是多少。如果他对自己估计高，那么他认为自己"投入"多。同时，又把个人工资多少、级别高低、受重视程度等看成"产出"，也就是他所得的报酬如何。在比较时，如果个人认为"投入"与"产出"框符，就有公平感，因而心情舒畅，努力工作；否则会感到不公平，产生怨气。在比较时，人们还会将自己的"投入"和"产出"同其他人的"投入"和"产出"比例相对照，如具出现自己的"投入"和"产出"比例与他人的不相符，也会产生不公平感，引起怨气。当人们有了不公平感，可能采取下面 5 种对待方式。

（1）重新认识个人的"投入"和"产出"比率，甚至于以一种自我安慰的方式来解释，以求得心理上的解脱。

（2）采取行动改变他人的"投入"与"产出"比率。

（3）努力改变自己的"投入"和"产出"比率，如消极怠工，减少投入或要求增加产出。

（4）改变比较的方法，换一个人进行比较，以求得主观安慰。

（5）采取不正当的方式发泄不满，发牢骚，造谣中伤别人，制造人际矛盾。

公平理论有着重要的启示：首先，影响激励效果的不仅有报酬的绝对值，还有报酬的相对值。其次，激励时应力求公平，使等式在客观上成立，尽管有主观判断的误差，也不致造成严重的不公平感。再次，在激励过程中应注意对被激励者公平心理的引导，使其树立正确的公平观，一是要认识到绝对的公平是不存在的，二是不要盲目攀比，三是不要按酬付劳，按酬付劳是在公平问题上造成恶性循环的主要杀手。

为了避免员工产生不公平感，企业往往采取各种手段，在企业中造成一种公平合理的气氛，使员工产生一种主观上的公平感。例如，有的企业采用保密工资的办法，使员工相互不了解彼此的收入，以免员工互相比较而产生不公平感。

六、强化理论

美国心理学家斯金纳、桑迪克等人认为，个体对外部事件或情境（刺激）所采取的行为或反应，取决于特定行为的结果。当行为的结果对他有利时，这种行为会重复出现；当行为的结果不利时，个体可能会改变自己的行为以避免这种结果，这就是著名的效果法则。强化理论认为，管理者可以利用效果法则，通过对工作环境和员工行为结果的系统管理来修正员工行为，使得其行为符合组织目标。有4种常见的修正行为的方法。

1. 正强化

正强化就是应用有价值的结果从正面鼓励符合组织目标的行为，以增加这种行为重复出现的可能性。正强化包括表扬、推荐信、优秀绩效评估和加薪等。工作本身也可以成为正强化物，充满乐趣、富有挑战性或内容丰富的工作远比机械单调的工作有正强化效应，从而具有更强的激励性。

2. 负强化

负强化也称规避性学习，是指员工改变自己的行为结果以规避不愉快的结果。负强化是事前的规避，它通常表现为组织的规定所形成的约束力。员工为了取消或避免不希望的结果而对自己的行为进行约束。

3. 惩罚

惩罚就是运用消极的结果（如对员工批评、斥责、处分、降级、撤职或者是减薪、扣发奖金、重新分派任务、解雇等）以阻止或更正不当的行为。与负强化不同，负强化只是包含了惩罚的威胁，在员工表现满意时并不付诸实施；而惩罚则是落实对组织不利行为的惩罚措施。

4. 忽视

忽视对于行为不给予强化的结果。当这种情况出现，动机就会弱化，行为也会逐渐消退。比如，对出色的工作不予表扬，对他人的帮助忘记致谢，不理睬开玩笑的人。忽视就是对员工行为的"冷处理"，以达到行为的自然消退。

强化理论认为，在塑造组织的过程中，应当重点放在积极的强化，而不是简单的惩罚上。惩罚往往会对员工的心理产生不良的副作用。创造性地运用强化手段对于管理者是十分必要的。在现代扁平化组织中，管理者不能像过去那样过多地指望通过加薪、提升来激励员工。因此，创造性地设计出新的强化方法和奖励措施，如才智的挑战、更大的责任、弹性的工作时间等仍然是管理者的重要的课题。

精彩阅读

股 权 激 励

　　股权激励是指通过让经营者获得公司股权的形式，给予企业经营者一定的经济权利，使他们能够以股东的身份参与企业决策、分享利润、承担风险，从而勤勉尽责地为公司的长期发展服务。股权激励制度的具体安排因企业而异，以下是一些典型的模式。

　　（1）业绩股票。是指在年初确定一个较为合理的业绩目标，如果激励对象到年末时达到预定的目标，则公司授予其一定数量的股票或提取一定的奖励基金购买公司股票。

　　（2）股票期权。是公司授予激励对象的一种权利，激励对象可以在规定的时间内以事先确定的价格购买一定数量的本公司流通股票，也可以放弃这种权利。

　　（3）虚拟股票。是指公司授予激励对象一种虚拟的股票，激励对象可以据此享受一定数量的分红权和股价升值收益，但没有所有权，没有表决权，不能转让和出售，在离开企业时自动失效。

　　（4）股票增值权。是公司授予激励对象的一种权利，如果公司股价上升，激励对象可通过行权获得相应数量的股价升值收益，激励对象不用为行权付出现金，行权后获得现金或等值的公司股票。

　　（5）限制性股票。是指事先授予激励对象一定数量的公司股票，但对股票的来源、抛售等有一些特殊限制，一般只有当激励对象完成特定目标（如扭亏为盈）后，才可抛售限制性股票并从中获益。

　　（6）管理层/员工收购。是指公司管理层或全体员工利用杠杆融资购买本公司的股份，成为公司股东，与其他股东风险共担、利益共享，从而改变公司的股权结构、控制权结构和资产结构，实现持股经营。

第三节 挫 折 理 论

　　所谓挫折，是指当个体从事有目的的活动时，在环境中遇到障碍或干扰，致使需要和动机不能满足，因而产生焦虑和紧张不安的情绪状态。用通俗的话说，挫折就是碰钉子。挫折通常有两方面作用。从积极的方面看，挫折可以帮助人们总结经验教训，促使人提高解决问题的能力，引导人们以更好的办法去满足需要，即所谓"吃一堑，长一智"。从消极的方面看，如果心理准备不足，挫折可能使人痛苦沮丧、情绪紊乱、行为失措，甚至会引起种种疾病，这无疑将大大挫伤人的积极性，影响工作效率。

一、产生挫折的原因

挫折是人的一种主观心理感受，一个人是否体验到挫折，与他自己的抱负水平密切相关。所谓抱负水平，是指一个人对自己所要达到的目标所规定的标准。规定的标准越高，其抱负水平越高；规定的标准越低，其抱负水平也越低。同样两个推销人员，甲的指标是销售额 100 万元，乙的指标是销售额 60 万元，结果两人都完成 80 万元销售额，这对乙来说会感到成功和满足，而对甲来说则会感到是一种挫折，所以挫折因人而异。相同的情境，由于人们的心理状态、需要动机及思想认识的不同，在遇到挫折时的表现也会大不一样。产生挫折的原因是多种多样的，从总体上它可划分为外在因素和内在因素。

（一）外在因素

外在因素又称客观因素或外因，是指阻碍人们达到目标而产生挫折的是外界事物或情境。它主要包括自然因素和社会因素两种。所谓自然因素，主要是指个人能力无法克服的自然灾害，如天灾人祸、生老病死、冰雪洪水、地震山崩等。所谓社会因素，主要是指个人在社会生活中所遭到的政治、经济、风俗、习惯、宗教、道德等的限制。另外，外在因素还包括组织者的管理不善、教育不力以及工作环境中缺乏良好的设施和人际关系等。

（二）内在因素

内在因素又称内因，主要是指阻碍人们达到目标而产生挫折的是主观因素。它包括个人的生理因素和心理因素两种。所谓生理因素，主要是指个人的健康状况、个子的高矮和身体上的某些缺陷所带来的限制。所谓心理因素，主要是指个人的能力、智力、知识经验的不足。

此外，动机的矛盾和斗争状态，也是引起挫折的主要心理因素。例如，满足欲望与抑制欲望的斗争、理想与现实的斗争、个人利益与集体利益的斗争等，这些斗争如果处理不当，常常能引发个人的心理挫折。

心理挫折通常包括想象中的挫折和事实上的挫折。其中，想象中的挫折尽管还没有构成事实，但也能影响人的行为。例如，某人参加自学考试，还没有报名就预卜着自己的命运，家务重、岁数大、学习吃力，将来十有八九通不过，于是在头脑里先产生了想象中的挫折。

二、挫折的作用

挫折的作用的二重性是指挫折对人的影响作用既有消极的一面，又有积极的一面。挫折的消极性在于它所引起的生理、心理方面的消极反应。挫折会引起人精神和心理上的苦闷和痛苦，进而使神经系统处于紧张、焦虑或抑制状态，严重的会使人思维混乱，活动能力大大降低，甚至连自己比较熟悉的事物也处理不好，这是人们在日常生活中经常有的现象。如果这时得不到应有的同情和关怀，再加上受挫者心胸狭窄，被烦恼所纠缠，后果将不可设想。所以，不仅仅受挫者本人需要正确认识、认真对待，每个人都应当对挫折的特性，有正确、全面的认识和对待。

挫折积极性的一面，可以从"宝剑锋从磨砺出，梅花香自苦寒来"的诗句中得到体会。大量的事实证明，人们成就事业的过程，往往也就是战胜挫折的过程。挫折的积极作用，就在于它可以激发人的进取心，促使人们为改变境遇而斗争。它能磨炼人的性格和意志，增强人的创造能力和智慧，使人们对所面临的问题有更清醒、更深刻的认识，从而增长知识和才干。从生理学上讲，当人的大脑被强烈刺激所激发，脑垂体会促使内分泌系统积极活动，肾上腺素加速分泌，新陈代谢加快，进而整个神经系统兴奋水平提高，在这种情况下，人的情绪饱满，思维敏捷，思考问题和解决问题的能力大大增强，挫折承受力和应变力必然大大提高。

三、挫折的容忍力

挫折容忍力的高低，主要受下面 3 个因素的影响。

（一）生理条件

一个身体健康、发育正常的人，对生理需要的容忍力总比一个身体多病、生理上有缺陷的人高。例如，在艰难困苦中忍受饥寒或彻夜不眠，在高温下长时间工作，身体健康的人的容忍力要高于体弱多病的人。

（二）过去的经验和知识

对挫折的容忍力和个人的习惯态度一样，是可以通过学习而获得的。如果一个人从小娇生惯养，很少遇到挫折，或遇到挫折就逃避，失去了学习处理挫折的机会，这种人的挫折容忍力必然很低。所以管理心理学认为：不应该逃避挫折，而应该在困难面前加强学习，以提高自己对挫折的处理能力。

（三）对挫折的知觉判断

由于每个人对客观世界的认识不同，因此，即使挫折的客观情境相同，但感受和判断不同，因而对每个人所构成的打击和压力也不相同。比如，同样的情况，一个人认为是严重的挫折，而另一个人可能认为是无所谓的事情。

对挫折的容忍力，还与个人的政治素质、性格特点、个人兴趣、生活经历和心理状态等因素有关。只有加强学习，在挫折面前鼓起勇气战胜它，不断地提高自己的适应能力，才能永远保持饱满的情绪。

四、遭受挫折后的表现

一个人遭受挫折以后，不管是由外在因素还是由内在因素所引起，在心理和行为上总会产生两种反应：一种是理智性反应，一种是非理智性反应。

（一）理智性反应

理智性反应包括继续加强努力，反复尝试，改变行为，调整目标和改变目标等行为。挫折对理智的人来说往往是事业成功的先导。

古今中外的成功者大都历经坎坷、命运多舛，是从不幸的境遇中奋起的人。而且也不可否认，对成功者来说，处境的艰险、失败的打击和对于新事物没有经验、缺少把握，也会相应地给他们带来困扰、忧虑、苦恼和烦躁不安的情绪。但成功者不畏艰难，不会被困苦的处境压垮。成功者最可贵的信念和本事是变压力为动力，从荆棘中开新路。

贝弗里奇说得好："人们最出色的工作往往在处于逆境的情况下做出。思想上的压力，肉体上的痛苦都可能成为精神上的兴奋剂。很多杰出的伟人都曾遭受心理上的打击及形形色色的困难。若非如此，他们也许不会付出超群出众所必需的那种劳动。"他还指出："忍受痛苦而不气馁，是青年科学家必修的严峻的一课。"勇历艰险，不怕挫折，这是一切发展积极心态，有志于成功的人的必修课。这一课仅知道道理是不够的，还必须要具有一种意识：当面临荆棘丛生的困境时，就要想到这是摘取成功之花的必由之路。

成功与失败是事物发展的两个轮子，失败是成功之母，是成功的先导。这些话可以说人人皆知。但在实际生活中，只有自信主动、心态积极、坚持开发自己潜能的人才能真正领会它的含义。做一件事情失败了，这意味着什么？无非有3种可能：一是此路不通，需要另外开辟一条路；二是某种故障作怪，应该想办法解决；三是还差一两步，需要做更多的探索。这3种可能都会引导人走向成功。失败有什么可怕的呢？成功与失败，相隔只是一线。即使失败了，只要有"置之死地而后生"的心态和自信，还是可以反败为胜的。有人说，过分自信也会导致失败，但所否定的只是"过分"，而不是自信本身。如果不是怕丢面子，怕别人说三道四，那么失败所传递的信息只是需要再探索、再努力，而不是你不行。

爱迪生做了一万多次实验。在每次失败后他都能不断寻求更多的东西。当他把原来的未知变成已知时，无数的灯泡就被制造出来。所以，他认为那么多的失败实质上都不能算是失败，"我只是发现了 9 999 种无法适用的方法而已"。这位伟大的科学家从自己"屡战屡败"的经历中总结出一条宝贵的经验，他说："失败也是我需要的，它和成功一样对我有价值。只有在我知道一切做不好的方法之后，我才知道做好一件工作的方法是什么。"这不正是深知从各种损失中也能获益的意义吗？从这个意义上讲，认识到只有不怕失败，深知失败意味着什么的人才配享受，也才可能享受到成功的快乐。

美国有个奇怪的企业家，他专门收买濒临破产的企业。而这类企业一到他手中，就会一个个起死回生，变得虎虎有生气。他叫保罗·密道尔。此人什么技术也没有，但很有自信心与心计。有人问他"你为什么爱买一些失败的企业来经营？"密道尔说："别人经营失败了，接过来就容易找到它失败的原因，只要把缺点改过来，自然就会赚钱。这比自己从头干起来省力得多。"一语道破"专买失败"的天机。由此可见，挫折和险境未必不是福祉，人们不仅要把成功视为珍宝，也要把失败看做财富。

（二）非理智性反应

非理智性反应，在心理学上又称消极的适应或防卫。其具体表现如下。

1. 攻击

攻击又称侵犯或对抗，是指当一个人受到挫折后，对客体产生的强烈的敌对性情绪反应。攻击可分为两种情况，即直接攻击和间接攻击。所谓直接攻击，是指攻击行为直接指向构成挫折的人或物。例如，当一个人受到挫折或受到他人的谴责时，常常反唇相讥，甚至拳头相向。一般来说，自尊心强的人，为了维护自己的人格或权力，容易将愤怒的情绪向外发泄，采取直接攻击的行为反应。所谓间接攻击，是指把愤怒的情绪发泄或转嫁到毫不相关的人或物上。有时候挫折的来源不明，可能是日常生活中许多小挫折的积累，亦可能是由身体中某种病因引起，一旦有明显的攻击对象，往往会对人乱发脾气。

2. 固执

固执是指当一个人一而再，再而三地受到挫折，便逐渐地失去了信心，感到茫然、忧虑，甚至冷漠、固执、悲观厌世，无所作为，进而失去喜怒哀乐，对什么事都无动于衷。

3. 倒退

倒退又称为退化或回归，是指人们在受到挫折时，会表现出与自己年龄不相称的幼稚行为。例如，有的人在工作中遇到挫折或受到批评时，会像小孩子一样装病不起或号啕大哭。某些领导者因遇到挫折而对下级发脾气，也属于倒退之列。

倒退的另一种表现形式是像小孩子那样，容易受暗示的影响。最经常的表现是在受到挫折以后，会盲目地相信别人，盲目地执行别人的指示，不能控制自己的情绪，缺乏责任心，轻信谣言，甚至无理取闹。领导者有时也会出现这种倒退现象。例如，在遇到挫折后不愿意承担责任或敏感性降低，不能区别合理要求与不合理要求，甚至会盲目地忠实于某个人或某个组织。这些现象都属于倒退之列。

4. 妥协

人们在受到挫折时，会产生心理或情绪上的紧张状态，这种紧张状态往往令人很难承受。为了摆脱这种状态，人们往往采取妥协性措施，以便减少在挫折时由于心理或情绪的过分紧张而给身体造成的损害。妥协措施常见的表现形式有以下几种。

（1）文饰。所谓文饰，是指人们在受到挫折后，会想出各种理由原谅自己或为自己的失败辩解。文饰起着自我安慰的作用。也许在旁观者看来，自圆其说是荒唐的，但本人却以此得到说服，这种现象类似于人们平常所说的"阿Q精神"。

（2）投射。所谓投射，是指把自己所做的错事或不良表现，委过于他人，从中减轻自己的内疚、不安和焦虑。

（3）反向。所谓反向，是指受到挫折之后，为了掩盖自己内心的憎恨和敌视，努力压制自己的感情，做出违反自己意愿和情感的行为。

（4）表同。表同是与投射完全相反的一种表现，其特点是把别人具有的、自己羡慕的品质加到自己身上。具体表现就是模仿别人的举止言行、思想、信仰，以别人的风格姿态自居。

五、应付挫折的方法

挫折所带来的后果，往往引起人心理上和行为上的消极反应，损伤员工的工作积极性。因此，在企业管理中，应尽量减低挫折所引起的不良影响，提高员工对挫折的容忍力。减轻和消除挫折给人带来的非理智性反应，是管理心理学的重要研究课题。就具体的管理工作而言，应付挫折的方法主要有以下几种。

（一）提高思想认识，正确对待挫折

挫折也同困难一样，可以吓倒人，也可以锻炼人。正确对待挫折的关键，在于提高自己的思想认识，遇到挫折时有充分的心理准备。这样才能面对挫折不至于惊慌失措或灰心丧气，受到挫折后也能够分析原因，吸取经验教训，从而提高自己对挫折的容忍力。

（二）树立远大目标

实践证明，员工一旦树立了远大的生活目标，便能更冷静、正确地处理个人与远大目标

的关系，能够经受种种小的失败和挫折，在挫折面前不失去前进的动力。

（三）改变情境

改变引起挫折的情境是应付挫折的有效方法之一。通常采用的方法是调换一个工作环境，或调整工作班组，减少原来环境中的不利刺激。这样，可以帮助员工在新的情境中克服原来的对立情绪，重新建立良好的人际关系，放下包袱轻装前进。

（四）采用精神发泄法

精神发泄法又称心理治疗法，它是通过创造一种环境，使受挫折者可以自由地发泄自己受压抑的感情。因为一个人处于挫折的情境中，常常会以一种非理智的情绪反应取代理智行为。如果能使这种紧张的情绪发泄出来，则能达到心理平衡，恢复理智状态。如管理者可以采取个别谈心的办法，倾听员工的抱怨、申诉；也可以让受挫者用写申诉信的方法发泄不满，因为当他把不满情绪都写出来时，往往就会心平气和了。

（五）变消极为积极

对于全局性的、持续时间较长的、涉及面较广的挫折，单纯采用防御性的措施是难以奏效的。此时必须采取主动的方法来战胜挫折，变被动为主动。日本丰田汽车公司战胜中东石油危机所带来的挫折就是典型的一例。1974 年中东石油危机波及日本汽车制造业，很多企业采取降低产量、解雇工人、减少工资的办法来应付危机，这对企业员工来说，无疑是极大的挫折。面对石油危机，丰田汽车公司没有减产、裁员，而是提出了降低成本应付危机的做法，引导工人"在干毛巾里再挤出一滴水"的精神，生产价格低、耗油少的汽车，这种做法使工人深深感到本公司没有把挫折转嫁给工人，对企业产生一种同舟共济、应付危机的依附感，从而激发了员工的劳动热情，共同战胜了由石油危机带来的挫折。

肥皂水效应

美国前总统约翰·卡尔文·柯立芝提出肥皂水效应：将批评夹在赞美中。将对他人的批评夹裹在前后肯定的话语之中，减少批评的负面效应，使被批评者愉快地接受对自己的批评。以赞美的形式巧妙地取代批评，以看似间接的方式达到直接的目的。

1. 什么是激励？
2. 激励的原则有哪些？
3. 马斯洛把人们的需要划分为哪些层次？
4. 如何理解弗鲁姆的期望理论？
5. 如何理解亚当斯的公平理论？
6. 对员工进行激励的方式有哪些？

7. 什么是挫折？挫折产生的原因有哪些？
8. 挫折的自我防卫方式有哪些？

 管理游戏

阐 明 期 望

［形式］集体参与。

［时间］1 小时。

［材料］无。

［场地］室内。

［应用］

（1）团队之间的协作和互相帮助。

（2）团队合作中的协调能力。

［目的］

（1）清楚地理解互相之间的需求。

（2）相互间尽可能地满足每一个人的需求的特定的承诺。

［程序］

（1）为参与者从下面未完成的句子中选出一个用作启发思路。①"为了让我对团队作出最大的贡献，我需要团队伙伴……"或者②"我认为我们能成为一个更有效率的团队，假如团队成员……"或者③"当团队成员……我有时会觉得失望。"

（2）让参与者独立完成此句子。

注意：清楚地表达期望通常是很容易地被其他团队成员满足的基本要求。

（3）让团队成员分享这些句子。

相同的反应（比如对陈述①）

我需要团队伙伴让我及时知道一些信息；我需要团队伙伴在我非常忙而他们相对来说没有这么忙时更乐意帮助我。

（4）讨论每一条陈述，讨论的过程中可以穿插以下问题。

（1）这个期望现实吗？

可能的反应：对。

如果回答是对，

（2）有什么事阻止任何人满足××（团队成员的名字）的期望吗？

可能的反应：没有。

如果没有，

（3）那么每个人都准备承诺去满足这个要求吗？

可能的反应：是。

注意：如果团队或任何成员觉得难以满足某个团队成员的要求，很可能达成这样一个共识：某个团队成员持有的是一个不现实的期望。它或许给团队提供了一个寻找带有创造性的解决方法的机会——还能做些别的什么来解决该团队成员所关心的事？

可以询问以下问题以避免上述情况的出现。

（4）你怎样确保团队成员实践这些承诺？

可能的反应：

① 我们每个人必须作出个人承诺去这样做。

② 提出了特殊要求的人必须在我们忽略此事时提醒我们。

③ 当我们未曾实践承诺时我们中的每个人必须谦虚接纳提醒者的意见。

［总结与评估］团队常常因为没有花时间探究其个体成员的需求而导致士气低落或使团队内部存在冲突。团队成员可能因为其期望未被满足而感到受伤害或感到沮丧。

导致这种情况出现的原因是他们未曾清晰、明白地对团队成员说出他们的期望，这些期望常常基于个人需求。

此游戏阐明期望是一个能快速加强团队气氛和紧密性的有力的行动。

（资料来源：http://kuangfeng518.2008red.com/kuangfeng518/article_598_2425_1.shtml）

综合分析

用洋葱替代胡萝卜的尴尬

一家制药业的巨无霸刚刚获得了一项评审极其严格的质量产品奖。广大员工废寝忘食，牺牲了个人的正常生活，通过半年多的努力，最终赢得了这个奖项。当宣读获得这个奖项的人员及公司的名称时，大家都兴奋不已。公司领导很快就召集全体员工开庆祝会。这之前他们先召开了会议，会议并没有宣布嘉奖事宜。然后，他们把员工召集到自助餐厅开庆祝会，由总裁表达对每位员工的感谢，宣布这个奖项对公司的意义。他总结性地说道："为了庆祝这次巨大的成功，大家都会得到一份很有意义的礼物。"

此时，从后面传来一句："现在就发吧！"大家都笑了，那时大家的心情就像过节一样。

CEO 点了点头，示意公关部经理揭开了罩在神秘礼物上的帷幕。啊！竟是由无数塑料杯子搭建起的金字塔造型。会场上先是死一般的寂静，接着爆发出震耳欲聋的喊声。员工们几乎被这个场面震晕了，就像他们看到的是一个巨大的发了霉的圣诞水果蛋糕一样。

后来，大家排着队，陆续领走自己的杯子。在员工摇着头，苦笑着领走奖品时，可怜的 CEO 好像只剩下最后一点呼吸了。其他员工的表情也让他心凉。随后的几个星期里，杯子就成了公司里新的（令人嘲讽和挖苦的）质量的象征品了。

（资料来源：zhidao.baidu.com/question/4297661...，2012-6-15）

问题：

这次庆功会开"砸了"的原因是什么？

参考答案：

要想达到预期的效果，奖品的价值需要和员工的努力以及所带来的效益成正比，要能够成为真正体现出员工价值的激励象征。记住：这份回报应该是有形的和实在的，并且具有纪念意义。胡萝卜的管理文化，必须有着表彰鼓励个性需求的内涵。用洋葱类的替代品掩饰没有胡萝卜的尴尬，只会给员工留下食之无味的不良口感，使所谓的奖励变得没有意义，甚至会适得其反。

第八章

沟　　通

📖 **学习目标**)))

1. 理解沟通的含义；
2. 了解沟通的过程；
3. 掌握沟通的方式；
4. 理解沟通网络的基本形式；
5. 掌握正式沟通渠道；
6. 学会如何对组织沟通进行改善；
7. 理解克服沟通障碍的方法；
8. 善于运用沟通的各种方法；
9. 明确沟通的原则。

管理故事

　　曾经有个小国的人到中国来，进贡了三个一模一样的金人，金碧辉煌，把皇帝高兴坏了。可是这个小国的人不厚道，同时出了一道题目：这三个金人哪个最有价值？皇帝想了许多办法，请来珠宝匠检查，称重量，看做工，都是一模一样的。怎么办？使者还等着回去汇报呢。泱泱大国，不会连这个小事都不懂吧？最后，一位退位的老大臣说他有办法。皇帝将使者请到大殿，老臣胸有成竹地拿着三根稻草，插入第一个金人的耳朵里，这稻草从另一边耳朵出来了。第二个金人的稻草从嘴巴里直接掉出来，而第三个金人，稻草进去后掉进了肚子，什么响动也没有。老臣说：第三个金人最有价值！使者默默无语，答案正确。

　　这个故事告诉人们，最有价值的人，不一定是最能说的人。老天给我们两只耳朵一个嘴巴，本来就是让我们多听少说的。善于倾听，才是成熟的人最基本的素质。

（资料来源：wenwen. soso. com/z/q1328455...htm，2012－10－22）

第一节　沟通概述

　　管理者每天的工作都离不开沟通。人际间的相互作用，与上司、下属和周围的人都要进行沟通，计划、组织、领导和控制等管理职能的执行都必须通过相互间信息的传递。为此，管理者必须十分重视人际间的联络，形成完善的联络渠道，建立规范的联络标准，掌握良好的联络行为，采取正确的联络方式。沟通是管理各项职能中不可或缺的一个重要组成部分。

一、沟通的含义

沟通是指可理解的信息或思想在两人或两人以上的人群中的传递或交换的过程。整个管理工作都与沟通有关。企业与外部人士的交流，组织者与被组织者的信息传递，领导者与下属的感情联络，控制者与控制对象的纠偏工作，都与沟通相联系。

美国主管人员训练协会把沟通解释为：它是人们进行的思想或情况交流，以此取得彼此的了解、信任及良好的人际关系。纽曼（Newman）和萨默（Summer）则把沟通解释为：在两个或更多的人之间进行的在事实、思想、意见和情感等方面的交流。此外，沟通还被解释为用语言、书信、信号、电讯进行的交往，是在组织成员之间取得共同的理解和认识的一种方法。

美国传播学研究者 G. M. 戈德哈伯对组织沟通进行过多年的深入研究，他对组织沟通下了这样的定义：组织沟通是由各种相互依赖关系而结成的网络，是为应付环境的不确定性而创造和交流信息的过程。这个定义包含 5 个基本概念，即过程、信息、网络、相互依赖和环境。

（1）过程。组织沟通是一个不间断的信息交流过程，永远随着组织存在下去，永远处于动态变化之中。

（2）信息。信息是沟通的基础，没有信息便无所谓沟通。这里所说的信息，不是一般意义上的消息、情报、资料，而是对完成组织目标和任务有意义的那部分内容。例如，对于一个组织来讲，外部环境信息、内部协调信息、组织成员个人需求信息等都是十分必要的。组织领导者不仅要掌握各方面大量的动态信息，还要不断丰富有关的静态信息，并将两方面结合起来，为沟通奠定基础。组织领导者还要善于分享信息，即在一定时间、一定范围内，让信息及时地流通，使其发挥应有的作用。

（3）网络。组织沟通不是无规则进行的，它不仅要通过担任各种不同角色的组织成员，而且要经过以一定规则组织起来的网络。

（4）相互依赖。组织是开放性系统，系统中各部分及其成员都与系统整体及其环境有着相互依赖关系，经常相互交流信息、相互影响，密切相关。

（5）环境。任何组织都是在一定的社会、政治、经济环境之下生存和发展的，作为开放性系统的组织要不断与所处的环境发生复杂多样的互动关系，受到环境深刻的影响。良好的组织沟通是疏通组织内外部渠道，协调组织内成员及部门之间的关系，完成组织目标的最重要的条件之一，还可以使组织内部成员之间、组织之间相互加深了解，融洽感情，增进友谊，激发斗志，从而使组织更加充满活力。

二、沟通的过程

人际沟通过程是指一个信息的发送者通过选定的渠道把信息传递给接受者的过程。当人们之间需要进行沟通时，沟通的过程就开始了。人与人之间的交流是通过信息的互相传递及了解进行的，因此人际沟通实际上就是互相之间的信息沟通。信息沟通过程开始于需要沟通的主动者，即信息的发送者。

（一）信息发送者

信息发送者即需要沟通的主动者要把自己的某种思想或想法（希望他人了解的）转换为信息发送者自己与接受者双方都能理解的共同"语言"或"信号"，这一过程叫做编码。没有这样的编码，人际沟通是无法进行的，就像中国人不会讲英语就无法与只会讲英语的人进行语言沟通一样。一个组织中，如果组织的成员没有共同语言，也就使组织成员之间的有效沟通失去了良好的基础，除非通过翻译进行，不过翻译会导致原来信息的失真。

（二）信息传递渠道

编码后的信息必须通过一定的信息传递才能传递到接受者那里，没有信息传递渠道，信息就不可能传递出去，沟通也就成了空话。信息传递渠道有许多，如书面的备忘录、计算机、电话、电报、电视、互联网等。选择什么样的信息传递渠道，既要看沟通的场合、互相同意和方便、沟通双方所处环境拥有的条件等，也与选择所用渠道的成本有关。各种信息沟通渠道都有利弊，信息的传递效率也不尽相同。因此，选择适当的渠道对实施有效的信息沟通是极为重要的。

（三）信息接受者

信息接受者先接收到传递而来的"共同语言"或"信号"，然后按照相应的办法将此还原为自己的语言，即"译码"，这样就可以理解了。当信息接受者需要将他的有关信息传递给原先的信息发送者时，此时他就变为了信息的发送者。在接收和译码的过程中，由于接受者的教育程度、技术水平以及当时的心理活动，均会导致在接收信息时发生偏差或疏漏，也会导致在译码过程中出现差错，这就会使信息接受者发生一定的误解，这样就不利于有效的沟通。实际上即便上述情况不发生，也会因为信息接受者的价值观与理解力导致理解信息发送者真正想法的误差。

（四）噪声与反馈

人们之间的信息沟通还经常受到"噪声"的干扰。无论是在发送者方面，还是在接受者方面，噪声就是指妨碍信息沟通的任何因素。具体情况如下。

（1）噪声或受到限制的环境可能会妨碍一种明确的思路形成。

（2）由于使用了模棱两可的符号可能造成编码、译码的错误。

（3）传递过程中的各种外界的干扰。

（4）心理活动导致了错误发送或接收。

（5）价值观不同导致无法理解对方的真正意思。

（6）信息渠道本身的物理性问题。

反馈是检验信息沟通效果的再沟通。反馈对于信息沟通的重要性在于它可以检查沟通效果，并迅速将检查结果传递给信息发送者，从而有利于信息发送者迅速修正自己的信息发送，以便达到最好的沟通效果。

通常都将沟通过程描述成一个静态不变的过程。而实际上，在沟通中所有的事物都处于连续不断的运动过程中。另外，沟通过程不仅存在信息的交流，也包括情况、思想、态度、观点的交流，沟通双方对信息的理解和接受程度，受到专业水平、知识水平、工作经验以及社会文化背景等诸多方面因素的影响，对同一个信息会有不同的看法，从而造成信息传递上的失真和编码、译码、释义上的失误。因此，有必要深入地了解和研究信息传递沟通中的复杂性和动态性。

三、沟通的作用

对组织内部来说，沟通是使组织成员团结一致、共同努力来达到组织目标的重要手段。如果没有沟通，一个群体的活动就无法进行，既不可能实现互相协调合作，也不可能作出必要而及时的协调和变革。因此，沟通对于协调组织的内部、外部以及各个部门、各个人，从而有效地完成组织目标，有着重要的意义。通过有效的沟通，可以使组织内部分工合作更为协调一致，保证整个组织体系统一指挥，统一行动，实现高效率的管理；也可使组织与外部环境做到更好的配合，增强应变的能力，从而保证组织的生存与发展。所以，良好的沟通是组织达到协调状态的重要基础，是组织完成其目标的必要条件。一般说来，沟通在管理中具有以下 3 方面的重要意义。

（一）沟通是协调各个体、各要素，使组织成为一个整体的凝聚剂

组织一般由数人、数十人，甚至成千上万人组成，组织每天的活动也由许许多多具体的工作所构成，由于各个体的地位、利益和能力的不同，他们对组织目标的理解、所掌握的信息也不同，这就使得各个体的目标有可能远离组织的总体目标，甚至与组织目标背道而驰。如何保证上下一心，不折不扣地完成组织的总目标？这就需要互相交流意见，统一思想认识，自觉地协调各个体的工作活动，以保证组织目标的实现。因而，没有沟通，就没有协调，也就不可能实现组织的目标。

（二）沟通是领导者激励下属、实现领导职能的基本途径

一个领导者不管有多么高超的领导艺术水平，有多么灵验的管理方法，他都必须将自己的意图和想法告诉下属，并且了解下属的想法。领导环境理论认为，领导者就是了解下属的愿望并为此而采取行动，为满足这些愿望而拟订和实施各种方案的人，而下属就是从领导者身上获得了达到自己愿望或目的的希望。而这些"希望"的"获得"就需要通过沟通这个基本工具和途径。

（三）沟通也是组织与外部环境之间建立联系的桥梁

组织必然要和顾客、政府、公众、原材料供应者、竞争者发生各种各样的关系，它必须按照顾客的要求调整产品结构，遵守政府的法规法令，担负自己应尽的社会责任；获得适用且廉价的原材料，并且在激烈的竞争中取得一席之地，这使得组织不得不和外部环境进行有效的沟通。而且，由于外部环境永远处于变化之中，组织为了生存就必须适应这种变化，这就要求组织不断地与外界保持持久的沟通，以便把握住成功的机会，避免失败的可能。

四、沟通方式

（一）口头沟通方式

口头沟通主要是指面对面的交谈、小组讨论、电话或其他情况下以讲话形式出现的沟通方式。口头沟通的主要优点表现为以下几点。

（1）口头沟通费时较少，可以迅速地相互交换彼此的思想，迅速地了解对方的反馈意见。

（2）能够随时当面提出问题和回答问题，提高沟通效率。

（3）口头沟通十分方便，用不着过多地准备什么。

（4）口头沟通时，彼此可以直接从对方的脸部表情、手势和说话时的语气等表达方式了解其真实感情。另外，有些管理人员书面表达能力较差，而口头表达能力较强，因而比较愿意采用口头沟通方式。

然而，口头沟通也有其自身的缺点。

（1）口头讲话时可能会因思考不周而无法全面、系统地阐明问题或因遣词造句的疏忽而造成不必要的误解。

（2）有些人还可能因口齿不清而影响沟通效果。

（3）由于种种原因（如自身口头表达能力差，对信息发送者权威的敬畏等），许多信息接受者提不出应提的问题，因而只得到一些囫囵吞枣的或断章取义的信息，从而可能导致代价高昂的错误。

（4）口头沟通如不作记录，则易造成事后口说无凭、容易遗忘等缺点。

（二）书面沟通方式

书面沟通往往显得比较严肃和正式，而且可以避免口头沟通带来的问题。书面沟通的优点表现为以下几点。

（1）用词比较准确，并便于归档保存，可供随时查阅。

（2）书面沟通可以使许多人同时了解信息，提高信息传递速度和扩大信息传递范围。

（3）它便于反复阅读、斟酌、理解。

书面沟通的缺点如下。

（1）虽然用书面形式沟通信息，使人们有可能去仔细地推敲，但常常达不到预期的效果。写得不好会词不达意，反而需要事后用更多的书面或口头信息来澄清，这样既增加了沟通的费用，也引起了混乱。

（2）书面沟通也无法确知信息是否送达，一方面可能由于管理者对书面报告不重视，对书面的东西处理不及时，有的干脆不看一眼就归入档案；另一方面也可能由于有的书面报告千篇一律而受冷落，或书面文件堆积如山来不及处理而搁置起来。

（3）书面沟通最大的弱点还是在于无法迅速得到对方真实的反馈意见。

（三）非语言沟通方式

除了使用口头、书面形式的沟通外，还可以使用其他含蓄的非语言沟通方式。人体是一个有力的、多样的表达工具，但却往往被人忽视或不受人注意。面部表情、各种手势动作，都可表示或帮助表示不同的感情或思想。例如，笑表示高兴、喜欢，哭表示悲伤，大吼表示发怒，轻唱表示快活，耳语表示神秘，喋喋不休表示烦恼，音调可表示怀疑、惊叹和加重语气。各种不同的面部表情，如惊奇的目光、可怕的一瞥、懒散的哈欠、震惊的张嘴、难以信任的傻笑、怀疑的皱眉，都是有效的交往方式。微笑表示友爱、同情、赞赏，举手表示注意，直立正坐表示恭敬，体态自然表示随便。只要身体语言运用得当，可以对沟通产生各种不同的影响。行动示范也是一种很有效的沟通方式，下级对上级的要求远远大于他对同事和对自己的要求，因此行动示范的沟通效果往往优于其他任何一种沟通方式。

精彩阅读

<h3 style="text-align:center">人际沟通技巧 4 招</h3>

1. 交谈中，触摸对方的手臂

在谈话中，把手放在对方胳膊上这个微小的动作，可以帮助双方建立一种微妙的默契！触碰满足了双方肢体接触的良好愿望，可使双方的情绪都变得平和。这个小动作可带来不可思议的好处：面对提出的要求，对方不再毫无情面地直接说"不"！身体语言多多益善，但也要注意分寸，不熟的人太亲密反而会让人感觉怪怪的。

2. 跟朋友聊天时，站得近一点

与朋友、亲人聊天甚至出游时，任何时候，我们都习惯跟人保持着自己的安全距离。每个人的安全距离是由个人经历、文化背景、家庭环境，甚至职业习惯决定的，远近不一，但是距离并不一定总是产生美，有时恰恰是这个距离成为造成朋友之间产生隔阂的罪魁祸首。下次与朋友谈话时，勇敢地迈近一点吧，站得近些，彼此的心灵也会更近一些。

3. 与人交往时，说出你的欣赏

看到小区保安扶着一个老奶奶上楼，马上称赞他，不要心里觉得这个人原来还不错，但不说出来，说出你的欣赏，这会让保安和你自己都感觉更快乐。告诉老妈她做的菜很美味，感谢男友多等了你 10 分钟，学会真诚而主动地赞美人。发现别人的优点，马上赞美他，表达正面而积极的观点时，也敞开心扉，和对方的联系将进一步加深。一段时间后，你会发现自己才是最大的受益者，要知道，施比受更加幸福。

4. 别再绷着脸了，笑一笑

不要以为只有心情好才能笑，研究证明，假装微笑其实是个心理假动作，仅仅微笑这个动作也会让你更开心。当然，前提是你那会儿心理并不难受。当我们微笑时，大脑会向我们传递信息：我很幸福，然后我们的身体就会放松下来。而当我们向别人微笑时，对方也会感觉更舒服，大部分人都会回报以微笑，这个良性循环的确会使我们更快乐。

（资料来源：news. xinhuanet. com/health/，2011 – 12 – 9）

<h1 style="text-align:center">第二节 沟 通 渠 道</h1>

信息沟通总是循着一定的路径、通道或渠道进行的。一般地，按照信息沟通是否是组织

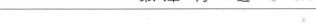

设计过程所正式规定的，可相应地将组织中发生的沟通分为正式沟通和非正式沟通两种。

一、正式沟通

（一）正式沟通的概念

正式沟通渠道是指按照组织设计中事先规定好的结构系统和信息流动的路径、方向、媒体等进行的信息沟通的方式。

（二）正式沟通的优缺点

正式沟通的优点主要是正规、严肃，富有权威性；参与沟通的人员普遍具有较强的责任心和义务感，从而易保持所沟通信息的准确性及保密性。其缺点主要是对组织机构信赖性较强而造成速度迟缓，沟通形式刻板，存在信息失真或扭曲的可能性；缺乏灵活性，信息传播范围受限制，传播速度比较慢。

（三）正式沟通网络

在正式群体中，人与人之间的信息交流结构称为正式沟通网络。美国心理学家莱维特把组织中常见的沟通网络归纳为以下 5 种：链式、Y 式、轮式、环式和全通道式，如图 8 - 1 所示。

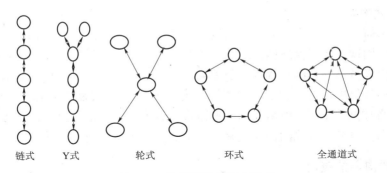

链式　　　Y式　　　轮式　　　环式　　　全通道式

图 8 - 1　沟通网络的基本形式

1. 链式沟通

链式沟通形态是一个平行网络，其中居于两端的人只能与内侧的一个成员联系，居中的人则可分别与两侧的人沟通信息。在一个组织系统中，它相当于一个纵向沟通网络，代表一个 5 级层次，逐级传递，信息可自上而下或自下而上进行传递。在这个网络中，信息经层层传递、筛选容易失真，各个信息传递者所接收的信息差异很大，平均满意程度有较大差距。此外，这种网络还可表示组织中管理人员和下属之间中间管理者的组织系统，属控制型结构。

2. Y 式沟通

Y 式沟通是一个纵向沟通网络，其中只有一个成员位于沟通的中心，成为沟通的媒介。在组织中，这一网络大体相当于组织领导、秘书班子再到下级管理人员或一般成员之间的纵向关系。这种网络集中化程度高，解决问题速度快，组织中领导人员预测程度较高。除中心人员外，组织成员的平均满意程度较低。此网络适用于管理人员工作任务十分繁重、需要有人选择信息、提供决策依据、节省时间而又要对组织实行有效控制的情况，但此风格易导致信息曲解或失真，影响组织中成员的士气，阻碍组织提高工作效率。

3. 轮式沟通

这种网络中的信息是经由中心人手而向周围多线传递的，其结构形状因为像轮盘而得名。它属于控制型沟通网络，其中只有一个成员是各种信息的汇集点与传递中心。在组织中，这种网络大致相当于一个主管领导直接管理几个部门的权威控制系统，所有信息都是通过他们共同的领导人进行交流，因此，信息沟通的准确度很好，集中化程度也较高，解决问题的速度快，领导人的控制力强，预测程度也很高，但沟通通道少，组织成员的满意度低，士气可能低落，而且此网络中的领导者在成为信息交流和控制中心的同时可能面临着信息超载的负担。一般地说，如果组织接受攻关任务，要求进行严密控制，同时又要争取时间和速度时，可采用这种沟通网络。

4. 环式沟通

环式沟通可以看成是链式形态的一个封闭式控制结构，表示 5 个人之间依次联络和沟通，其中每个人都可同时与两侧的人沟通信息。在这个网络中，组织的集中化程度和领导人的预测程度比较低，畅通渠道不多，组织中的成员具有比较一致的满意度，组织士气高昂。如果在组织中需要创造出一种高昂的士气来实现组织目标，环式沟通则是一种行之有效的措施。

5. 全通道式沟通

全通道式沟通是一个全方位开放式的网络系统，其中每个成员之间都有不受限制的信息沟通与联系。采用这种沟通网络的组织，集中化程度及主管领导的预测程度均很低。由于沟通通道多，组织成员的平均满意程度高且差异小，所以士气高昂，合作气氛浓厚。采用这种沟通网络，有利于集思广益，提高沟通的准确性，这对于解决复杂问题，增强组织合作精神，提高士气均有很大作用。但由于沟通通道多，容易造成混乱，且讨论过程通常费时，也会影响工作效率。委员会方式的沟通就是全通道式沟通风格的应用实例。

（四）正式沟通的流向

1. 纵向沟通

组织中的纵向沟通是指沿着命令链进行的向上和向下的沟通。向下沟通是信息从组织的最高管理层开始，通过各个管理层次向下流动的过程。向下沟通的确要内容可以是建议、指导、通知、命令、员工业绩评价等，沟通的目的是把与组织目标有关的信息提供给员工。

相反，向上沟通是沟通信息从组织的底层向较高管理层流动的过程，它通常包括进度报告、建议、解释以及关于支援和决策方向的请求等。上行沟通对组织来说与下行沟通同等重要。通过上行沟通员工有机会向上反映问题，管理者也可以准确地了解下属的情况，就此减轻员工的挫折感，增强参与意识，提高士气。有效的上行沟通同下行沟通一起形成双向的沟通渠道。

2. 横向沟通

组织中的横向沟通也就是水平方向的沟通，是指组织结构中处于同一层级的人员或部门间的信息沟通。横向沟通的主要宗旨在于为组织协调与合作提供一条直接的渠道。横向沟通能够产生组织内不同部门间的信息共享、相互协作；它还有助于消除组织内部的冲突；通过朋友和同事间的交流，横向沟通产生社会和情感的支撑。因此，横向沟通避免了纵向沟通中信息流动过于缓慢的弊端，减轻了管理者的沟通负担。它能够帮助员工提高士气和效率，增加员工的满意感。

3. 斜向沟通

斜向沟通也称交叉沟通，是指信息在处于不同组织层次的没有直接隶属关系的人员或部门间的沟通。其往往具有业务协调的作用。

二、非正式沟通

（一）非正式沟通的概念

非正式沟通是指正式组织途径以外的信息沟通方式。企业除了需要正式沟通外，也需要并且客观上存在着非正式沟通。这类沟通主要是通过个人之间的接触，以小道消息传播方式来进行的。非正式沟通的主要功能是传播员工所关心和与他们有关的信息，它取决于员工的社会和个人兴趣及利益，与组织正式的要求无关。

（二）非正式沟通网络

群体中信息的传播，不仅通过正式沟通渠道进行，还通过非正式渠道传播。美国心理学家戴维斯曾在一家皮革制品公司专门对 67 名管理人员进行调查研究，发现非正式沟通途径有四种传播方式。

（1）单线式。通过一连串的人，把信息传递到最终接受者。

（2）流言式。一个人主动地把信息传递给其他许多人。

（3）偶然式。按偶然的机会传播小道消息。

（4）集束式。又称葡萄藤式，是指把小道消息有选择地告诉自己的朋友或有关人。

戴维斯还发现，小道消息传播的最普遍的形式是集束式。在一个单位里，大约只有 10% 的人是小道消息的传播者，而且多是固定的一群，其余的人往往姑且听之，听而不传。总之，一个群体里，有的人是小道消息的"制造者"，有的人是小道消息的"传播者"，有的人是"夸大散播者"，而大多数人是只听不传或不听不传者。

戴维斯的研究表明，小道消息有五个特点：第一，新闻越新鲜，人们议论越多；第二，对人们工作越有影响，人们议论越多；第三，越为人们熟悉的，人们议论越多；第四，人与人在生活上有关系者，最可能牵涉到同一谣传中去；第五，人与人在工作中常有接触者，最可能牵涉到同一谣传中去。

小道消息由于均以口头传播为主，故易于形成，也易于迅速消失，一般没有永久性的结构和成员。对小道消息的准确性，有人曾做了统计。赫尔希对 6 家公司的 30 件小道消息作了调查分析，发现有 16 件毫无根据，5 件有根据也有歪曲，9 件真实。

在怎样评价非正式沟通渠道的问题上，人们有着不同的见解。一些人认为传播小道消息是散布流言飞语，应该加以禁止；另一些人则认为小道消息的传播可以满足组织内成员的需要，而且有助于弥补正式沟通渠道不灵活的缺陷。

一般来说，在一个企业里小道消息盛行是不正常的，会破坏企业的凝聚力，不利于企业的管理。研究表明，小道消息盛行常常是大道消息不畅的结果。因此，完善和疏通正式沟通渠道是防止小道消息传播的有效措施。另外，由于小道消息常常是组织成员忧虑心理和抵触情绪的反映，所以管理者应该通过谣传间接地了解员工的心理状态，研究造成这种状态的原因并采取措施予以解决。

（三）非正式沟通的特点

与正式沟通相比，非正式沟通有下列几个特点。

（1）非正式沟通信息交流速度较快。由于这些信息与员工的利益相关或者是他们比较感兴趣的问题，再加上没有正式沟通那种程序，所以信息传播速度大大加快。

（2）非正式沟通的信息比较准确。据国外研究显示，它的准确率可高达95%。一般说来，非正式沟通中信息的失真主要来源于形式上的不完整，而不是提供无中生有的谣言。人们常常把非正式沟通与谣言混为一谈，这是缺乏根据的。

（3）非正式沟通可以满足员工的需要。由于非正式沟通不是基于管理者的权威，而是出于员工的愿望和需要，因此，这种沟通常常是积极的、卓有成效的，并且可以满足员工的安全需要、社交需要和尊重需要。

（4）非正式沟通效率较高。非正式沟通一般是有选择地、针对个人的兴趣传播信息，正式沟通则常常将信息传递给本不需要它们的人。

（5）非正式沟通有一定的片面性。非正式沟通中的信息常常被夸大、曲解，因而需要慎重对待。

精彩阅读

交际场合中的交往艺术

1. 使用称呼就高不就低

在商务交往中，尤其应注意使用称呼就高不就低。例如，某人在介绍一位教授时会说："这是××大学的××老师。"学生尊称自己的导师为老师，同行之间也可以互称老师，所以有这方面经验的人在介绍他人时往往会用受人尊敬的衔称，这就是"就高不就低"。

2. 入乡随俗

一般情况下，也许人们会习惯性地问："你是青岛人还是济南人？"但是，当人在济南时，就应该问："你是济南人还是青岛人？"这也是对当地人的尊重。当到其他公司拜访时，不能说主人的东西不好，所谓客不责主，这也是常识。

3. 摆正位置

在人际交往中，要摆正自己和他人的位置。很多人之所以在人际交往中出现问题，关键一点就是没有摆正自己的位置。也就是说，在人际交往中下级要像下级，上级要像上级，同事要像同事，客户要像客户。摆正位置才能端正态度，这是交往时的基本命题。

4. 以对方为中心

在商务交往过程中，务必要记住以对方为中心，放弃自我中心论。例如，当请客户吃饭时，应该首先征求客户的意见，询问他爱吃什么，不爱吃什么，不能凭自己的喜好，主观地为客人订餐。如果客户善于表达，可以夸他说话生动形象、很幽默，或者又有理论又有实践，但不能说"你真贫，我们都被你吹晕了！"

交往以对方为中心，商务交往强调客户是上帝，客户感觉好才是真好。尊重自己尊重别人，恰到好处地表现出来，就能妥善地处理好人际关系。

（资料来源：http：//zhidao. baidu. com/question/394845127. html）

第三节　沟通的障碍及其改善方法

一、沟通的障碍

在沟通过程中，常会受到各种因素的影响和干扰，使沟通受到阻碍，影响沟通的效果。这些因素有个人的，也有组织的；有工具性的，也有文化的。下面从文化、社会、心理和物理四个方面，对这些因素进行分析。

（一）文化因素

造成沟通障碍的文化因素是指来自文化、知识、经验等方面的因素。具体表现在以下几个方面。

（1）表达能力不佳。如用词不当，词不达意，口齿不清或字体难辨；观念含糊，逻辑混乱；无意疏漏，模棱两可等，都会使对方难以了解发送者的意图。

（2）语义障碍。人与人之间的沟通，主要借助于语言（包括口头语言和书面语言）来进行，但语言只是作为交流思想的工具，是用以表达思想的符号系统，并不是思想本身。然而，在日常生活中，一词多义的情况是常见的，这就容易产生语义上的障碍。人的语言修养不同，表达与理解语言的能力不同，对同一种思想、观念或事物，有些人表达得很清楚，有些人表达得不清楚。同样，对某一个信息，有的人能马上理解，有的人听来听去还是不理解；有的人接收信息后做这样的解释，有的人会做那样的解释。因此，用语言表达意思，往往会产生语义障碍。

（3）文化程度障碍。双方的教育程度、文化素质相差太大，沟通时会使对方理解不了或难以接受。如大学生向文盲讲科学道理，文盲是难以理解其意的。

（4）经验障碍。发送者和接受者由于经验水平相距太大，会产生沟通障碍。这是因为发送者将信息编码时，只是在自己的知识和经验范围内进行编码；同样，接受者也只能在自己的知识和经验基础上进行解码，理解对方传送信息的含义。因此，当发送者与接受者的知识水平、经验水平相距太大时，在发送者看来很简单的问题，接受者因没有这方面的知识经验，会理解和接受不了。造成这种状况的原因是双方没有"共同经验区"；相反，如果沟通双方有较多的"共同经验区"，则信息就容易传送和接收。

（二）社会因素

造成沟通障碍的社会因素主要有地位障碍、职业障碍及组织结构障碍。

（1）地位障碍。发送者和接受者双方地位悬殊，容易造成沟通障碍。研究表明，一般上级或主管人员容易存在一种"心理巨大性"，下属"心理微小性"易使下级不敢畅所欲言，这会阻塞上下级之间的信息沟通。比如，占据高位、掌握实权的人，如果官僚主义、命令主义作风严重，群体成员会敬而远之，影响上下级间信息的畅通；若领导者平易近人，发扬民主，以普通劳动者的身份和下级接触，就能消除地位障碍。

（2）职业障碍。由于职业上的不同，不懂对方的行业用语，也会造成沟通的困难，即所谓的"隔行如隔山"。消除职业障碍的办法是双方都使用彼此能听懂的语言，在社交场合尽量不使用行业术语。

（3）组织结构障碍。由于组织层次过多，部门设置不合理等，当信息从较高层逐级向下传递到最低层，或从最低层逐级向上传递到较高层时，因为每经过一个层次，都会出现失真，积累起来，便会对信息沟通的效果带来极大的影响。研究表明，信息从基层向高层沟通时，许多细节会被过滤掉；而信息由高层向基层传递时，又会逐级添加许多细节。要消除组织结构障碍，应该精简机构、减少层次，提倡越级交往。

（三）心理因素

造成沟通障碍的心理因素主要有认识障碍、态度障碍、情绪障碍和人格障碍。

（1）认识障碍。认识方面的障碍是由双方认知失调而引起的。由于各人的认识水平、需求动机、看问题角度的不同，对同一信息往往会有不同的理解和评价。另外，人们的知觉具有选择性，对信息的重视程度不同，凡人们认为价值大的信息会引起注意，认真接受；凡被人们诊断为价值不大或没有价值的信息，就会不重视，甚至不予理睬。

（2）态度障碍。如果交流双方存在偏见，对事物持有不同的态度，也会造成沟通障碍。

（3）情绪障碍。情绪障碍对信息的传递影响很大。如果双方都处在激情状态或心境不佳的时刻，就难以沟通意见，甚至会歪曲对方的信息。即使是同一个人，由于其接受信息时的情绪状态不同，也可能对同一信息作出不同解释和行为反应。

（4）人格障碍。一个人的性格、气质、价值观等方面的差异，常常会成为沟通的障碍。人们在沟通时，由于价值观的不同，往往会按照自己的观点对信息进行筛选，符合自己观点和需要的，很容易听进去，不符合自己观点和需要的，就不愿意听。人们习惯于尽量使信息适合自己的"胃口"，或者从自己的需要出发猜测上级的意图，或者从上级的谈话中找"言外之意"，从文件中找"弦外之音"。通常一个诚实、正直的人，发出的信息容易使人相信。气质也影响沟通的效果，情绪急躁的人对信息的理解容易片面，情绪稳定的人能较好地接收和理解信息。

（四）物理因素

造成沟通障碍的物理因素主要是客观上的障碍，包括自然障碍、机械障碍、距离障碍和信息过量的障碍。

（1）自然障碍。如刮风下雨、闪电雷鸣或环境中存在较大的噪声干扰，都会造成沟通困难，甚至信息失真，沟通中断。

（2）机械障碍。如通讯设备的性能不好、质量不高，甚至发生故障，也会造成沟通困难，甚至信息失真，沟通中断。

（3）距离障碍。空间距离过远，环节过多，同样会影响信息传递，造成沟通困难。例如，人与人之间的距离过大，听不清楚对方的声音，或看不清楚对方的表情、手势，都会影响沟通效果。

（4）信息过量的障碍。现在是一个"信息爆炸"的时代，管理人员常常被淹没在大量的信息中，而事实上，他们只需要利用所获取信息中的一小部分来进行决策。信息过量不仅使管理者缺少处理信息的时间，而且也使他们难于向同事提供有效的、必要的信息，沟通也随之变得十分困难。所以，应该筛选有用的优质信息进行沟通。

二、沟通的改善

改善沟通的途径有好多种。首先是要对沟通的状况进行检查，检查的结果可以作为改革组织机构与系统的基础；其次是要应用沟通技术，重点是处理人际关系和耐心聆听等技术。

（一）沟通状况的检查

改善组织沟通的方法之一，就是对沟通状况进行检查，这是一种宏观的方法。这种方法是要审核沟通的政策、网络和活动。在审核时，可把组织的沟通看做是一组与组织目标的实现有关的因素。有意思的是，在这里沟通本身并不被认为是目的，而只是达到组织目标的手段，是时常被那些只注意人际关系的人所遗忘的。信息沟通系统的职能之一是把计划、组织、人员配备、领导和控制等管理职能集中在一起。信息沟通系统的另外一个职能就是把组织与其外界环境联系在一起。

下面提及的几个沟通网是需要加以审核的。

（1）在政策、规程、规定、上下级关系等方面与管理或工作任务有关的网络。

（2）与解决问题、召开会议和提改革建议等方面有关的创新网络。

（3）与表扬、奖励、晋升以及其他使组织目标和个人目标联系起来的各种工作有关的笼络人才的网络。

（4）与组织的出版物、布告栏以及小道传闻等有关的信息构成的网络。

由此可见，沟通的检查工作是将沟通与许多关键性的管理活动联系在一起进行分析的工具。它不仅在发生问题时有用，而且也可以用来预防问题发生。检查的方式可以多种多样，可以包括观察、民间测验式的书面调查、面谈和对书面文件进行分析等。虽然对沟通系统进行初步的审查是非常重要的，但随后必须写出定期性的报告。

（二）沟通的技术和准则

沟通的任何一个阶段（信息的发送者进行编码时，信息传递时，以及接受者在解码、了解信息时）都可能发生故障。当然，在信息传递过程中的每个部分一定又会有"噪声"来干扰信息的有效沟通。

有效的沟通要求以信息发送者和接受者双方都熟悉的符号进行编码和解码。因此，主管人员（尤其是职能部门的专家）应当避免使用技术术语，因为这些行话只有专门学科的专家才会理解。良好地进行沟通的一个重要方面就是仔细聆听。那些性急如火，从来不肯耐心地听人说话的主管人员，很少能对自己所管辖组织的工作状况有个客观的看法。拥有足够的时间、设身处地地为他人着想、集中精力听取别人传递来的信息，都是"理解"信息的先决条件。人们要求有人能听取他们的意见，要求别人对他们认真看待，要求得到别人的了解。因此，作为一个主管人员必须避免打断下属的谈话，不使他们处于随时提防的境地。

一个聪明的主管人员与下属谈话，也应要求对方提供反馈信息。因为如果没有反馈，人们就永远不能确知沟通的信息是否已为对方所了解。向下属征求实事求是的反馈信息，创造一种信任感和有信心的气氛，以及支持下属工作的领导方式，都是很必要的，还要尽量减少那些象征着职务地位的动作（如"挡"在宽大无比的高级领导人使用的办公桌后面和人谈话）。

下面是美国管理协会（American Management Association）建议的一些简短的准则，以供参考。

（1）进行沟通之前，要明确思想。

（2）考查沟通的目的。

（3）进行沟通时，要认清当时的物质环境和人事环境。

（4）在计划沟通时，要和别人商量，以便争取别人的支持和掌握事实。

（5）要考虑信息的内容及其含义。

（6）尽可能使传送的信息对接收者有益或有用。

（7）为使沟通有效，必须使它持续不断。

（8）传送的信息的重要性，可以是长期的，也可以是短期的。

（9）主管人员的言行必须与所传达的信息一致。

（10）做一个能耐心聆听他人意见的人。

上述的最后一点非常重要。耐心聆听是一种可以培养的技巧。有人提出这样一种简单的试行办法，你在下一次与人发生争执时，不妨按这样的规则行事：正确地复述对方的意思和感觉，并在得到对方的确认后，再发表自己的意见。这条规则看似简单，但实行起来很困难。它需要耐心地聆听、正确地了解和设身处地地为他人着想的态度。

基思·戴维斯（Keith Davis）提出了另一种改善聆听效能的十条准则，其要求并不很高，但却更为实用。这十条准则是：先别说话，使对方的精神状态放松，使对方感到你想听听他的意见，去除一切能转移注意力的因素，设身处地地考虑对方的想法，要有耐心，不发脾气，在辩论和批评时态度要从容，多提问题，别多嘴。上述第一条和最后一条准则最为重要，因为一个人只有在不说话、不多嘴的情况下才能真正地听取他人的意见。

三、沟通的原则

（一）准确性原则

明确、清晰的信息是良好沟通的开端。当沟通能以一种接受者易于了解的语言和传递方式进行时，它便有准确性。在许多情况下，信息的发送者都很自信地认为自己发出的信息是明确、清晰的，对方应该可以理解，当他看到对方不能理解自己所发出的信息时，往往把责任推给对方，而不是检查信息源是否有问题。要做到信息的准确性，信息发送者需要具备一定的沟通能力，并熟悉传送对象，如下属、同事、上司或其他相关人员的语言和非语言表达方式。

（二）时效性原则

在沟通过程中，不论是主管人员向下沟通信息，还是主管人员向上沟通信息以及横向沟通信息，除需注意信息的准确性原则外，还应注意时效性原则。时效性就是沟通双方要在尽可能短的时间里进行沟通，并使信息发生效用。因此，首先应做到传送及时，在信息传递过程中，减少中间环节，避免信息的过滤，使信息以最快的速度到达接受者手中。其次应做到反馈及时。接受者接收到信息后，不要耽误时间，而要及时地反馈给发送者，这样有利于发送者修正信息。最后要做到信息的利用及时。因为信息具有较强的时效性，这就要求双方应及时利用信息，避免信息过期无效。只有这样，才能使组织确定的政策、目标、人员配备等情况尽快得到下级主管人员或员工的理解和支持，同时可以使主管人员及时掌握下属的思想、情感和态度，从而提高管理水平。在实际工作中，信息沟通常因发送者不及时传递或接受者的理解、重视程度不够，而出现事后信息，或从其他渠道了解信息，使沟通效果起不到正常的作用。当然，信息的发送者出于某种意图，而对信息交流进行控制也是可行的，但在达到控制的目的后，应及时进行信息的传递。

（三）效率原则

沟通是否高效，这是双方的责任，对信息发送者有信息准确的要求，对信息接受者同样有接收准确的要求。由于要注意的信息太多，而人们的注意力有限，所以接受者必须集中精力，克服思想不集中，记忆力差等毛病，注意那些最有价值的信息，可能的话要做好事先准备，不放过任何有用的信息，这样，才能够对信息有正确的理解。另外，接受者也应改进自己的理解和阅读能力，这样不仅可以提高信息接收的效率，对信息发送者也是一种尊重和鼓励。当信息发送者看到他的听众心不在焉时，他可能会转移话题或削减信息内容，沟通就不能有效地进行。

除此之外，在企业管理中，不承认非正式组织及非正式沟通是不现实的。在以正式沟通为主导的现代企业管理中，管理者在强化正式沟通时，必须有意识地提高利用非正式沟通渠道的自觉性，把一些正式渠道不好办、难办的事放到非正式沟通渠道中来处理，使"小道消息"按照管理者的意志在组织内部传播，同样能达到提高管理效率的目标。

（四）效益原则

不管干什么事情都应考虑效益的高低，不能做毫无成效的工作。因此，有效的沟通也应达到预期的效果，即沟通双方在观点、态度等方面的合作与认同，以及情感上的相互支持，最终达到沟通的建设性效果。只有通过提高沟通的效益，加强企业管理，才能增强企业的核心竞争力。为了提高沟通的效益，可从创建适当的企业文化、加强组织建设及促进团结协作等方面入手。

四、沟通的方法

沟通中的方法是多种多样的，除了前面所述的沟通类型等具体的方法外，还应包括发布指示、会议制度、个别交谈等。沟通的方法运用要随机制宜，因人而定。

（一）发布指示

在指导下级工作时，指示是重要的。指示可使一个活动开始着手、更改或制止，它是使一个组织生机勃勃或者解体的动力。

1. 指示的含义

指示作为一种自上而下的沟通方式，可理解为是上级的指令，具有强制性。它要求在一定的环境下执行任务或停止工作，并使指示内容和实现组织目标密切关联，以及明确上下级之间的关系是直线指挥的关系。这种关系是不能反过来的，如果下级拒绝执行或不恰当地执行了指示，而上级主管人员又不能对此使用制裁方法，那么他今后的指示可能失去作用，他的地位将难以维持。为了避免这种情况的出现，可在指示发布前听取各方面的意见，对下级进行训导，或严格监督和控制下级。

2. 指示的方法

管理中对指示的方法应考虑下列问题。

（1）一般的或具体的。一项指示是一般的还是具体的，取决于主管人员根据其对周围环境的预见能力以及下级的响应程度。坚持授权应明确主管人员倾向于具体的指示，而在对实施指示的所有周围环境不可能预见的情况下，大多采用一般的形式。

（2）书面的或口头的。在决定指示是书面的还是口头的的时候，应考虑的问题是：上下级之间关系的持久性、信任程度，以及避免指示的重复等。如果上下级之间关系持久，信任程度较高，则不必书面指示。如果为了防止命令的重复和司法上的争执，为了对所有有关人员宣布一项特定的任务，则书面指示大为必要。

（3）正式的或非正式的。对每一个下级准确地选择正式的或非正式的发布指示的方式是一种艺术。正确采用非正式的方式来启发下级，用正式的书面或口述的方式来命令下级。

（二）会议制度

开会是一种很好的交流方式，会议的作用表现在以下几方面。

（1）会议是整个组织活动的一个重要反映，是与会者在组织中的身份、影响和地位等所起作用的表现。会议中的信息交流能在人们的心理上产生影响。

（2）会议可集思广益。与会者在意见交流之后，就会产生一种共同的见解、价值观念和行动指南，而且还可密切相互之间的关系。

（3）会议可使人们了解共同目标、自己的工作与他人工作的关系，使之更好地选择自己的工作目标，明确自己怎样为组织作出贡献。

（4）通过会议，可以对每一位与会者产生一种约束力。

（5）通过会议，能发现人们之前未注意到的问题，而认真地考虑和研究。

会议的种类主要有工作汇报会、专题讨论会、员工座谈会等。必须强调的是，虽然会议是主管人员进行沟通的重要方法，但绝不能完全依赖这种方法。而且，会议要有充分准备，民主气氛浓厚，讲求实效，切忌"文山会海"的形式主义。

（三）个别交谈

个别交谈是指领导者用正式或非正式的形式，在组织内外，同下属或同级人员进行个别谈话，征询谈话对象对组织中存在问题和缺陷的个人看法及对别人的意见（包括对主管人员的意见）。这种形式大部分都是建立在相互信任的基础上，无拘无束，双方都感到有亲切感。这对双方统一思想、认清目标、体会各自的责任和义务都有很大好处。在这种情况下，人们往往愿意表露真实思想，提出不便在会议场所提出的问题，从而使领导者能掌握下属人员的思想动态，在认识、见解、信心诸方面容易取得一致。

管理定律

雷鲍夫法则

在下面八条中，有六条是由美国管理学家雷鲍夫总结提炼的，只有第一条和第四条是由别人补充的。管理界将这些语言交往中应注意的八条，统称为雷鲍夫法则。也有人将雷鲍夫法则称为建立合作与信任的法则，还有人将雷鲍夫法则称为交流沟通的法则。

在着手建立合作和信任时要牢记以下语言。

（1）最重要的八个字是：我承认我犯过错误。

（2）最重要的七个字是：你干了一件好事。

（3）最重要的六个字是：你的看法如何。

（4）最重要的五个字是：咱们一起干。

（5）最重要的四个字是：不妨试试。

（6）最重要的三个字是：谢谢您。

（7）最重要的两个字是：咱们。

（8）最重要的一个字是：您。

点评：记住经常使用，它会让你事半功倍。

（资料来源：http：//wiki. mbalib. com/wiki）

思考与讨论

1. 沟通的过程包括哪几个步骤？

2. 口头沟通方式有哪些优缺点？

3. 书面沟通方式有哪些优点？

4. 正式沟通渠道的特点是什么？

5. 沟通的障碍有哪些？

6. 沟通的原则有哪些？

7. 沟通的方法是什么？

管理游戏

幽默大师的西裤

[操作步骤]

培训师先讲一段幽默大师马克·吐温的幽默逸闻给大家听。

据说有一年，幽默大师马克·吐温要去美国的一所大学演讲，在演讲的前一天晚上，大师发现新做的西裤右边短了一小截。因为时间太晚，裁缝铺都关门了，没办法，第二天只能这样登台了，这一切，大师的母亲、女儿和妻子都看在眼里。

等到了夜晚，大师已经睡下，但他的母亲却怎么也睡不着，因为她想着那条短腿的裤子，左思右想，怎么也不能让孩子穿短腿的裤子去上台演讲，于是，大师的母亲悄悄地爬起来，她又怕惊醒家人，摸着黑找到了那条裤子，剪了剪，缝了缝，然后带着满意的心情，摸着黑回去睡觉了。

过了一会儿，大师的妻子也起来了。作为大师的妻子，她怎么能让自己的丈夫穿着短腿的裤子去演讲呀！于是，大师的妻子也悄悄地起来，她也怕惊醒家人，摸着黑找到了那条裤子，剪了剪，缝了缝。然后带着满意的心情，摸着黑回去睡觉了。

又过了一会儿，大师的女儿起来了，原因吗？当然是，作为大师的女儿，她怎么能让自己崇拜的父亲穿着短腿的裤子上台演讲呢。于是大师的女儿也悄悄地起来，她同样怕惊醒家人，摸着黑找到了那条裤子，剪了剪，缝了缝，然后带着满意的心情回去睡觉了。

第二天早上，三个女人早早起床，他们要看着自己所爱的人，穿着西裤精神抖擞地去演讲。

可是等大师穿好裤子，三个人呆住了，因为她们看到，现在的裤子不是右边短了一小截，而是左边的裤子短了一大截。

大师也愣住了，当知道事情的原委后，随即爽朗地笑了起来，幽默大师就是幽默大师，他就穿着这条裤子去了会场。

到了会场，他还没说话呢，全场就爆笑如雷。但大师很镇定地开始了当天的演讲，演讲的题目即兴地改为：爱与沟通！

［相关讨论］

（1）你有没有类似沟通不畅的经历，本来的好心变了味道？

（2）在这个故事里，你有什么样的感悟？

［游戏总结］

（1）沟通不畅是很多问题产生的根源，在工作与生活中，很多时候人们彼此之间的沟通并无根本冲突，但沟通不畅却往往会造成真正的冲突。

（2）很少听说因为沟通过度产生问题的，倒是很容易听到因为缺乏沟通，导致矛盾不断。

（3）在沟通中，每方都应负百分之百的责任，主动沟通是好习惯，缺乏主动沟通的习惯，就像故事中一样，好心也可能做坏事。

（资料来源：钟锐. 培训游戏金典. 北京：机械工业出版社，2006）

综合分析

斯塔福德航空公司的内部传闻分析

斯塔福德航空公司是美国西北部一个发展迅速的航空公司。然而，最近在其总部发生了一系列的传闻。公司总经理波利想出卖自己的股票，但又想保住自己总经理的职务，这是公开的秘密了。他为公司制订了两个战略方案：一个是把航空公司的附属单位卖掉，另一个是利用现在的基础重新振兴发展。他曾经对这两个方案的利弊进行了认真分析，并委托副总经理本查明提出一些参考意见。本查明曾为此起草了一个备忘录，随后叫秘书比利打印。比利打印完以后即到员工咖啡厅去。在喝咖啡时比利碰到了另一个副总经理肯尼特，并将这一秘密告诉了他。

比利对肯尼特悄悄地说："我得到了一个最新消息。他们正在准备成立另外一个航空公司。他们虽说不会裁员，但是我们应该联合起来，有所准备啊。"这些话又被办公室的通讯员听到了。他又高兴地立即把这个消息告诉了他的上司巴巴拉。巴巴拉又为此事写了一个备忘录给负责人事的副总经理马丁。马丁也加入了他们的联合阵线，并认为公司应保证兑现其不裁减员工的诺言。

第二天，比利正在打印两份备忘录。备忘录却被路过办公室探听消息的莫罗看见了。莫罗随即跑到办公室说："我真不敢相信公司会做这样的事情，我们要卖给航空公司了，而且要大量减员呢！"

这个消息传来传去，3天后又传回总经理波利的耳朵里。他也接到了许多极不友好甚至是敌意的电话和信件，人们纷纷指责他企图违背诺言而大批解雇工人。有的人也表示为与别的公司联合而感到高兴，波利则被弄的迷惑不解。

后来波利经过多方了解，终于弄清了事情的真相。然后波利就采取了澄清传闻的措施。首先他给各部门印发了他为公司制订的那两个战略方案，并让各部门的负责人将两个方案的内容发布给全体员工。然后在三天后，他把全公司的员工召集在一起，让他们谈谈对这两个方案的看法。员工们各抒己见，但多数人更倾向于第二个方案。最后波利说："首先，向大家道歉，由于我的工作失误使大家担心了，很抱歉，希望大家能原谅我。其次，我看到大家这样的爱公司，我也很受鼓舞，其实前几天大家所说的那件事就是这两个方案的'升华'，今天我看到了大家的决心，那么我就更有信心，使我们的公司发展更好。谢谢！"

最后，该公司采取了第二个方案，公司也更迅速地发展起来。

（资料来源：wenwen. soso. com/z/q1675834. htm，2012－9－22）

问题：

（1）总经理波利怎样才能使问题得到澄清？

（2）这个案例中发生的事情是否具有一定的现实性？

（3）你认为应该采取什么态度对待非正式沟通问题？

参考答案：

企业中非正式沟通是客观存在的并且在企业中扮演着重要角色。由于非正式沟通的主要功能是传播员工所关心的有关的信息，因此，它具有信息交流速度快、信息比较准确、沟通效率高和满足员工需要的特点。但非正式沟通有一定的片面性，沟通中的信息常常被夸大曲解，所以管理者应正确对待非正式沟通，而且应该重视这方面信息的收集，以把握员工的动向，并对传播者给予原谅。

第九章

控　制

学习目标

1. 理解控制的定义；
2. 理解控制的特点；
3. 了解控制的分类；
4. 理解控制原理；
5. 了解控制过程；
6. 掌握常用的控制方法。

管理故事

　　经过长达 15 年的精心准备，耗资超过 15 亿美元的哈勃（Hubble）太空望远镜终于在 1990 年 4 月发射升空。但是，美国国家航天管理局（NASA）发现望远镜的主镜片仍然存在缺陷。由于主镜片的中心过于平坦，导致成像模糊。因此望远镜对遥远的星体无法清晰地聚焦，结果造成一半以上的实验和许多观察项目无法进行。

　　更让人觉得可悲的是，镜片的生产商珀金斯—埃尔默公司（Perkings－Elmer）使用了一个有缺陷的光学模板来生产如此精密的镜片。具体原因是，在镜片生产过程中，进行检验的一种无反射校正装置没有设置好。校正装置上的 1.3mm 的误差导致镜片研磨、抛光成了错误的形状，但是没人发现这个错误。具有讽刺意味的是，与其他许多 NASA 项目不同的是，这一次并没有时间上的压力，而是有充分的时间来发现望远镜上的错误。实际上，镜片的粗磨在 1978 年就开始了，直到 1981 年才抛光完毕。此后，由于"挑战者号"航天飞机的失事，完工后的望远镜又在地上待了两年。

　　NASA 负责哈勃项目的官员对望远镜制造过程中的细节根本不关心。之后一个由 6 人组成的调查委员会的负责人说："至少有 3 个明显的证据说明问题的存在，但这 3 次机会都失去了"。

　　启示：哈勃望远镜的例子说明了在一个组织机构中控制的重要性。一件事情，无论计划做得多么完善，如果没有令人满意的控制系统，在实施的过程中仍然会出问题。因此，对于有效的管理，必须考虑到设计良好的控制系统所带来的好处。

（资料来源：yingyu. 100xuexi. com/view/specdata/20. 2012－11－4）

第一节 控 制 概 述

控制是管理工作的最重要职能之一，它是保证企业计划与实际作业动态相适应的管理职能。在企业活动中，由于受外部环境和内部条件变化的影响，实际执行结果与预期目标不完全一致的情况时有发生，这就需要通过控制进行纠偏，以保证预期目标的顺利实现。控制系统越是完善，组织目标就越容易实现。

一、控制的概念

"控制"一词最初起源于希腊语"掌舵术"，意指领航者通过发号施令将偏离航线的船只拉回到正常航线上来。由此说明，维持朝向目的地的航线，或者说维持达到目标的正确行动路线，是控制概念的核心含义。控制是组织在动态的环境中为保证既定目标的实现而采取的检查和纠偏活动或过程。控制职能就像船上的舵，为组织提供了一种不断调整路线和偏差的机制。

从广义来理解，控制工作实际包括纠正偏差和修改标准两方面内容。这是因为积极有效的控制工作，不能仅局限于针对计划执行中的问题采取"纠偏"措施，它还应该能促使管理者在适当的时候对原定的控制标准和目标作适当的修改，以便把不符合客观需要的活动拉回到正确的轨道上来。就像在大海中航行的船只，一般情况下船长只需对照原定的航向调整由于风浪和潮流作用而造成的航线偏离，但由于出现巨大的风暴和故障，船只也有可能需要改变整个航线，驶向新的目的地。这种导致控制标准和目标发生调整的行为，简称"调试"，应该是现代企业制度下控制工作的主要组成部分。

二、控制的结构

控制的结构由控制主体、控制对象与控制中介3个基本要素构成。

（一）控制主体

控制主体是指"谁来监督控制"的问题，管理者无疑是控制主体。但在一定程度上，更应该承认组织的全体员工也是控制的主体。首先，这是因为组织的员工处在工作第一线，最容易掌握实际情况以及与计划的偏差；其次，决策与目标也应该反映员工的利益及愿望；第三，现代管理所倡导的自我控制与相对控制也体现了每名员工都是一定程度与范围内的控制主体。

全体员工作为控制主体，但在组织的不同发展阶段也有不同的表现形式，从员工自身到"老三会"中的职工代表大会再到"新三会"中的监事会很好地表明了控制主体表现形式的变化。

（二）控制对象

控制对象也就是"控制什么监督谁"的问题。控制对象包括决策的实施过程（即各层次执行者的活动和结果，这是一个自上而下的控制过程）、决策及方案本身（即各层次决策者，这是一个自下而上的反馈控制过程）。

对于组织运行过程的控制，主要是监督与纠偏，而对于决策计划本身的控制，主要是反馈和修正。

（三）控制中介

控制中介是控制主体和控制对象之间产生相互作用，从而使控制得以实现的手段与方法。不同的管理系统和不同的控制类型可以采用不同的手段和方法，但基本的中介和手段是控制的管理信息系统。

要保证控制的有效性，必须具备两个条件：一是信息的真实、全面、及时与适用性；二是要保证信息的高效畅通。

三、控制的类型

管理控制的种类很多，采取不同的分类方法，可以把控制划分为不同的类型。最为常见的有以下几种分类方法：一是根据控制的性质，把控制分为预防性控制和更正性控制；二是根据控制获取的方式和时点的不同，将控制分为前馈控制、现场控制和反馈控制；三是按照控制的内容，将其分为预算控制、信息控制和质量控制；四是根据控制源的不同，把控制分为正式组织控制、群体控制和自我控制；五是按照控制所采取的手段，把控制分为直接控制和间接控制。

（一）预防性控制与更正性控制

1. 预防性控制

预防性控制是指为了避免产生错误或尽量减少今后的更正性活动，为了防止资金、时间或其他资源的损耗而采取的一种预防保证措施。

使用这种控制措施，要求对整个运行活动的关键点有比较深刻的理解，能预见问题。一般说来，法律法规、规章制度、工作程序、人员训练和培养计划等，在管理活动中都起着重要的预防控制作用。当然，这些预防性措施能否真正被遵守，还必须有良好的监控机构作为保证。

实施预防性控制方法的优点是可以促使管理者更多地进行自我控制，从而主动地对潜在的问题采取纠正措施；在向管理者个体委派任务时，有着较大的准确性，也为管理者定期、经常性的评价以及组织的培训提供了依据；可以获得下属更多的信任与支持；会有效地减少组织运行中的种种偏差，节约经费开支。

2. 更正性控制

更正性控制是指为了发现工作中存在的问题以便进行更正而进行的控制。更正性控制的目的是发现行为的偏差并使行为或实施进程回到预先确定的或管理者所希望的水平。例如，审计制度增加了管理部门采取迅速更正措施的能力，因为定期对企业进行检查，有助于及时发现问题、解决问题。

（二）前馈控制、现场控制与反馈控制

控制职能可以按照控制活动的位置，即侧重于控制事物进程的哪一个阶段，而划分为三

种类型，即前馈控制、现场控制和反馈控制。

1. 前馈控制

前馈控制是在工作正式开始前对工作中可能产生的偏差进行预测和估计并采取防范措施，将可能的偏差消除于产生之前。

"运筹帷幄之中，决胜千里之外"。前馈控制就是人们所说的未雨绸缪、三思而后行，在事前根据各种因素制订方案措施，是专业技术部门根据实践经验、技术参数等制定的一种可行性引用和借鉴的方法。前馈控制是控制的最高境界，是对整体运行的统筹规范，涵盖整个运作流程。它是一个参考的预案，规划出一个大的方向，提示执行者需要在哪些变量中注意哪些问题，或者需要提供哪些方面的支持，对它的风险程度和不稳定性加以评估后所制定的对策。要求执行者在深入了解事前预测情景中，根据环境的变量因素加强过程控制的依据。所以前馈控制能起到一个预警的作用，使执行者在执行过程中有一个预知心理，酝酿出多种可选方案，在情景变量中理性应对，是过程控制的先导，是一种努力促使整个管理过程不发生任何偏差的控制方法。在控制职能中，前馈控制是现场控制的依据。

在实践中，管理人员一般依靠总结过去发生的事件中包含的一般规律和预测事物未来发展变化的趋势来制订计划。制订计划要留有余地，事先确定出可能出现的变化和相应的计划修改措施。不断地对未来作出预测，并根据预测的结果对未来的行为提出调整意见是前馈控制的关键。

在企业管理控制活动中，前馈控制的内容包括对人力资源、原材料、资金等的前馈控制。比如，人力资源必须适应任务要求，数量和素质方面有能力完成指派的任务，并控制机构臃肿，人浮于事的现象；利用统计抽样来控制原料质量，根据抽样不合格率决定接受或退货，根据库存理论控制库存储备量等。例如，某化肥厂考虑到未来一年化肥市场的整体走向和季节变化，提出全年计划销售量和销售平均价。同时提出，考虑到化肥市场具有的季节性特征，在旺季，月销售量和销售单价应当高于全年月均销售量和价格一定的比例；在淡季，则可以低于一定的比例，而且，不同月份可以进一步有所区别。

2. 现场控制

现场控制是指在计划的执行中同步进行控制，也称为同步控制或同期控制。现场控制是一种管理者与被管理者面对面进行的控制活动，其目的主要在于及时纠正工作中出现的各种偏差。

现场控制集中表现在基层管理活动中，其主要包括以下内容：

（1）管理者直接向下属指示适当的工作方法和工作过程；

（2）在现场监督下属的工作，以确保计划目标的顺利实现；

（3）发现偏差立即采取措施，予以纠正；

（4）发现以前未曾出现过的新问题，采取果断措施，予以纠正，或者及时向其他部门和人员上报情况。

对于一个组织来说，实现有效的现场控制必须具备以下条件。

（1）较高素质的管理人员。在现场控制中，管理者没有足够的时间对问题进行深入细致的思考，也很少有机会和他人一起分析讨论，常常依靠自身的知识、能力和经验，甚至是"直觉"，及时发现并解决问题，这需要管理人员具有较高的素质。高素质的管理人员不仅能迅速解决常见问题，而且面对棘手的新问题时，也能及时作出准确的判断，并果断提出处理意见。

（2）下属人员的积极参与。现场发生的问题常常是程序化的，多数操作性较强，注重问题的细枝末节。管理者在按照计划对下属实施控制过程中，必须多听取下属人员尤其是一线人员的意见和建议。

（3）适当授权。在现场控制过程中，管理人员必须及时发现问题、解决问题，不应当也不能事事都向上级请示，以免造成工作中断和贻误战机。所以，担负现场控制责任的管理人员应当拥有相应的职权。

（4）层层控制、各司其职。一般而言，现场控制是上级管理者对下级人员的直接控制。一个管理组织中，可能同时存在多个管理层级，有效的现场控制必然是由最熟悉情况的管理人员实施，这样才能保证全面深入地了解问题并提出最为切实可行的方案，还可以避免多头控制和越级管理。因此，由熟悉第一手情况的直接管理者实施现场控制最为有效。

3. 反馈控制

反馈控制即在计划完成后进行控制，也叫事后控制。也就是管理人员分析以前的工作的执行结果，将它与控制标准相比较，发现偏差所在并找出原因，拟定纠正措施以防止偏差发展或继续存在，对那些需要重复运作的行业，为下一轮作业过程奠定控制依据。

反馈控制的主要缺点是时滞问题，即从发现偏差到采取更正措施之间可能有时间延迟现象，在进行更正时，实际情况可能已经有了很大的变化，而且往往是损失已经造成了。例如，盲目跟随潮流，总比市场发展速度慢半拍的企业，就是事后控制反馈速度滞后的典型。

以上三种控制方法虽然各有特点，但在实际中往往是交叉使用的。前馈控制虽然可以事先做好准备，防患于未然，但有些突发事件是防不胜防的，这时必须辅之以现场控制，否则将前功尽弃。同样，不论是前馈控制还是现场控制，都要用反馈控制来检验，因为计划是否按预定执行，不是仅靠想象就行了，必须有真实的业绩支持。另外，在循环发展的过程中，对前一个阶段是反馈控制，但对另一个阶段则往往是前馈控制。而且，现场控制没有标准与积累也是难以奏效的。

（三）预算控制、信息控制与质量控制

1. 预算控制

预算控制即对组织活动所需的费用、成本、支出等进行的事前安排，以及支出过程中的控制。在预算控制中，最为重要的又是财务预算控制。预算控制对每一个组织都是重要的。因为每一个组织在开展活动、实现目标的过程中，都有费用和成本。对企业来说，要求通过预算控制使成本最低，利润最大；对非企业型的其他组织来说，同样要求节省费用，效果最佳，达到效用最大化。

2. 信息控制

信息控制即对组织的信息流动进行的控制，信息是控制的前提，同时又是控制的对象。现代组织研究表明，信息是一个组织生存、发展不可缺少的要素。正确、全面、及时的信息既是决策的前提，也是保证组织协调一致，构成一个有机整体的纽带。组织不仅要与外界进行物质能量交换，而且也要进行信息交换。譬如一个企业，只有从外部获得有关市场需求、竞争对手、原材料供给等方面的信息，才能正确地作出经营决策，有准备地进入市场；同时还要向外部发布必要的信息，让社会、消费者了解企业及企业所生产的产品；另外还要控制

一些信息外泄，如企业的技术资料、发展战略等。在内部，信息的流量是否合理，传递的信息是否全面、真实、及时，是决定上下能否沟通、决策能否被接受并贯彻执行、左右是否能协调行动的重要因素。所以说，信息控制是组织控制活动的重要内容。

3. 质量控制

质量控制包括产品质量控制和工作质量控制。质量控制是保证企业所生产的产品达到质量标准，工作水平达到工作质量标准的重要管理活动。质量控制不仅在企业里十分重要和必要，而且在非企业类的组织中也同样十分重要和必要。人们对此还缺乏足够的认识。因为每一个组织，无论是企业还是其他非经济组织，都要以不同的形式向社会提供自己的产出。只不过企业提供的是产品，政府提供的是服务，学校提供的是毕业生，文艺团体提供的是满足人民精神生活所需要的精神产品。每一种产品的消费者对该产品都有一定的质量要求，这是不言而喻的，提供高质量的产出是每一个向社会提供产出的组织的责任。能否提供满足社会需求的高质量的产品，关系到组织的生死存亡。质量就是生命的口号，适用于一切参加社会交换的组织。怎么才能提供满足社会需要的合格的产品呢？从管理的角度来看，就是要做好质量控制工作。正因为如此，人们才说每一个组织都有质量控制的任务。

（四） 直接控制与间接控制

1. 直接控制

直接控制是控制者与被控制对象直接接触进行控制的形式。直接控制是相对于间接控制而言的，它是着眼于培养更好的主管人员，使他们能熟练地应用管理的概念、技术和原理，能以系统的观点来进行和改善他们的管理工作，从而防止出现因管理不善而造成的不良后果。因此，直接控制的原则是：主管人员及其下属的质量越高，就越不需要进行间接控制。这种控制方法的合理性是以下列 4 个较为可靠的假设为依据的：

（1） 合格的主管人员所犯的错误最少；

（2） 管理工作的成效是可以计量的；

（3） 在计量管理工作成效时，管理的概念、原理和方法是一些有用的判断标准；

（4） 管理基本原理的应用情况是可以评价的。

直接控制的优点在于在对个人委派任务时能有较大的准确性；直接控制可以促使主管人员主动地采取纠正措施并使其更加有效；直接控制还可以获得良好的心理效果；由于提高了主管人员的质量，减少了偏差的发生，节约了开支。

在实际经济管理活动中，直接控制的办法往往不能使整个系统的效果最优。这是因为：信息反馈引起时滞现象；信息太多以致在现有的技术条件下无法全面地、科学地处理；直接控制忽略了企业中人的因素，不利于下级积极性、创造性的发挥，人的潜力和能动性无法发挥出来。如上所述，直接控制的应用存在着某些界限，超出这个界限，势必会起负作用。

2. 间接控制

间接控制是指根据计划和标准考核工作的实际结果，分析出现偏差的原因，并追究责任者的个人责任以使其改进未来工作的一种控制方法。多见于上级管理者对下级人员工作过程的控制。间接控制的优点在于它能纠正管理人员由于缺乏知识、经验和判断力所造成的管理上的失误和偏差，并能帮助主管人员总结吸取经验教训，增加他们的知识经验和判断能力，提高他们的管理水平。

间接控制的方法是建立在以下 5 个假设基础上的。

（1）工作成效是可以计量的，因而也是可以相互比较的。

（2）人们对工作任务负有个人责任，个人责任是清晰的、可以分割的和相互比较的，而且个人的尽责程度也是可以比较的。

（3）分析偏差和追究责任所需的时间、费用等是有充分保证的。事实上，有时上级主管人员可能不愿意花时间和费用去分析引起偏差的事实真相。

（4）出现的偏差可以预料并能及时发现。

（5）有关责任单位和责任人将会采取纠正措施。

而这些假设有时却不能成立。例如，有许多管理工作的成效是很难计量的，如主管人员的决策能力、预见性和领导水平等；有时即使发现了误差产生的原因，但由于大家相互推卸责任而没有人愿意采取纠正措施等。所以，间接控制并不是普遍有效的控制方法，它还存在很多不完善的地方，在实际工作中人们常常采取直接控制的办法。

精彩阅读

海尔的日清控制系统

日清控制系统是目标系统得以实现的支持系统。海尔在实践中建立起一个每人、每天对自己所从事的每件事进行清理、检查的"日日清"控制系统。它包括两个方面。一是"日事日毕"，即对当天发生的各种问题（异常现象），在当天弄清原因，分清责任，及时采取措施进行处理，防止问题积累，保证目标得以实现。如工人使用的"3E"卡，就是用来记录每个人每天对每件事的日清过程和结果。二是"日清日高"，即对工作中的薄弱环节不断改善、不断提高。要求职工"坚持每天提高1%"，70 天工作水平就可以提高一倍。

"日清"控制在具体操作上有两种方式：一是全体员工的自我日清；二是职能管理部门（人员）按规定的管理程序，定时（或不定时）地对自己所承担的管理职能和管理对象进行现场巡回检查，也是对员工自我日清的现场复审。组织体系的"日清"控制，可以分为生产作业现场（车间）的"日清"和职能管理部门的"日清"两条主线。二者结合就形成了一纵、一横交错的"日日清"控制网络体系。无论是组织日清还是个人自我日清，都必须按日清管理程序和日清表进行清理，并将清理结果每天记入日清管理台账。

日清体系的最关键环节是复审。没有复审，工作只布置不检查，便不可能形成闭环，也不可能达到预期效果。所以在日清中重点抓管理层的一级级复审。复审中发现问题，随时纠偏。在现场设立"日清栏"，要求管理人员每两小时巡检一次，将发现的问题及处理措施填在"日清栏"上。如果连续发现不了问题，就必须提高目标值。

（资料来源：http：//wenku. baidu. com/view/67cf0507eff9aef8941e06fc. html）

第二节　控制的过程

管理中的控制是组织进行管理实践活动过程中的重要组成部分。控制就是在管理实践活动中，根据实践活动的目标和要求，提前确定控制标准，衡量工作成效并将它与标准进行对比，对出现的偏差采取必要的纠正，从而实现组织活动目标的过程。

一、确定控制标准

标准是一种作为规范而建立起来的测量尺度。控制标准是对整个管理活动中对有关绩效进行评价的关键指标。制定控制标准是管理实践活动中控制工作的起点，是控制工作的依据和基础。要控制就要有标准，离开可比较的标准，就无法实施控制。因此，需要将制定专门的控制标准作为管理控制过程的开始。

（一）控制标准的基本要素

控制标准中控制目标的表现形式，是测定绩效的基础。对照标准，管理人员可以判断绩效的好坏和活动的进度。控制的标准需要具备以下基本要素。

（1）简明性。标准的量值、单位、可允许的偏差范围要有明确的说明，表述要尽量通俗易懂，便于组织中管理人员理解和把握。

（2）适用性。建立的标准都应该有利于组织活动目标的实现。对每一项衡量标准都必须具有具体的时间幅度、具体衡量内容和要求，以便准确反映具体活动的形态。

（3）一致性。建立的标准应尽可能地体现协调一致、公平合理的原则。管理控制工作覆盖组织活动的各个方面，制定出来的控制标准实际上是一种规章制度，应该彼此协调，不可互相冲突。同时，控制标准应在所规定的范围内保持公平，如果某项控制标准适用于每个组织成员，那么就应该一视同仁，不允许个别人搞特殊化。

（4）可行性。建立的标准应该是经过活动后可以达到的。建立标准的目的，是用它来衡量实际工作，并希望工作达到标准的要求。所以，控制标准的建立必须考虑到具体工作人员的实际情况，包括他们的能力、使用的工具等，如果标准过高，人们无法通过工作来实现，将放弃努力；如果标准过低，人们的潜力和能力又不会得到完全的体现和充分的发挥。

（5）可操作性。标准要便于对实际工作绩效的衡量、比较、考核和评价；要使控制便于对组织活动中的各层次工作进行衡量，当出现偏差时，能找到相应的责任单位。如成本控制，不仅要规定总的生产费用；而且要按成本项目要求，规定各阶段的具体费用标准等。

（6）稳定性。标准建立以后，应能在一段时期内保持不变，同时，标准还要具有一定的弹性，对外部环境变化有一定的适应性，特殊情况出现能够得到例外处理。

（7）前瞻性。建立的标准既要符合现实的需要，也要与外来的发展相结合。控制标准实际上是一种规范，指导实际工作按照组织活动的目标方向进行。因此，它必须与组织当前运行的需要和未来的发展方向结合起来。

（二）设立控制标准的具体流程

1. 确立控制对象

进行控制首先遇到的问题是"控制什么"，组织活动成果应该是管理控制工作的重点对象。因此，必须分析组织活动想要实现什么样的目标，并依次确定各个层次、各个分支的目标，形成一个目标体系，依次对相关绩效的完成情况进行考核控制。为了确保管理控制的预期成果，必须在成果形成之前，对影响成果的各种因素进行科学的分析研究，从中选出重点

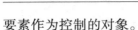

要素作为控制的对象。

一般地，影响组织目标成果实现的主要因素有以下几个。

（1）环境特点及其发展趋势。组织在特定时期的管理活动是根据决策者对经营环境的认识和预测来计划和安排的。预期的市场环境或组织外部的环境发生了某种无法预料的变化，那么计划的活动就可能无法继续进行，从而使组织难以达到预期的结果。因此，制订计划时所依据的环境认识和各种要素应该作为控制对象，列出正常和非正常情况下的具体标准和指标。

（2）资源投入。组织经营成果是通过对一定资源的加工转换得到的，没有或缺乏资源，组织的经营活动将无法继续。投入的资源不仅在数量和质量上影响活动按期、按质、按量、按要求进行，而且影响成果的实现。因此，投入的资源必须成为控制的标准。

（3）活动过程。各种组织活动的环节，必须是在不同时间和空间上利用一定技术和设备对不同资源进行加工的结果。必须建立工作规范，明确各个部门、各个阶段的成果标准，使活动得以控制。

2. 选择关键控制点

关键控制点是对计划目标实现具有重大影响的关键，它们可能是活动中的一些限定性不利因素，也可能是能使计划更好地发挥作用的有利因素。对关键点的选择，一般应统筹考虑以下 3 个方面。

（1）会影响整个工作运行过程的重要操作与事项。

（2）能在重大损失出现之前显示出差异的事项。

（3）若干能反映组织主要绩效水平的时间与空间分布均衡的控制点。

（三）制定控制标准的方法

控制标准可分为定量标准和定性标准两类。定量标准便于度量和比较，定性标准是针对有关服务质量、组织形象等难以量化的方面。任何一项具体工作的衡量标准都应该从有利于组织目标实现的总要求出发来加以制定，应该有利于组织目标的实现。制定控制标准常用的方法有以下几种。

1. 统计标准

统计标准也叫历史性标准，是以分析反映企业等组织在历史各个时期状况的数据为基础，来为未来活动建立的标准。如机器的产出标准、工人操作标准、工程标准、劳动时间定额等。

2. 经验评估标准

经验评估标准也称经验标准，是指对无法用数据表述的工作，根据从事过此项活动的工作经验、判断和评估来建立标准，在标准实施过程中，根据个人的主观经验和实际需要来逐步改进。

3. 工程方法

工程方法也称工程标准，是指以准确的技术参数和工作实际数据情况等客观定量为基础，通过分析来制定标准的方法。

二、衡量工作成效

衡量工作成效是管理者按照控制标准，将组织活动的实际工作情况与拟定的标准进行比较，分析出实际工作已经达到的效果，并找出实际绩效与控制标准之间的差异，对实际绩效进行评估，以便提供纠正措施所需的最适当的根据。同时，通过衡量成绩，也能够检验标准的客观性和有效性，进而保证控制工作能够具有针对性，确保组织活动目标的实现。

（一）衡量的方法

管理者可通过如下四种方法来获得实际工作绩效方面的资料和信息：个人观察、统计报告、口头汇报和书面报告。这些方法分别有其长处和缺点，但是，将它们结合起来，可以大大丰富信息的来源并提高信息的准确程度。

1. 个人观察

个人观察提供了关于实际工作的最直接和最深入的第一手资料，是一种最简单、最普遍的测度方法。观察的目标可以是作业方法或工作的质与量，也可以是组织成员的工作态度及一般工作情况。这种观察可以包括非常广泛的内容，因为任何实际工作的过程总是可以观察到的。个人观察的显著优势是可以获得面部表情、声音语调以及急慢情绪等，它是常被其他来源忽略的信息。例如，销售经理每年陪同推销员拜访一两次客户，以观察推销员的成绩。又如，财务部门经理以个人观察的方式，了解出纳员实习的表现。有人认为，这种实地观察直接目睹到的资料是其他测度方法无法替代的，只有亲临工作现场才能获得翔实的工作进展情况。

2. 统计报告

统计报告是书面报告的一种主要形式。计算机的广泛应用使统计报告的制作日益方便。这种报告不仅有计算机输出的文字，还包括许多图形、图表，并且能按管理者的要求列出各种数据，形象直观。尽管统计数据可以清楚有效地显示各种数据之间的关系，但它们对实际工作提供的信息是有限的。统计报告只能提供一些关键的数据，它忽略了其他许多重要因素。

3. 口头汇报

信息也可以通过口头汇报的形式来获得。口头汇报的内容主要是说明工作的现状或成果，使上级了解真实情况。如会议、一对一的谈话或电话交谈等。例如，推销员在日工作完毕之后向上级的报告，由各部门经理在会议上汇报各自部门的工作进展情况及所遇到的困难等。这种方式的优缺点与个人观察相似。口头汇报具有实地观察和口头传递信息的双重性质，比实地观察能够获得更广泛、更完整的信息，尽管这种信息可能是经过过滤的，但是它快捷、有反馈，同时可以通过语言词汇和身体语言来扩大信息，还可以录制下来，像书面文字一样能够永久保存。

4. 书面报告

书面报告是一种正规的文字报告，对具体问题的控制很有用。统计报表能够提供大量的必要信息，但它只能提供一般的表面上的情况，无法提供特定业务的信息。因此，还需要针对某些关键的或重要的问题进行调研分析，提出专题分析报告。专题报告可以随着管理人员的高度重视而揭示出对改善效率有重大意义的关键问题。书面报告与统计报告相比要显得慢一些，与口头报告相比要显得正式一些。这种形式比较精确和全面，且易于分类存档和查找。

这4种方法各有优缺点，管理者在控制活动中必须综合使用方能获得较好效果。

（二）衡量的项目

衡量什么是衡量工作中最为关键的一个问题。管理者应该针对决定实际成效好坏的重要特征项目进行衡量。如果错误地选择了标准，将会导致严重的不良后果。衡量什么还将会很大程度上决定组织中的员工追求什么。有一些控制准则是在任何管理环境中都通用的。比如，营业额或出勤率可以考核员工的基本情况；费用预算可以将管理者的办公支出控制在一定的范围内。但是必须承认内容广泛的控制系统中管理者之间的多样性，所以控制的标准也各有不同。例如，一个制造业工厂的经理可以用每日的产量、单位产品所消耗的工时及资源、顾客退货率等进行衡量；一个政府管理部门的负责人可以用每天起草的文件数、每天发布的命令数、电话处理一件事务的平均时间等来衡量；销售经理常常可以用市场占有率、每笔合同的销售额、属下的每位销售员拜访的顾客数等来进行衡量。

如果有了恰如其分的标准，以及准确测定下属工作绩效的手段，那么对实际或预期的工作进行评价就比较容易。但是有些工作和活动的结果是难以用数量标准来衡量的。例如，对大批量生产的产品制定工时标准和质量标准是简单的，但对顾客订制的单件产品评价其执行情况就比较困难了。此外，对管理人员的工作评价要比对普通员工的工作评价困难得多，因为他们的业绩很难用有形的标准来衡量，而他们本身和他们的工作又恰恰非常重要。他们既是计划的制订者，又是计划的执行者和监督者，他们的工作绩效不仅决定着他们个人的前途，而且关系到整个组织的未来，因此不能由于标准难以量化而放松或放弃对其的衡量。有时可以把他们的工作分解成能够用目标去衡量的活动；或者采取一些定性的标准，尽管会带有一些主观局限性，但这总比没有控制标准、没有控制机制要好。

（三）确定适宜的衡量频度

管理者要考虑需间隔多长时间衡量一次工作绩效，是每时、每日、每周，还是每月、每季度或者每年？是定期的衡量，还是不定期的衡量？因为，控制过多或不足都会影响控制的有效性。这种"过多"或"不足"，不仅体现在控制对象和标准的选择上，而且表现在对同一标准的衡量次数或频度上。对影响某种结果的要素或活动过于频繁地衡量，不仅会增加控制的费用，而且可能引起有关人员的不满，从而影响他们的工作态度；而检查和衡量的次数过少，则可能使许多重大的偏差不能及时发现，从而不能及时采取措施。以什么样的频度，在什么时候对某种活动的绩效进行衡量，取决于被控制活动的性质。例如，对产品的质量控制常常需要以小时或以日为单位进行，而对新产品开发的控制则可能只需要以月为单位进行就可以了。需要控制的对象可能发生重大变化的时间间隔是确定适宜的衡量频度所需考虑的主要因素。

三、纠正偏差

纠正偏差是控制的关键。偏差包括已发生的和将要发生的两种。在实际工作中，对已发生的偏差，根据其不同原因而采取不同的纠正措施。矫正性措施是一种着眼于消除偏差发生的根源，从而使偏差得以纠正的措施；预防性措施着眼于消除未来可能出现的偏差。通过衡量实际绩效与控制标准之间的差异，以确保组织活动能够按照预期要求进行发展。如果没有差异，组织活动就继续进行；如果出现差异，则要进行必要的纠正。纠正偏差的具体实施过程如下。

（一）找出偏差产生的原因

解决问题首先需要找出产生差距的原因，然后再采取措施纠正偏差。每一种可能的原因与假设都不易通过简单的判断确定下来。而对造成偏差的原因判断得不准确，纠正措施就会无的放矢，不可能奏效。因此，首先要探寻导致偏差的主要原因。纠正措施的制定是以对偏差原因的分析为依据的。而同一偏差则可能由不同的原因造成。例如，销售利润的下降既可能是因为销售量的降低，也可能是因为生产成本的提高。销售量的降低既可能是因为市场上出现技术更加先进的新产品，也可能是由于竞争对手采取了某种竞争策略，或是企业产品质量下降；生产成本的提高既可能是由于原材料、劳动力消耗和占用数量的增加，也可能是由于购买价格的提高。不同的原因要求采取不同的纠正措施。要通过评估反映偏差的信息，分析影响偏差的因素，透过表面现象找出造成偏差的深层原因，在众多的深层原因中找出最主要者，为纠偏措施的制定指导方向。

（二）纠正偏差

找出偏差的原因之后，还要采取措施予以纠正，才能实现控制的目的，使工作实际执行情况不断与计划取得一致，以使组织最终实现自己的目标。

常见的纠正偏差的方法如下。

（1）调整原计划。如果在查找偏差的过程中，发现是原有的计划或者标准的安排不当造成的，或者由于外部环境的变化，计划已不再适应，就需要对计划进行调整。

（2）改进组织工作。如果偏差是由于组织机构设置的不合理、人员配备不当造成的，就需要根据计划重新进行组织的设计和人员的调配。

（3）改进生产技术。在管理过程中达不到控制标准，通常生产技术原因占很大比例，因此，采取措施，提高各方面的技术水平，才能及时处理出现的技术问题，纠正偏差，完成任务。

管理者在采取纠正行动之前，首先要决定是应该采取立即纠正行动，还是彻底纠正行动。所谓立即纠正行动，是指立即将出现问题的工作矫正到正确的轨道上；而彻底纠正行动首先要弄清工作中的偏差是如何产生的，为什么会产生，然后再从产生偏差的地方开始进行纠正行动。在日常管理工作中，许多管理者常以没有时间为借口而不采取彻底纠正行动，或者因为采取彻底纠正行动会遇到思想观念、组织结构调整以及人事安排等方面的阻力，而满足于不断的救火式的应急控制。然而事实证明，作为一个有效的管理者，对偏差进行认真的分析、并花一些时间永久性地纠正这些偏差是非常有益的。

（三）修订标准

工作中的偏差也可能来自不合理的标准，也就是说指标定得太高或太低，或者是原有的标准随着时间的推移已不再适应新的情况。这种情况下需要调整的是标准而不是工作绩效。但是应当注意的是，在现实生活中，当某个员工或某个部门的实际工作与目标之间的差距非常大时，他们往往首先想到的是责备标准本身。比如，学生会抱怨扣分太严而导致他们的低分；销售人员可能会抱怨定额太高致使他们没有完成销售计划。人们不大愿意承认绩效不足是自己努力不够的结果，作为一个管理者对此应保持清醒的认识。如果管理者认为标准是现实的，就应该坚持，并向下属讲明自己的观点，否则就应对其作出适当的修改。

控制过程其实可以看做是整个管理系统的一个组成部分，并且是和其他管理职能紧密相连的。管理者可以运用"改变航道"的原理重新制订计划或调整目标来纠偏，可以运用组织职能重新委派职务或进一步明确职责来纠偏，可以采用妥善地选拔和培训下属人员或重新配备人员来纠偏，也可以通过改善领导方式的方法或运用激励政策来纠偏。控制活动与其他管理职能的交错重叠，说明了在管理者的职务中各项工作是统一的，说明管理过程是一个完整的系统。纠正偏差是控制的最后一个环节，也是控制的目的所在。管理者应予以充分重视。在这一环节主要应注意如下两个方面的问题：首先，纠正偏差一定要及时，发现问题马上解决，不能拖拖拉拉，等问题成了堆才去解决；其次，纠正偏差的措施一定要贯彻落实，切忌将措施束之高阁。在控制实施的选择与实施过程中，管理者需要注意的问题如下。

（1）保持纠偏方案的双重优化。既要提高控制措施的效用，又要降低纠偏方案的成本。通过对各种可行的纠偏方案的比较分析，找出其中相对最优的方案，以实现追加投入最少、成本最少、解决偏差效果最好的目的。

（2）充分考虑原有计划实施的影响。管理控制的实施将会使企业经营活动方向发生大或小的调整，这类似于"追踪决策"，因此，管理者在制订和选择控制方案时，就需要充分考虑组织由于原有计划的实施已经造成的种种影响以及人员思想观念的转变等问题。

（3）长期目标与短期目标兼顾。短期目标治标，长期目标治本。管理者采取纠正偏差的措施，可以针对所出现的问题立即采取应急行动，也可以层层深入分析，找到彻底解决问题的突破口。

（4）注意消除组织成员的疑惑。管理控制措施的实施会在不同程度上引起组织结构、人员关系和活动方式的调整，会触及某些组织成员的利益。管理者在控制工作中要充分考虑和处理组织成员对准备采取的纠偏措施的各种态度，特别是注意消除执行者的疑虑，争取更多的人理解、赞成和支持纠正措施，避免可能出现的人为障碍。

纠正偏差的最理想方法是在偏差未产生以前预测偏差的产生，虽然在实践中有许多困难，但在理论上是可行的，即可以通过建立企业经营状况的预警系统来实现。

控制的作用在于通过反馈调节，采取控制手段，纠正目标偏差，使系统恢复到正常状态，以保证目标的实现。确立控制标准、衡量工作成效、纠正偏差是相互联系、相互制约的。没有标准就没有控制的依据；没有衡量成效找出偏差，也就没有控制的对象；没有纠正偏差的措施，也就无法进行控制。

管理控制工作循环图如图9－1所示。

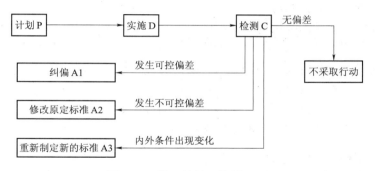

图 9 - 1 管理控制工作循环图

精彩阅读

成本控制的主要方法

1. 绝对成本控制

绝对成本控制是指把成本支出控制在一个绝对的金额中的一种成本控制方法。

2. 相对成本控制

相对成本控制是指企业为了增加利润，从产量、成本和收入3者的关系来控制成本的方法。

3. 全面成本控制

全面成本控制是指对企业生产经营所有过程中发生的全部成本、成本形成中的全过程、企业内所有员工参与的成本控制。

4. 定额法

定额法是指以事先制定的产品定额成本为标准，在生产费用发生时，就及时提供实际发生的费用脱离定额耗费的差异额，让管理者及时采取措施，控制生产费用的发生额，并且根据定额和差异额计算产品实际成本的一种成本计算和控制方法。

（资料来源：http://baike.baidu.com/view/8509833.htm）

第三节 控制方法

控制的方法很多，有些计划与决策的工具如盈亏平衡分析、经营单位组合矩阵（BCG）、管理信息系统（MIS）、企业资源计划（ERP）也是企业管理控制的方法。本节重点介绍预算控制、库存控制、质量控制、审计法、成本控制等常用的控制方法。

一、预算控制

（一）预算的概念与作用

预算是用财务数字或非财务数字来表示预期的结果，以此为标准控制执行工作中的偏差的一种计划和控制手段。预算可以称作是"数字化"或"货币化"的计划，它通过财务形式把计划分解落实到组织的各层次和各部门中去，使主管人员能清楚地了解哪些资金由谁来使用、计划将涉及哪些部门和人员、多少费用、多少收入以及实物的投入量和产出量等。管理者以此为基础进行人员的委派和任务的分配，协调和指挥组织的活动，并在适当的时间将组织的活动结果和预算进行比较，若发生偏差及时采取纠正措施，以保证组织能在预算的限度内去完成计划。同时，预算可使组织的成员明确自己及本部门的任务和权责，更好地发挥作用。因此，预算应从战略和全局的角度保障组织计划顺利地执行。

（二）预算的种类

预算的种类很多，概括地可以分为以下几种。

1. 收支预算

它是以货币来表示组织的收入和经营费用支出的计划。由于公司主要是依靠产品销售或提供服务所获得的收入来支付经营管理费用并获取利润的，因此销售预测是计划工作的基石，销售预算是预算控制的基础，是销售预测的详细的和正式的说明。

2. 时间、空间、原材料和产品产量预算

这是一种以实物单位来表示的预算。因为在计划和控制的一定阶段采用实物数量单位比采用货币单位更有意义。常用的实物预算单位有直接工时数、台时数、原材料的数量、占用的平方米面积和生产量等。此外，用工时或工作日来编制所需要的劳动力预算也是很普遍的。

3. 资本支出预算

概括了专门用于厂房、机器、设备、库存和其他一些类目的资本支出。由于资本通常是企业最有限制性的因素之一，而且一个企业要花费很长的时间才能收回厂房、机器设备等方面的投资，因此，对这部分资金的投入一定要慎重地进行预算，并且应尽量与长期计划工作结合在一起。

4. 现金预算

这实际上是对现金收支的一种预测，可用它来衡量实际的现金使用情况。它还可以显示可用的超额现金量，因而可以用来编制剩余资金的赢利性投资计划。从某种意义上说，这种预算是组织中最重要的一种控制。

5. 资产负债表预算

它可用来预测将来某一特定时期的资产、负债和资本等账户的情况。由于其他各种预算都是资产负债表项目变化的资料依据，所以，此表也就验证了所有其他预算的准确性。

6. 总预算

通过编制预算汇总表，可以用于公司的全面业绩控制。它把各部门的预算集中起来，反映了公司的各项计划，从中可以看到销售额、成本、利润、资本的运用、投资利润率及其相互关系。总预算可以向最高管理层反映出各个部门为了实现公司总的奋斗目标而运行的具体情况。

二、库存控制

对库存进行控制主要是为了减少库存、降低各种费用、提高经济效益。管理人员使用经

济订货批量模型（Economic Order Quantity，EOQ）计算最优订货批量，使所有费用达到最少。这个模型考虑三种成本：一是订货成本，即每次订货所需的费用（包括通信、文件处理、差旅、行政管理费用等）；二是储存成本，即储存原材料或零部件所需的费用（包括库存、利息、保险、折旧等费用）；三是总成本，即订货成本和储存成本之和。

当企业在一定期间内总需求量或订货量一定时，如果每次订货的量越大，则所需订货的次数越少；如果每次订货的量越小，则所需订货的次数越多。对第一种情况而言，订货成本较低，但储存成本较高；对第二种情况而言，订货成本较高，但储存成本较低。通过经济订货批量模型，可以计算出订货量多大时，总成本（订货成本和储存成本之和）为最小。

例如，某企业计划全年销售电视机 20 000 台，平均每次的订购费用为 10 元，货物单价为 4 000 元，保管费用率为 1%，则最佳订购批量为：

$$最佳订购批量 = \sqrt{\frac{2 \times 20\,000 \times 10}{4\,000 \times 1\%}} = 100（台）$$

一般来说，企业除了最优订购批量外，库存控制还有两种控制措施，一是降低库存水平，二是"零库存"。降低库存水平是根据库存类型，采取相应策略和具体措施。"零库存"是一种特殊的库存概念。零库存的含义是以仓库储存形式的某种或某些种物品的储存数量很低的一个概念，甚至可以为"零"，即不保持库存。零库存是对某个具体企业而言，是在有充分社会储备保障前提下的一种特殊形式。它的基本思路是企业不储备原材料库存，一旦需要，立即向供应商提出，由供应商保证质量按时送到，生产继续进行下去。零库存不是宏观的概念而是一个微观的概念。在整个社会再生产的全过程中，零库存只能是一种理想，而不可能成为现实。

三、质量控制

随着市场经济的发展，"质量是企业的生命"这句话已经成为现代企业的共识。因此，企业对质量的控制已经完全深入到采购供应、车间生产、销售发货、售后服务的各个环节，对企业的业务影响深远。企业的质量控制由质量方针、质量目标、质量策划、质量保证等内容组成。

迄今为止，质量管理和控制已经历了三个阶段，即质量检验阶段、统计质量管理阶段和全面质量管理阶段。质量检验阶段大约发生在 20 世纪 20—40 年代，工作重点在产品生产出来之后的质量检验。统计质量管理阶段发生在 20 世纪四五十年代，管理人员主要采用统计方法作为工具，对生产过程加以控制，其目的是为了提高产品的质量。全面质量管理产生于 20 世纪 50 年代，它以保证产品质量和工作质量为中心，以控制的全过程、全方位和全员参与为特征，已形成一整套管理理念，风靡全球。

四、审计法

审计法是一种常用的控制方法，财务审计与管理审计是审计控制的主要内容，近来推行以保护环境为目的的清洁生产审计。所谓财务审计，是指以财务活动为中心内容，以检查并核实账目、凭证、财物、债务以及结算关系等客观事物为手段，以判断财务报表中所列出的综合的会计事项是否正确无误，报表本身是否可以信赖为目的的控制方法。通过这种审计还可以判明财务活动是否符合财经政策和法令。所谓管理审计，是指检查一个单位或部门管理工作的好坏，评价人力、物力和财力的组织及利用的有效性。其目的在于通过改进管理工作来提高经济效益。此外，审计还有外部审计和内部审计之分。外部审计是指由组织外部的人员对组织的活动进行审计；内部审计是指组织自身专门设有审计部门，以便随时审计本组织的各项活动。

五、成本控制

成本控制是在企业生产经营过程中，根据一定的控制标准，对产品成本形成的整个过程进行经常性监督和控制，从而使各种费用支出和劳动消耗限制在规定的标准范围内，达成企业预期的成本目标。

成本控制一般可分为事前成本控制和计划执行过程中的成本控制。事前成本控制是指在成本形成前（或产品投产前）对影响成本的因素进行事前控制、审核和监督，以严格控制相关费用支出。它通常是通过成本预测、参与决策、成本计划等工作来实现的。计划执行过程中的成本控制是指在成本形成过程（或产品生产过程）中，对各种耗费进行日常的现场控制，使实际成本不超过计划成本（或目标成本）或者在实际成本高时及时采取措施，以最终实现成本控制目标。

管理定律

破窗效应：及时矫正和补救正在发生的问题

政治学家威尔逊和犯罪学家凯琳提出了一个"破窗效应"理论，认为：如果有人打坏了一幢建筑物的窗户玻璃，而这扇窗户又得不到及时的维修，别人就可能受到某些示范性的纵容去打烂更多的窗户。久而久之，这些破窗户就给人造成一种无序的感觉，结果在这种公众麻木不仁的氛围中，犯罪就会滋生、繁荣。

思考与讨论

1. 何谓控制？
2. 控制过程包括哪些阶段的工作？
3. 控制有哪些类型？
4. 简述控制过程中衡量实际工作时应注意的问题。
5. 简述纠偏工作的主要方法。
6. 简述控制的方法。
7. 简述制定控制标准的步骤。

管理游戏

踏　数　字

［活动目的］感受前馈控制和现场控制的重要性。

［道具］彩色粉笔若干支、秒表。

［时间］30分钟。

［考核标准］不违反规则且速度最快的小组获胜。

［操作步骤］

（1）分组：6～8人一组。

（2）小组商讨如何快速且按规则踏数字。

（3）去活动场地，画正方形、起始线及写数字。

（4）比赛：秒表计时，每组所用时间从起始线起跑开始到踏完33个数字又回到起始线为止。

［规则］

（1）按1～33的顺序踏数字。

（2）在任意时点，正方形内只能出现一只脚。

（3）每位同学至少要踏4个数字。

［教师任务］

（1）活动之前，选择空地，谁负责画正方形，谁在地面写数字。

（2）在黑板上演示活动，画正方形，在正方形内任意散落数字1、2、3……32、33。

（3）派3个人画正方形和起始线，指定若干人写数字，尽量使每位同学都有任务。

（4）教师计时。

（5）发动其他组同学与教师一起控制整个活动过程。若有违反规则的行为，则被淘汰出局。

［相关讨论］

（1）什么是前馈控制和现场控制？

（2）前馈控制和现场控制在现实中各有什么优缺点？

（3）游戏对现实的控制活动有哪些指导意义？

［游戏总结］

（1）前馈控制是在工作正式开始前对工作中可能产生的偏差进行预测和估计并采取防范措施，将可能的偏差消除于产生之前。前馈控制是对整体运行的统筹规范，涵盖整个运作流程，如游戏中对人员、道具、时间等事前控制。

（2）现场控制是在计划的执行中同步进行控制，是一种面对面进行的控制活动，其目的主要在于及时纠正工作中出现的各种偏差。例如，游戏中人员必须适应任务要求，发现偏差立即纠正等。

（资料来源：卡劳，戴明. 客户服务游戏. 李炜，译. 上海：上海科学技术出版社，2003）

综合分析

查克停车公司

如果你在好莱坞或贝弗利山举办一个晚会，肯定会有这样一些名人来参加：杰克·尼科尔森、麦当娜、汤姆·克鲁斯、切尔、查克·皮克。"查克·皮克？""当然！"没有停车服务员你不可能开一个晚会，而南加州停车行业内响当当的名字就是查克·皮克。

查克停车公司的雇员有100多人，其中大部分是兼职的，每周他至少为几十个晚会办理停车业务。在一个最忙的周六晚上，可能要同时为6～7个晚会提供停车服务，每一个晚会可能需要3～15个服务员。

　　查克停车公司是一家小企业，但每年的营业额差不多有100万美元。其业务包含两项内容：一项是为晚会停车，另一项是不断地在一个乡村俱乐部办理停车经营特许权合同。这个乡村俱乐部要求有2～3个服务员，每周七天都是这样。但是查克的主要业务来自私人晚会。他每天的工作就是拜访那些富人或名人的家，评价道路和停车设施，并告诉他们需要多少个服务员来处理停车的问题。

　　一个小型的晚会可能只要3～4个服务员，花费大约400美元。然而一个特别大型的晚会的停车费用可能高达2 000美元。

　　尽管私人晚会和乡村俱乐部的合同都涉及停车业务，但它们为查克提供的收费方式却很不相同。私人晚会是以当时出价的方式进行的。查克首先估计大约需要多少服务员为晚会服务，然后按每人每小时多少钱给出一个总价格。如果顾客愿意"买"他的服务，查克就会在晚会结束后寄出一份账单。在乡村俱乐部，查克根据合同规定，每月要付给俱乐部一定数量的租金来换取停车场的经营权。他收入的唯一来源是服务员为顾客服务所获得的小费。因此，在私人晚会服务时，他绝对禁止服务员收取小费，而在俱乐部服务时小费是他唯一的收入来源。

（资料来源：http：//wenwen.soso.com/z/q255872177.htm）

　　问题：

　　（1）你是否认为查克的控制问题在两种场合下是不同的？如果确实如此，为什么？

　　（2）在前馈控制、反馈控制和现场控制3种类型中，查克应采取哪一种手段对乡村俱乐部业务进行控制？对私人晚会停车业务，又适宜采取何种控制手段？

　　参考答案：

　　（1）在私人晚会上是事后反馈控制，因为事先无法预料需多少小时的服务，只能在事后统计。而在乡村俱乐部则为前馈控制，因为长期租赁，按月交费是可以预知成本的。

　　（2）反馈控制是根据反馈原理对系统进行调节的一种方式，是指施控系统根据信息反馈来调节受控系统的输入，以实现控制目标。前馈控制是指充分利用各方面的信息，来预测由于外部干扰和输入变量之间的相互作用对系统行为的影响，以及这种影响使系统在运行过程中可能产生的偏差，并据此对系统的输入做出相应的调整，以实现控制目标。

第十章

比 较 管 理

 学习目标

1. 理解比较管理学产生的背景；
2. 掌握比较管理的重要性；
3. 掌握比较管理中的发展经济论；
4. 掌握比较管理中的环境论；
5. 掌握比较管理中的行为论；
6. 理解比较管理中的开放系统论；
7. 掌握比较管理中的文化管理论；
8. 了解美国的管理、日本的管理、中国的管理的不同之处。

管理故事

很多年以前，在奥斯维辛集中营里，一个犹太人对他的儿子说："现在我们唯一的财富就是智慧，当别人说一加一等于二的时候，你应该想到大于三。"纳粹在奥斯维辛集中营毒死了几十万人，这对父子俩却活了下来。

1946年，他们来到美国，在休斯敦做铜器生意。一天，父亲问儿子一磅铜的价格是多少？儿子答35美分。父亲说："对，整个得克萨斯州都知道每磅铜的价格是35美分，但作为犹太人的儿子，应该说成是3.5美元，你试着把一磅铜做成门把看看。"

20年后，父亲死了，儿子独自经营铜器店。他做过铜鼓，做过瑞士钟表上的簧片，做过奥运会的奖牌，他曾把一磅铜卖到3 500美元，这时他已是麦考尔公司的董事长。然而，真正使他扬名的，是纽约州的一堆垃圾。

1974年，美国政府为清理给自由女神像翻新扔下的废料，向社会广泛招标。但好几个月过去了，没人应标。正在法国旅行的他听说后，立即飞往纽约，看过自由女神像下堆积如山的铜块、螺丝和木料后，未提任何条件，当即就签了字。

纽约许多运输公司对他的这一愚蠢举动暗自发笑，因为在纽约州，垃圾处理有严格规定，弄不好会受到环保组织的起诉。就在一些人要看这个犹太人的笑话时，他开始组织工人对废料进行分类。他让人把废铜熔化，铸成小自由女神像；把水泥块和木头加工成底座；把废铅、废铝做成纽约广场的钥匙。最后，他甚至把从自由女神身上扫下来的灰包装起来，出售给花店。不到3个月的时间，他让这堆废料变成了350万美元现金，每磅铜的价格整整翻了 1 万倍。

　　犹太人并不是天生就比其他种族的人聪明，但他们更懂得怎样去铸造这枚无价的金币。当他们的孩子刚懂事时，母亲就会将蜂蜜滴在书本上，让孩子去舔书上的蜂蜜，其用意是想告诉孩子：书本是甜的。智慧是永恒的财富，它引导人通向成功，而且永不会贫穷。

　　　　　　　　　　　　（资料来源：http：//zhidao.baidu.com/question/5352072.html）

第一节　比较管理概述

　　比较管理注重于在不同的环境和条件下，对企业和管理体系的差异和相似之处进行研究和探索。这种对比既可以在小企业和大企业之间，也可以在失败的企业和成功的企业之间；既可以是在不同国家和地区之间，也可以是在发达国家和发展中国家之间。

一、比较管理学产生的背景

　　（1）随着科学技术的发展，人们的生活联系越来越密切。每年世界经济产品约30% ～50%是通过国际商业活动产出的，其中大部分源于遍布世界各地的多国公司。国内外各公司的管理人员日益需要从全球范围来思考所遇到的问题，并且他们已经意识到了外部的竞争压力。当今企业没有任何公司或行业回避这种外来的竞争压力，日益激烈的市场竞争使人们认识到必须从全球范围来思考和计划企业的经营。

　　（2）比较研究方法在管理研究中的应用是非常有用的。人们在衡量某一事物时一定是以另一种事物作为参照物来进行的。比较研究法是通用的，它不仅可以应用于管理学，还可以应用于诸如经济学、社会学、文学等许多领域的研究。

　　（3）在研究某个特定的组织和管理现象时，通过不同管理模式的比较，可以拓宽研究的广度和深度；同时，通过对不同文化和制度的研究，也可以使人们更好地了解外来文化，培养对人类事务的多样性的鉴赏力，有利于同其他来自不同文化的人们进行交流和合作。

　　（4）通过不同管理模式的比较研究，可以使组织内部的管理人员更准确地认识、定位各自所生活的环境和文化。"不识庐山真面目，只缘身在此山中"，人们通常理所当然地认为自己能够了解自己所处的环境和文化，但事实并非如此。例如，20多年前，美国许多商学院的教授以为，西方尤其是美国拥有创造性的管理思想和卓有成效的管理方法。但日本和中国经济的崛起，使这些人认识到情况并非如此，各个国家和地区的不同环境和文化在管理中起着至关重要的作用。

　　由此可见，对每个管理人员和学管理的学生而言，比较管理是十分重要的。在如今相互联系越来越密切的世界，需要各国公司的管理人员从全球范围思考问题，而且需要在全球范围内进行计划、组织等管理活动，以适应世界经济一体化的发展趋势。

二、比较管理中的理论

从 20 世纪中叶产生比较管理学至今，学术界将比较管理理论大致分为 5 种，即发展经济论、环境论、行为论、开放系统论、文化管理论。现在最受人们关注的是文化管理论，即从文化角度对管理进行研究。

（一）发展经济论

这种观点形成于 20 世纪 50 年代，哈伯逊和麦耶的著作是这一理论的最佳代表。这个观点的基本前提很简单：在实现高速工业和经济增长中，管理投入的资金起着重要作用。该理论主要侧重于从宏观上对管理发展趋势进行考察，其基本假设是强调在国家工业化过程中存在着一个内在的、必然的逻辑。其基本模式假定，一个社会由农业—封建社会过渡到工业—民主社会的道路。他们得出的结论是：对于经济发展四个阶段的每一阶段都对应着某一特定的管理哲学，而且所有管理制度最终将趋向于参与制或民主制（Y 理论）的管理哲学。

（二）环境论

法莫和理查曼的著作是这一理论的典型的代表。该理论也是一种宏观方法。它的基本假设是：管理效率是由外界环境因素决定的，如政治、经济、文化和教育水平等。与发展经济论相比，法莫和理查曼是将管理放在一个更广阔的范围内进行分析。但是，由于这种理论过分强调外在因素的作用，而完全忽视了内置组织变量的作用，因而该理论的影响十分有限。

（三）行为论

这种观点认为文化因素，诸如管理哲学、行为方式、价值观信仰等，在管理实践和提高管理效率中起着决定性的作用。它通过文化因素来说明个人和团体的行为方式，因此基本上是微观观点。它主要侧重于以下 3 个方面：民族特性，管理者对管理哲学的概念、活动态度和洞察力的掌握，特定的社会条件中普遍的信仰、价值观和需求层次。这种理论的缺点在于大多数研究忽视了对组织效率的估计，事实上导致团体和个人行为方式不同的还有可能是其他外部原因或环境变量，如企业规模、现有技术、政治经济和市场等。

（四）开放系统论

这种理论主要应用开放系统模型来研究组织及其环境之间的相互作用。开放系统论认为环境可分为组织环境（涉及诸如规模、技术、企业人力、物力等能够在管理人员控制下的变量）、业务环境［包括政府、社区消费者、股东、雇员等，这些研究主要是在接触面（组织与业务环境之间）的相互作用，及其与以利润、市场份额等衡量的组织效率之间的相互关系，以及前者对后者的影响］和社会环境（主要是指宏观环境）。这种理论研究虽然将组织作为整体来处理，带有积极的一面，但同时由于变量界定不清而导致预测结果的失真和可信度下降，使得这一理论不能被人们普遍接受。

（五）文化管理论

现在文化管理论没有形成非常完善的理论体系，但是它在社会中的影响日益巨大，它主要研究文化在比较管理中的作用。虽然比较管理学者很早就认识到环境的重要性，但是对管理行为进行解释时，他们对文化的认识又很模糊。从 20 世纪 60 年代起，涌现出了一批检验管理理论的有关文化属性的著作，然而，大多数比较管理研究在方法上的水平和人们的期望相差甚远。

近些年，在交叉文化管理和比较管理领域有些进展。例如，霍夫施特（G. Hofsede）从 4 个方面来处理"文化"这一概念，并且用这些方法描述不同的国家和社会；克利（L. Kelley）和沃恩利（R. Wortnley）应用了一种创造性的研究设计，从其他环境因素中分离出文化因素。

三、各种管理模式的比较

从以上内容可以看出，研究者在对管理进行分析研究时，是从不同角度或方面进行的，但总的来讲，可以概括为 3 个方面：生产力、生产关系、上层建筑（指文化、政治、法律等）。因此，可以将比较管理学的研究对象在三维框架中展开。一是生产力方面，可分为高、中、低 3 个不同层次，主要代表为发达国家、巴西等。二是生产关系方面，主要从市场结构划分，可分为商品型经济关系（以美国、日本为代表）、转轨型经济关系（以中国为代表）和自给型经济关系（这种经济关系现在几乎不存在，主要代表为西方中世纪和中国古代的经济管理模式）。三是文化方面，主要是指东方文化和西方文化。东方文化的主要代表是中国的儒家文化，它着重调节人际关系和矛盾，所以又称为人文文化；西方文化的主要代表是科学主义。

（一）欧美管理模式

这是第二次世界大战后西方的最新管理模式。这种模式的主要特征是：生产力高度发展，商品经济关系完全成熟，管理呈现出一系列的新趋势。例如，管理的整体化趋势，具体表现为管理的信息化和经营化；管理的战略化趋势，表现为管理过程的立体化，战略意识渗透到具体的管理过程中；管理的多变化趋势，表现为节奏和频率的加快，权变管理和以现实为中心的管理成为现代管理的最新趋势；管理的非理性化趋势，表现为管理不仅要重视人的理性因素，同时也要注意人的非理性因素，这就是现代管理中的人本主义思想；管理的科学化趋势，表现为大量的最新技术和科学方法的应用。

但是在这一阶段中，西方管理已经明显感受到一种文化因素的矛盾，即西方科学文化规范化、逻辑化、精确化基础上的现代管理同人文文化的冲突，这使得西方越来越注重东方文化的内涵，同时也使得西方开始注重在管理中人的因素的重要性。这一矛盾的发展必将使西方管理中的文化因素越来越向东方靠拢。

（二）东亚管理模式

这是东方高度商品化和市场经济的一种经济管理模式，主要是指亚洲新兴经济体。这些国家或地区的经济在过去几十年里取得了很大的成就，实现了经济的高速增长。这一成就的出现主要得益于在经济实行市场化的过程中，有机地将儒家文化和科学文化相结合，吸取了两种文化的长处。他们的成功，无疑给中国走向现代化指出了一条道路：在经济发展的过程中，要逐渐完成从自然经济向商品经济的转变，逐渐形成法律完善的社会。这些国家或地区在经济发展中，通过加强政府的宏观力量来推动经济的迅速增长，这在一定程度上摆脱了自由资本主义经济运行过程中经常出现的无政府状态。

（三）日本管理模式

日本管理模式的最大特点在于它的文化特色，这种文化被人们称为合金文化，它是以东方文化为基础，汲取西方文化的精髓交融而成的。这种文化非常有利于日本的社会生产力和商品化的发展。从生产力层次上讲，日本虽然已经进入高层次阶段，却属于高层次中较低的水平，经济实力与西方最发达的国家还有一定差距。但正是日本在发展过程中吸收了他人的优点，从而使日本经济能够快速发展。但是，由于日本的文化是外来的，缺乏文化底蕴，从而造成了其内部摩擦和矛盾，使日本在成为工业发达国家以后陷入了严重的经济衰退。

（四）前苏联、东欧的管理模式

这种管理模式的最大优点是国民经济的宏观控制力强。由于这些国家生产的社会化程度较高，只要经济计划严格按照客观经济规律制订，它们的经济就能够快速发展，形成一套独特的管理模式。新中国成立初期，几乎所有的东西都是从苏联照搬过来的，包括管理模式。然而，不管是在前苏联还是在中国，由于高度的计划经济，市场机制难以发挥作用；又由于公有制企业微观活力的矛盾未能很好地解决，大大制约了社会生产力发展的速度。东欧剧变，很大原因是由于宏观失控造成的，所以现代经济的发展必须完成微观活力和宏观调控的衔接，注重市场机制的作用。

从历史发展的过程来看，管理模式的发展形成了这样的格局：在自然经济低生产力水平阶段，与之相协调的是行政关系为主的古代管理思想；在经济发展进入了下一个阶段后，现代管理思想开始出现；在更高生产力水平阶段，各国形成了各自独特的管理模式。

四、管理原则与理念比较

在企业管理中，管理者会涉及3个基本的问题，即管理目标、管理的方法和手段以及管理的依靠对象。这就需要管理者能够充分依靠全体员工的力量，通过建立管理规则和秩序，正确把握企业的经营和发展方向，采用相应的对策实现管理目标。建立管理规则和秩序，涉及的是法规、法则的问题；把握规律，采取对策，实现目标，则必须依靠精神和理性力量。由此可见，情、理、法三者的结合在管理水平的决定上起着重要作用。下面对美国、日本、中国3个具有代表性的国家进行分析，来比较情、理、法三者的作用以及它们未来发展的趋势。

（一）以"法"为中心的美国管理模式

美国管理模式中表现的是一种西方科学主义的文化背景。科学主义思维的基本要求是依靠法规、条例来进行管理，其五大原则是精确、量化、分解、逻辑和规范，由此可以判定，其所制定的管理模式肯定是强化规则、秩序和逻辑程序，以制度为中心，以防范为特征。正是这种以法规为核心的管理模式，反映了科学主义的管理原则和要求。

美国管理模式中防范性特征主要来源于罗马天主教的"原罪"意识，认为人都会有"偷懒动机"和"搭便车"行为，即自己少干，而让他人多干的动机。由此，公司治理机构充分体现其制约和被制约、监督和被监督、激励和被激励的关系，从而使美国管理模式带有强烈的防范性特征。

在人类管理发展史上，美国式的西方管理提供了科学管理的绝大部分内容：行为科学管理中属于"独立人"方面的全面内容，现代管理系统中的计算机、数学模型、新科学管理方法的大部分内容。由于制度的建立克服了传统管理中的无序状态、放任状态，因而构成了全部管理的基础，如果不经过科学管理阶段，就不可能建立这样有效的管理模式。

（二）以"理"为中心的日本逻辑管理

理性是一种现实性，没有理性就不能面对现实，不能正视矛盾。但是过分强调理性会限制事业的发展，日本式理性到目前为止帮助他们取得了很大成功，但其内在缺陷最终会遏止其文明进步的节奏和频率。

日本的管理理性三大组成要素分别是生存理性、危机理性和人文理性，从而使日本民族具有强烈的理性精神，在管理上走出了自己独特的道路。表现为20世纪50年代初期日本式管理由三个不足形成三大特点，即由市场饱和而形成战略管理特点，由质量低劣形成质量制胜战略，而人才奇缺使日本管理注重管理中人才的培养和人力资源的开发。

日本民族的这种理性精神使得它对一切先进的东西都能具有一种认同感。他们的理性使他们看到了自己的不足、他人的长处，同时对任何外来的文化不采取盲从态度。但是由于日本历史上几乎一切有价值的东西都是外来的，这就使得日本成为一个特别看重利益的民族，他们并不看重情感精神之类的文化遗产，除非这种遗产确实能给他们带来现实利益。

（三）以"情"为特质的中国管理哲理

和西方科学文化不同，中国文化是人文文化，伦理型文化，善于协调人际关系，追求群体和谐。东方人比较看重人在群体中的地位和作用，强调个体对群体的义务和贡献，同时也需要群体对个体的关照和扶持。

中国以"情"为纽带的管理在现代化管理中产生了极大的影响。

（1）由于沟通频率的提高而增加了群体内部成员的认同感。

（2）表现为组织的整合功能强。由于其内协效应高而导致目标的力量集中，从而减少了阻力，更有利于目标的实现。

（3）部门之间的协调成本和费用也会降低，并使各部门之间产生互补效应，有利于整个公司和企业的整体功能的发挥。

由此可见，以"情"为纽带的管理模式，由于内部情感交流频繁，成员间认同效应高，易于采取一致的行动，从而减少了成员间的协调成本，提高了管理效益。

但是，这种管理理念过于强调人的作用和价值实现，却忽略了条例管理和制度效应，从而过分注重人际关系，而在强调任务和规则方面，表现的是一种非理性的精神。另外，由于传统文化的影响，宗法伦理关系渗透进制度管理中，从而带来了一系列的负面作用。如过多地偏重于"关系学"，而忽略了规则、制度的有效执行，管理中的制度效应难以发挥作用；人事安排和职务晋升，不是按能力和绩效，而偏重于人事关系和血缘关系。因此，法规制度不严、人事关系过多、理性精神不足，是中国管理的缺陷和不足之处。

湖北宜化集团的比较管理

湖北宜化集团将比较管理确立为集团发展的四大法宝之一，并坚信比较出差距，比较出活力，比较出效益，比较出人才。

宜化集团结合岗位实际，在生产、经营、管理等各个领域制定了制度和程序，全方位推行比较管理，对各子公司造气耗煤、氨醇耗电、尿素耗蒸汽等多项指标制定比较标准，逐月进行考核评比，与干部年薪和员工收入挂钩。经过比较管理，2006 年仅造气煤耗这一个指标下降 0.2 吨／吨合成氨，年降成本就达 1 亿元以上，季戊四醇产品消耗和产品质量已达到了世界领先水平。

宜化集团还通过完善公开透明、权利制衡、竞争择优的招投标机制，将比较管理进一步延伸到客户，使各类大宗物资及原材料、工程设备、基建项目招标率达 100%，合成氨、尿素、PVC 等产品消耗和成本不断下降，均处于同行业前列。

宜化集团董事长蒋远华认为，比较管理的实质，就是瞄准集团内部甚至同行业内的先进水平，比学赶超，不断进取。子公司之间，比消耗、比产量、比效益，利用差距促管理，追求效益最大化；员工之间，比态度、比执行力、比绩效，极大地焕发了广大员工的激情，形成了"赛马不相马"的公平、公正、公开的竞争文化。100% 的招投标管理，则是把比较管理延伸到了企业外部。在阳光操作过程中，让客户之间比价格、比质量、比服务，达到科学的双赢目标。

（资料来源：http：//125.40.237.62：55512/onews. asp？ id = 1236 ）

第二节 美国的管理

20 世纪以来，美国经济一直处于世界领先地位，是世界经济的"火车头"。美国是现代管理的发源地之一，美国的管理理论与实践是自由资本主义国家的典型代表，产生了许多的管理大师，如被称为"科学管理之父"的泰罗，进行著名的"霍桑实验"的梅奥，提出对管理产生重大影响的"X 理论"和"Y 理论"的道格拉斯·麦格霍戈，当代的管理大师托马斯·彼得斯和科特勒等。美国一直是其他国家学习与借鉴的榜样，美国的管理理论和实践是西方资本主义国家管理理论的典型代表。

一、美国式管理的文化背景

美国是世界上最发达的资本主义国家。美国从建国到现在仅仅经历了 200 多年的时间，在这期间，美国由一个荒漠大陆变为世界上最富庶的地区之一，它接受了来自欧亚等地不同国家的大量移民，组成了一个移民国家。各国移民以个体方式带着不同的民族文化进入美国社会，美国在吸取了各民族文化的精华之后，形成了多样化的、共存并蓄的、独特而开放的美国文化。这些移民为寻求更好的工作和更大的机会不惜背井离乡，他们有着强烈的创业致富欲望，乐意接受未来的挑战，敢于不断开拓新领域。同时，由于他们是移民，相互之间很少有血缘家族关系，往往缺少可以依靠的集体力量，所以提倡并信仰个人至上，个人奋斗。移民的这种经历使美国民族养成了鲜明的开拓创新、勇于冒险、英雄主义、功利主义和高度重视个人主义的民族特征。历史上，美国实行了比较彻底的资产阶级民主革命，重法治，承认平等的权力和充分竞争的机会。美国人从小就接受"竞争意识"与"独立意识"教育，认为人与人之间开展竞争是健康而富有建设性的。美国的这种民族文化被称为典型的"狩猎文化"，它深刻地影响着美国社会，对美国企业文化的形成也产生了重大影响。分析美国成功的企业，它们都坚持行动至上，重视实践；服务至上，接近顾客；让员工发挥自主性和创业精神；尊重员工，提高员工生产率；管理者言传身教，建立正确的价值观；组织形式单纯。这种多元文化的特点，深刻地影响着美国的企业，使美国企业行为具有以下典型特征。

（1）以追求利润最大化为企业终极价值目标。

（2）奉行个人主义和能力主义。

（3）重视法律与契约。

（4）推崇英雄主义和权威主义。

（5）倾向于硬性管理，重视规划、组织机构和规章制度，强调使用分析技术，做决定都基于准确精细的数据资料。

（6）企业职工只对自己的工作负责，对其他人的工作情况漠不关心；职工流动性大，对企业缺乏忠诚。

总之，美国企业奉行个人主义、能力主义、契约主义和权威主义，是一种理性的企业文化模式。

二、美国的宏观经济体制

美国人奉行的是资本主义式的自由企业，强调发展私营企业，希望生产资料都集中在生产部门。然而，据最新的调查表明，在德国、英国和美国，美国的公营部门在经济中的比重是最高的，因此美国的经济可以说是建立在资本主义原则上的私营和公营混合并存的"混合经济"。

美国主张自由的资本主义制度，但这种自由只是一种向内的自由，美国经济对外存在着相当严重的封闭性。这里所说的封闭性，主要是指经济发展上的侧重点在国内，而不是国外。美国的国内分配政策导致了一个庞大的中产阶级的出现，从而为各种商品和服务提供了一个相当大的国内潜在市场，这种国情使美国企业都具有一种强烈的国内导向性，很多企业专心发展国内市场，有的根本无法顾及海外市场。美国的经济活动在很大程度上依赖于国内的发达银行系统和金融市场。首先，美国的银行系统极其发达。从美国人普遍使用信用卡就可窥其一斑，美国人几乎没有不使用信用卡的，信用卡就如同美式快餐麦当劳汉堡一样，已经成为美国的象征，给人以快捷方便的印象。其次，美国的金融市场同样也很发达。美国的金融市场分为货币市场和资本市场两个层面，其运行都有各自的一套规范化的程序和严格的法规。美国的一些交易所，如纽约证券交易所，不管是短期（1年以内）的货币市场还是长期的资本市场，在解决企业发展资金来源问题上都起着不可替代的作用。

三、美国的政企关系

美国人认为，在自由资本主义企业制度中，公共部门和私营部门必须分离，在社会上，无论是政策水准还是思想水平，这种分离得到了各政党和广大公司的认同与支持。

在某些特殊场合，联邦政府对私营部门的事务也要进行干预，企业和组织必须设定产业活动的有关联邦条例和行政措施，国会建立了许多专门部门，其目的是实施国会所颁布的法律。这些机构包括联邦通讯委员会、联邦贸易委员会、联邦药品委员会等。正如人们所预料的那样，工商界强烈反对这种政府干预，由此在政府和工商界之间形成了一种敌对关系。在政府和企业的关系中，对企业影响最大的法律是《谢尔曼反托拉斯法》（1876 年）。这一法律是为了阻止工业权力的过分集中，鼓励竞争力量自由地相互影响、相互作用。在打破石油等若干大行业形成垄断局面中，它发挥了重要作用。但是，有些人认为这部法律已经过时，该法案的思想重点是基于价格竞争，这种推理没有考虑其他竞争压力，如对产品质量的要求及制造厂家的服务。

另一层政企关系则表现在美国的对外和国防政策上。在过去的几十年里，美国国会通过了许多法令禁止工商界向被认为是对美国不友好的国家出售敏感性技术。例如，法律规定，未经国防部的特许，不能向未经认可的政府出售与国防有关的技术；严格控制向俄罗斯及其独联体国家出口农产品。

四、美国企业经营形态和组织结构

美国企业常见的组织结构有以下几种。

（一）职能制组织结构

凡是制造单一产品种类的公司，大多数采用职能制组织结构。它的特点是公司由总裁牵头，各个职能部门（制造、财务、市场营销、销售、人力资源管理等）都向其报告工作；每个职能部门各自独立运营，为整个组织提供服务。

（二）产品组织结构

企业分权经营，划分若干个商品组，每个商品组都有自己的总经理，其下设有相应的职能部门，对产品总经理负责。

（三）地域性组织结构

地域性组织结构是指根据市场的地点来划分整个企业组织。在美国，公司典型的地域性组织结构可能包括东部、南部、西部、中部。在跨国经营中，可以设置单一的国际部或者采用更为复杂的针对某洲或某国的组织结构。

（四）模块式组织结构

该结构是一种纵横并存的组织结构。纵是指职能部门，横是指某一产品或项目组。这种结构要求其成员在横向系统中向其小组领导或者项目负责人报告；在纵向系统中向职能部门负责人报告，在直观上表现为纵横交错的形式。

五、美国管理的特点

（一）重视全面质量管理

当今美国管理特别强调全面质量管理，尽管全面质量管理现在显得有点过时，不过把全面质量管理视为一种竞争优势的思想又一次在美国兴起。美国的质量管理以核心价值观念为基础，通过策略的制定、统计程序控制技术的应用、记忆授权等方式达到不断提高质量的目的。其中以核心价值观念最为重要，包括满足客户需求、全面参与、奖励制度、缩短周期时间、无错胜过纠错、对质量信息的反馈进行管理、长远目标、进行合作开发、共同责任等多个方面。

（二）决策方面

美国企业是自上而下进行决策的，决策速度很快，最终决策由上级作出，在此之前也常常让下级参加讨论。重大决策具有法律效力，上下级之间的意见交流一般是通过命令渠道，因此美国管理决策方式的优点是对外界环境变化反应速度快，责任明确。但是这种方式存在明显的缺点，即不利于调动中下层人员的管理积极性。

（三）计划管理方面

美国企业在计划管理方面的特点主要体现在以下几点。
（1）重视对未来市场的预测和战略性计划的研究。
（2）将新产品计划放在中长期计划的首要地位。
（3）强调企业的内外因素，运用现代化的预测技术。
（4）使各种计划富有弹性。
（5）依据情况的变化对计划进行修订。
（6）在制订计划时，企业与政府的联系较少。

（四）人力资源开发方面

人才竞争越来越关系到一个企业的前途，关系到一个国家、一个民族的前途。美国政府和企业特别重视从各种渠道网罗人才，形成完备的人才培养体系。一般情况下，美国企业强调职前训练和专业训练，同时注重对职业技术和管理方面的培训。企业一般实行全员培训，针对企业各类不同人员制定不同的培训制度和方法，强调理论与实际的联系，为外协厂培训人才，以利于产品的推销。

（五）倾向于硬性管理

美国企业特别重视生产经营目标、组织结构、规章制度。这3方面正是被"Z理论"的创立者和传播者称之为"硬管理"的3个要素。在美国企业中，强调结果而不重视过程也正是这种特点的集中表现。

精彩阅读

鄂尔多斯集团的比较管理

鄂尔多斯集团很早就进行了比较管理的尝试，并不断将比较管理引向深入。在全面实施比较管理过程中，鄂尔多斯集团遵循"统一领导、分层实施、试点推广、逐步推开"、"抓住关键、先易后难、操作简便、注重实效"、"体制与机制配套，即时兑现"的原则，不断细化比较的范围、比较的内容、比较的考核与奖惩，将比较管理融入到各项生产经营活动中。

作为比较管理的试点单位，鄂尔多斯冶金产业集团从 2008 年 3 月底在生产、供应、销售、物流系统正式推行比较管理以来，在较短的时间内，节能降耗、增产增效以及管理水平和综合竞争力等多项指标均有大幅度提升，比较管理取得了一定成效。

针对生产系统而言，2008 年第二季度产量比第一季度增加 13 491.77 吨。生产单位成本方面，剔除原料上涨因素，第二季度与第一季度同口径比较单位成本下降了 96 元/吨，实行比较管理取得明显成效。物资采购方面，物资公司从 2008 年 3 月份推行比较管理以来，通过比较考评和总结分析，在促进提高工作效率和确保完成采购任务方面取得了良好效果，基本实现了工作效率最高化、个人能力最大化、团队配合最优化的管理目标。销售方面，销售系统在销售价格、销售回款率、库存、质量和损耗率等方面进行比较以来，每月售价均有大幅增长，售价跟进比以前更快了，损耗和质量问题大幅度降低，整个销售系统形成了你追我赶的良好局面。

（资料来源：http：//125.40.237.62：55512/onews.asp？id = 1237）

第三节 日本的管理

日本与中国同属东方民族，有着相同的文化渊源。19 世纪中叶以前，日本还是个农业国家，与现代文明隔绝。明治维新以后，经过短短 30 多年的时间，日本步入了先进资本主义国家行列。第二次世界大战以后，日本在不到 30 年的时间里，再次创造了奇迹，成为仅次于美国的世界经济强国。在西方工业发达国家中，日本的技术水平仅次于美国，居第二位，特别是在产业技术方面，日本已达到了极高的水平。日本公司在提高劳动生产率方面也相当成功，从而形成了别具一格的"日本式管理"。

一、日本式管理的文化背景

美国是典型的西方文化，而日本是比较典型的东方文化，这里自然有着巨大的差异。日本的文化是一个近乎宗教的文化，而其宗教的来源十分复杂，其中主要有儒教、道教、佛教和神教。但日本对个人宗教信仰没有什么规定，一个人可以同时信仰几种宗教，如一个人可以信仰儒教、道教和佛教。这就给人们一个启示，日本由于这种信仰的自由，它完全吸收各种宗教中有用的东西，或者说将各种宗教中对人类发展有用的精华吸收为己用，同时又可以摒弃各种糟粕，这无疑是一种良好的学习传统。

在管理的发展过程中，一方面极力批判和排斥封建主义的旧习惯和旧思想，另一方面大力引进和宣传欧美的自由主义、个人主义、功利主义和实用主义等近代思想，正是这种西方近代思想和理论的传播，为日本走向文明和经济强国之路打下了深厚的思想基础。

日本民族文化历来受中国传统文化的影响，同时对西方科学文化的全面吸收成为日本管理变革的新开端，由此决定了日本企业文化的如下特点。

（1）受儒家文化的影响，但对其进行了实用主义的改造。它全盘接受"和为贵"的思想，并且将这一思想作了修改，不是以仁为主，即不以内省修身为主，而是以"忠"为主，这就使得以和谐为宗旨的中国儒学转变为以进取为主的日本儒学。在日本，和谐只是一种手段，是实现外向型进取的手段，由此便产生了日本内协外争的管理思想特征。

（2）信奉家族主义和资历主义。人们熟知的日本社会的一大特征就是家族主义，之所以形成这种特点，主要是由于日本的家文化，这种家文化的特点是不以血缘为纽带，而是以财产为纽带。因此，日本人的家族主义更具有社会意义，在推行家族主义管理方式时，能够更容易得到企业员工的认同。日本企业的凝聚力也是由此而来的。

（3）个人主义和集体主义处理得比较好。日本人强调个性的发展和个人能力的提高，但却是以服从集体为前提的。正因为如此，注重群体精神的日本社会形成了足以与欧美竞争的企业家阶层。在日本集体主义精神中，包含一种武士道精神，即力求通过自身的努力而为主人奉献的精神。群体精神和武士道精神的结合使日本企业的发展深受其益。

二、日本的宏观经济政策

日本的产业结构有两点需要特别注意。首先，日本整个社会形成了以银行或贸易公司为核心的六大企业集团，它们是三井、三菱、住友、富士、第一劝业以及三和。这六大集团有四个特点：一是集团内的成员企业相互持股，形成纵横交错的资本结构，既能共同发展又能相互制约；二是日本各企业集团内形成了银行的主导地位，以保证企业长期稳定地发展，一旦企业遇到挫折，银行会鼎力协助，共渡难关；三是互派高级职员，或者说，银行向其集团的企业派出董事，以监督企业的运作；四是集团内各企业的社长每隔一段时间聚会一次，交流信息，协调意见。

其次，日本的产业结构在金融自由化方面表现为利率自由化、扩大经营范围、国际资金交流的自由化，同时还使得企业摆脱了对银行的过分依赖。

日本自1971年开始实行金融自由化政策，但直到1983年美国正式要求日本开放金融市场和资本市场后，日本的金融体制才发生了根本的变化。1984年日本大藏省通过的《金融自由化和日元国际化的现状和展望》的文件，标志着日本的金融体制走出了"限制与封闭"的时代。

三、日本的政企关系

日本政府和企业的关系是世界上少有的一种高度合作型的政企关系，这种关系的形成有其深厚的历史根源。早在日本明治维新时期，经济权力就由政府和企业共同分享。日本政府为了迅速实现现代化，特意创建了一些行业，目的是为了给企业提供一种经济支持，政府将建好的厂房和设备转移给私营企业。在运转过程中，日本政府保留了对企业的一定的控制权。由此可见，日本及其企业是在完全相互支持的条件下运作的。也有一些人认为，日本的经济是国家垄断资本的典型案例。

日本政府对企业施加影响的主要手段是通过大量的经费支持和激励，让一些企业或行业按照政府制定的长远经济政策来发展。一般而言，日本的企业对政府的行政指令是非常尊重的，并会付诸实施，其主要原因是如果不遵照执行将会受到严厉惩罚。例如，如果取消政府的经费资助，许多企业就可能垮台，这也是政府影响企业的一种手段。此外，政府公务员退休后往往进入大企业担任高薪管理职务，企业也会向一些官僚提供竞选经费，这些都是政府与企业形成密切关系的原因。

四、日本企业的经营形态和组织结构

日本企业采纳了各种形式的组织结构，比如职能结构、部门结构或细胞型结构。但是在日本式管理中组织结构的作用仅在其次。一般地，管理模式是职能部门和职员之间关系的一种模式，目的是为了指导大家为公司的目标而工作。在日本，由于鼓励下级管理人员参与决策，使所涉及的所有人员都有责任感，高级管理人员将权力下放到团体，内部交流的方式由人际关系的派系代替了正式的安排，这一点正是日本管理体制的精髓。

五、日本式管理的特点

日本成功的关键在于有效地将东方儒学与西方科学文化加以结合，从而融合了两种文化之长，再加之日本的社会特点便形成了一种独特的管理特征。

（1）日本式管理的最大特点，就是其理性精神表现得很充分。由于日本的自然条件一直很恶劣，生存资源奇缺，因而就产生了强烈的生存欲望，这就使得日本有一种其他民族所不具有的生存理性。

（2）日本的经营管理具有战略管理的特点。

（3）日本企业以质量为中心，以弱胜强。日本式管理是以质量管理为中心的管理模式，这才牢牢地抓住了顾客的需求和市场变化。

（4）以"和为贵"为核心的群体管理。日本式管理特别重视"和为贵"准则，形成了内协的格局。

（5）重视人力资源的开发。第二次世界大战中，日本人失去了大量的劳动力，劳动力质量低下成为日本发展的严重障碍，加之日本地域狭小，资源极其缺乏，迫使战后的日本花费了大量力气进行熟练劳动力的培养。日本这种高度重视人力资源的开发方式可以弥补物质资源缺乏的不足，由于这种趋势与战后世界经济发展态势相吻合，因此日本仅用了短短几十年时间就完成了经济和管理的现代化改造。

（6）决策的柔性化。这主要表现在企业经营决策程序上，企业在决定重大方针时，不是突出经营者的个人负责制，而是强调由整个领导集团来决定方针政策，同时，在进行决策前，企业领导还要征求全体员工的意见，经过反复的酝酿磋商，才作出决定。日本企业的这种决策方式，优点是可以集思广益、群策群力，贯彻时也比较容易；缺点是整个决策时间长，有时议而不决，责任不清。当然，日本也不断从美国引进责任制度，克服决策过程中的不足之处。

精彩阅读

宋氏管理

20世纪80年代初，一支天津的企业家代表团到日本丰田汽车公司考察，然而丰田人却对他们说："我们的很多管理理念，还是跟天津东亚毛纺公司的宋卿先生学来的。"在天津，宋卿曾经是家喻户晓的人物，至今，天津东亚毛纺厂的老员工们提起这个昔日的老板时，仍深怀敬意。宋卿创造了培训和考试制度。他特别注重选拔录用有专业知识或工作经验的人，在招聘职员（不同于工人，指的是管理人员和技术人员）时，都要经过考试。为提高管理人员的企业管理水平，1934年天津东亚毛纺公司开办了车间管理人员速成学习班，给一线管理人员讲授从原毛加工到成品毛线的26道生产工序。同时，他在厂内办学校，提高工人的文化教育程度。当然，他所倡导的企业内学习，与阿基里斯、圣吉等人所说的学习型组织相去甚远，它并没有"组织自我更新"的功能，但在70年前的中国，已甚为不易。

第四节　中国的管理

中国灿烂的古代文明创造了丰富的中国传统管理思想，成为东方管理思想的根源之一。中国在建立有中国特色的社会主义市场经济过程中，也必须从传统文化中吸取养分，再结合国际先进的管理思想和方法，形成适合中国国情，顺应时代潮流的管理思想。

一、中国式管理的文化背景

中国是一个具有悠久历史的文明古国，形成了独特的华夏文明，中国的传统文化不仅影响着中国，还影响着东方，这些文化传统主要表现在以下几个方面。

（1）中庸并缺乏冒险和进取精神的小农经济思想影响深远。

（2）宗法制造成的重人治轻法治的思想长期存在。

（3）儒家、道家和佛家构成中国传统文化的主流。

中国的管理思想主要受到传统文化的影响。

二、中国的宏观政治经济环境

改革开放以来，曾经使经济建设取得了巨大成就的计划经济体制越来越不适应当前社会生产力的要求，使社会主义经济在很大程度上失去了活力。1992年10月召开的中共十四大，正式提出了建立社会主义市场经济体制。党的十五大深刻论述了经济体制改革和经济发展战略，第一次明确提出公有制实现形式可以而且应当多样化，公有制经济不仅包括国有经济和集体经济，还包括混合所有制经济中的国有成分和集体成分。

建立社会主义市场经济体制，其目的是使市场在国家宏观调控下对资源配置起基础性作用，使经济活动遵循价值规律的要求，并给企业以压力和动力，实现优胜劣汰，运用市场对各种信息反应灵敏的优点，促进生产和需求的及时协调。

在经济发展中，中国实行了改革开放的总方针，主要包括坚持全面改革，改革以往经济体制和政治体制中的弊端，进一步解放和发展生产力。坚持对外开放，进一步发展对外经济技术交流和合作，为加快我国科技进步和提高经济效益创造更好的条件，这其中包括引进先进的技术和科学的管理方法；积极吸引和利用外资；组建三资企业，创办各类经济特区等一系列措施。

三、中国的企业管理

中国的企业管理模式是在前苏联管理模式的基础上建立起来的。20世纪80年代以后，中国企业界借鉴西方发达国家的现代科学管理理论与方法，掀起了推行现代科学管理的热潮，中国的企业管理有了明显的进步。

（一）企业管理观念发生了根本的变化

企业认识到必须自主经营、自负盈亏，不能依靠政府，要面对国内、国际市场，要加强企业的内部管理，苦练内功，要在管理手段和管理方法上创新，在不断引进发达国家先进技术和管理方法的同时，建设自己企业的科学管理系统。

（二）注重经济效益

中国企业家已经认识到效率高、用人少、成本低、效益好企业才有竞争力，他们坚持效益优先，坚持不懈地提高劳动生产率。他们采取了以下措施。

（1）企业内不搞"大而全"、"小而全"，坚持社会化协作。

（2）精兵简政，实现高效率。一些企业学习美国、德国、日本的先进管理经验，逐步减少在编人员，妥善安排下岗人员，独立经营辅助部门，提高企业的效益。

（3）加强员工能力的培训。开展自主管理、技术革新和合理化建议活动，为员工提供自我创造的机会，为企业寻求创造效益的途径。

（三）提高了市场适应能力

社会主义市场经济的发展对中国企业提出了前所未有的要求，它迫使企业摆脱对计划的依赖，从而主动适应市场的需求，自主分析市场的需求，然后生产出合格的产品满足消费者的需求。为了适应激烈的市场竞争，企业必须强化营销管理，不仅要占领国内大市场，还要积极开拓国际市场。

（四）一些企业的科学管理达到了发达国家的管理水平

近年来，中国大部分企业为寻求整体优化，在推进管理现代化的同时，以集团的形式树立整体观念、动态平衡观念、协调观念，把内部环境和外部环境联系起来，把局部和整体联系起来。一些大中型企业用先进的科学技术装备武装本企业，采用计算机网络系统，以电子计算机作为现代化的办公工具。在财务报表、经济合同审核、资料数据档案管理、经济活动分析、记账算账、统计、工资、人事调配、审计等方面都广泛采用了现代化手段。目前，中国一些企业的科学管理已达到或接近发达国家的管理水平，某些管理项目已得到国际权威机构的认证。

（五）企业的员工素质有了明显提高

中国高等教育和职业教育的迅速发展，使越来越多的具有高素质、高技能的人源源不断地进入企业。同时，中国企业的管理者已经意识到，企业管理的质量最终取决于企业人的质量。

中国企业管理虽然取得了显著的进步，但在当前全球化、信息化的环境下，由于历史遗留和改革进程限制的原因，还存在不少的缺点，主要体现在以下几方面。

（1）企业的法人治理机制虽已逐步建立，但有待进一步完善。经理阶层的激励机制，股东会、监事会、董事会、经理阶层的制衡机制尚未建立，还需大力培育职业经理人市场。

（2）中国企业组织结构设计上和组织创新方面还比较落后。企业组织结构选择和设计比较单一，需要进行企业再造。企业以其全部法人财产，依法自主经营，自负盈亏，照章纳税，对出资者承担资产保值增值的责任。

（3）出资者按投入企业的资本额享有所有者权益，即资产受益、重大决策和选择领导者等权利。

（4）企业按照市场需求组织生产经营，以提高劳动生产率和经济效益为目的。

（5）建立科学的企业领导体制和组织管理制度，调节所有者、经营者和职工之间的关系，形成激励与约束相结合的经营机制。

现代企业制度的建立能充分发挥企业的积极性、自主性、创造性，它既顺应了当前经济发展的需要，也符合"解放生产力，发展生产力"这一任务的要求。

管理定律

达维多定律

达维多定律是由英特尔公司副总裁威廉·H. 达维多（William H. Davidow）提出的。

达维多认为，一家企业要在市场中总是占据主导地位，那么就要做到第一个开发出新一代产品，第一个淘汰自己现有的产品。

达维多定律告诉人们：只有不断创造新产品，及时淘汰老产品，使成功的新产品尽快进入市场，才能形成新的市场和产品标准，从而掌握制定游戏规则的权利。要做到这一点，其前提是要在技术上永远领先。企业只能依靠创新所带来的短期优势来获得高额的"创新"利润，而不是试图维持原有的技术或产品优势，才能获得更大的发展。

思考与讨论

1. 比较管理中有哪些理论？
2. 美国企业管理有什么特点？
3. 日本企业管理有什么特点？
4. 中国经济体制改革和企业管理有什么特点？
5. 从各主要国家管理的比较中，可知哪些理论可以借鉴，为我所用？

管理游戏

囊 中 识 物

［游戏目的］让学员体验解决问题的方法，学员之间面对同样一个问题所表现出来的态度，如何达成共识，并进行配合共同解决问题？

［游戏形式］11～16 个人为一组比较合适。

［材料］有规律的一套玩具、眼罩。

［时间］30 分钟。

［操作程序］

（1）教师用袋子装着有规律的一套玩具、眼罩，而后发出游戏规则：有一套物品，教师抽出了一个，而后给了其他人一人一个，现在通过沟通猜出教师拿走的物品的颜色和形状。全过程中每人只能问一个问题"这是什么颜色？"教师就会回答提问者，把手里拿着的物品是什么颜色，但如果同时很多人问教师就不会回答。全过程中自己只能摸自己的物品，而不得摸其他人的物品。

（2）然后教师让每位学员都戴上眼罩。

［游戏说明的道理］　沟通是非常重要的手段。

［有关讨论］

（1）你的感觉如何，开始时你是不是认为这完全没有可能，后来又怎样呢？

（2）你认为在解决这一问题的过程中，最大的障碍是什么？

（3）你对执行过程中，大家的沟通表现的评价如何？

（4）你认为还有什么改善的方法？

（资料来源：http：//zhidao. baidu. com/question/157737782. html）

综合分析

可口可乐的决策

可口可乐公司研制新可乐（玉米糖代替蔗糖），为了决定是否推出该新产品，国内公司在 13 个城市举行了由 19.1 万人参加的未标明品牌的新可乐、可口可乐、百事可乐的对比尝试，结果为：新可乐第一，百事可乐第二，可口可乐第三。但在随后的正式销售中，销售量的排名为：可口可乐第一，百事可乐第二，新可乐第三。

（资料来源：http：//zhidao. baidu. com/question/269094524. html）

问题：

（1）是否正式以新可乐代替老可乐这一决策按重要性划分应属于哪一类决策？

（2）这一决策从实践来看是错误的，那么可口可乐公司应如何处理这一情况？

（3）试分析可口可乐在做这一决策时有什么疏忽？

参考答案：

（1）战略性决策（通常包括组织目标、方针的确定，组织机构的调整，企业产品的更新换代，技术改造等，具有长期性和方向性）。

（2）管理者要不断修正方案来减少或消除不确定性，定义新的情况，重新拟订可行的方案，并进行评估、选择和实施。

（3）决策过程中，信息是不可或缺的，虽然公司有进行品尝的收集信息的方式，但在决策中在"寻求相关或限制因素"方面做得不足，没有注意组织文化与组织环境对企业的影响。

第十一章

管理的新趋势

学习目标

1. 理解管理观念的创新化；
2. 掌握管理手段现代化的趋势；
3. 掌握企业文化和企业再造理论；
4. 理解学习型组织的基本要素；
5. 正确理解企业供应链管理的相关内容；
6. 正确理解企业整体策略理论。

管理故事

自从雷军召开小米手机发布会以来，小米手机能否成功就成为业界一大热点话题。小米手机的关键词一度成为百度十大热门关键词。

然而业界绝大部分人士并不看好小米，特别是手机界专业人士，而形成反差的是，在市场上小米手机的预订却是异常火暴。

众所周知，小米手机始终处于供不应求状态，以前的两轮开放购买都在短时间将备货销售一空。首先是，2011 年 12 月 18 日小米手机首轮备货 10 万部，但零点开放后三小时即宣布售完，而到了 2012 年 1 月 4 日小米公司再次备货 10 万部，也很快在三个半小时内售完。而在 1 月 11 日中午 12:50，小米公司开始的第三轮开放购买更是引发了抢购热潮，仅用了八个半小时便售出了 30 万部。截至 2012 年 1 月 12 日 23:00 官网停止预定，小米手机的第三轮开放购买备货的 50 万部小米手机已经告罄。至此，小米手机开放购机数量已达到七十万部，加上开放销售前的三十万部订单，小米手机的销量已近百万。

刚出生几个月的小米为何销量已经能比肩国内一线品牌？小米到底有何独到之处？

有人说小米手机还算可以的硬件配置是现有技术的组合，称不上是重大技术创新。MIUI 操作系统是在 Android 基础之上作出改进，也没有太大的新意。而米聊虽然号称有数百万用户，比起 QQ 来说就小巫见大巫了。

高规格的硬件配置、MIUI 操作系统、米聊，单个说来都谈不上什么重大创新，但当雷军将这些全都整合在一起时，就拥有了一种神奇的力量。

小米的成功源于商业模式、营销模式以及竞争战略上的创新。

因循守旧和墨守成规已经不适应管理的发展，创新是管理发展新趋势的核心思想。
（资料来源：http：//www.mbachina.com/html/management/201204/57924.html）

第一节　管理科学化的新趋势

当今社会是知识经济社会，整个社会经济的运行具有社会经济信息化、社会经济创新化、生产要素知识化、社会发展高速化、市场需求多样化、经济运行虚拟化、科技发展集成化和经济全球化的特点，这些特征要求现代的管理必须科学化。管理科学化体现出了管理观念创新化、管理组织扁平化、组织环境复杂化和管理实践多样化的新趋势。

一、管理观念创新化

（一）管理观念的内涵

在企业经营时，所谓的"观念"，是指改善商业绩效及管理的各种做法，也就是可以加速改善公司内部绩效的观念，如全面质量管理、企业再造、知识管理、作业基础成本、平衡计分卡、六标准差，以及其他上百种可以让企业有更佳表现的观念。

管理观念对组织或企业有两项基本功能。一是改善组织或企业的绩效。虽然不是每一次都有效，但新的观念如果实施良好，便有助于组织改善成本、周期时间、财务表现及市场份额等。二是提供正统性。引进观念，意味着组织与身在其中的人正兢兢业业想要改善他们的企业，不管是真是假，通过组织文化的影响，所有人都会感受到组织的目标。

（二）管理观念创新化的趋势

近些年，新的管理观念层出不穷，在各式各样的管理杂志和咨询公司的推波助澜下，各公司忙着实施一个又一个的新运动，从早期的 SWOT 分析、BCG 矩阵分析、国际化，到核心竞争力、战略联盟、流程再造、平衡计分卡、价值链分析、ERP、TQM、数据库营销、供应链管理、顾客关系管理、知识管理，再到最近的执行力、公司伦理、公司治理，同时咨询公司也大量出现，为企业介绍新观念、新做法。但这些新观念对企业是否真正有效，还得视情况而定。迈克尔·波特（Michael Porter）认为战略定位优先于核心竞争力的构建，核心竞争力一派则认为战略定位应根植于公司的核心竞争力，因此核心竞争力优先于战略定位。到了目前大家又发现，还是执行力最有用，没有执行力，任何观念都是天马行空。

许多人把观念能否成功的重大责任归于商业大师。如果观念成功，在各组织或企业内施行起来，是因为商业大师的聪明才智，如果该观念只是昙花一现，则该大师就会名声扫地。商业大师在促进并传播观念上，扮演着重要角色，然而，商业大师并不是观念能否成功最重要的因素，真正的因素是在组织或企业内落实观念的那些人，这些人往往是默默无闻的，正是他们将观念付诸现实，并发展了一套实践观念的做法，也同时协助发展观念，因此，他们既是创造者也是实践者。这些人对公司有利有弊。弊的一面是，他们在实践观念时可能无法持久，浪费公司的时间，也让新的观念埋没。所以说，没有全然一无是处的管理观念，只有不好的落实方式。

因此，观念是否被妥善管理，有没有创造一个正面的环境来善用管理观念，观念实践者要负很大的责任。观念实践者要决定哪些观念对公司有益，修改它们以符合公司需要，并动员组织或企业将之实现。很多时候，他们既是观念的创造者、阐释者，也是使用者。他们承担风险，并经常运用好不容易才积累出的社会资本推广他们的观念。

一般情况下，人们都将公司的观念变革归功于首席执行官，的确，如果要成功地执行观念，首席执行官必须支持。但实际上观念实践者通常是中层经理人，观念的原始拥护者与传播者通常是公司的中低层的员工。他们可能是运营单位主管、事业功能的规划者，甚至只是个贡献者，他们依靠热情和说服力来做好事情，而不是靠权力。

管理观念的创新化还体现在对"管理"的认识上，传统的认识是"革命和控制"，新的认识是"相互适应和协作"；在竞争观念上，传统的认识是"你死我活"，新的认识是"合作竞争，双赢策略"；员工和老板的关系上，传统的认识是"员工是老板与企业发展的工具"，新的认识是"员工是企业的主人，老板与企业是员工发展的工具"；在时空观念上，传统的认识是"时间与空间是企业发展的约束"，新的认识是"时空是企业发展的资源"；等等。

二、管理组织扁平化

（一）扁平化管理的内涵

扁平化管理是企业为解决层级结构的组织形式在现代环境下面临的难题而实施的一种管理模式。当企业规模扩大时，原来的有效管理是增加管理层次，而现在的有效管理是增加管理制度。当管理层次减少而管理制度增加时，金字塔的组织形式就被"压缩"成扁平化的组织形式。

解决层级结构的组织形式在现代环境下面临的难题，最有效的办法就是扁平化。扁平化得以在世界范围内大行其道的原因主要有3个。一是分权管理成为一种普遍趋势。金字塔状的组织结构是与集权管理体制相适应的，而在分权的管理体制之下，各层级之间的联系相对减少，各层级组织之间相对独立，扁平化的组织形式能够有效运作。二是企业快速适应市场变化的需要。传统的组织形式难以适应快速变化的市场环境，为了不被淘汰，就必须实行扁平化组织形式。三是现代信息技术的发展，特别是计算机管理信息系统的出现，使传统的管理幅度理论不再有效。

（二）管理组织扁平化趋势

现代的企业内部的管理结构，将一改当今占主流地位的金字塔式的多层组织结构形态，中间管理层将失去原有的价值，企业的管理组织将呈现扁平化状态，管理者的管理幅度将数倍增加。借助网络等现代信息技术，企业的每个员工，虽然工作岗位不同、工作地点不同，但可以在同一时间与同一管理者直接进行沟通。扁平化的管理组织将直接带来管理费用的下降及管理效率的提高。

以产品销售渠道的扁平化为例，传统的销售渠道是多层次批发，渠道层次多，环节多，渠道长，渠道链上的经销商数目呈指数级发散，这是一种典型的层级结构组织形式。但当前大多数优秀企业已经摒弃了这种渠道形式，取而代之的是扁平化的渠道形式。

扁平化趋势表现在渠道层级减少，渠道缩短，而渠道宽度大大增加。扁平化销售渠道最显著的特点，一是渠道直营化，二是渠道短宽化。

在因特网和计算机异地互联成为可能之前，市场信息的传递只能通过电话、传真、信函等方式进行，公司难以对众多经销商提供的来自市场的大量原始信息进行处理，企业的信息反应能力极其缓慢。在当时的情况下，金字塔形的渠道结构有利于信息的处理。随着信息技术的发展，现代网络技术和功能强大的营销管理软件能够对众多经销商反馈的大量信息进行快速处理，并能够通过因特网将企业的信息"集群式"，即在同一时点向所有对象传送信息，传递给经销商。因此，渠道扁平化过程中所遇到的信息的传递与处理问题，能够通过现代信息技术迎刃而解，这极大地推动了渠道扁平化趋势的发展。

三、组织环境复杂化

（一）组织环境的基本内涵

组织环境是指潜在影响组织运行和组织绩效的因素或力量。组织环境调节着组织结构设计与组织绩效的关系，影响组织的有效性。组织环境对组织的生存和发展起着决定性的作用，是组织管理活动的内在与外在的客观条件。

一般来说，组织环境的类型以组织界线（系统边界）来划分，可以把环境分为内部环境和外部环境，或称为工作环境和社会环境。

组织内部环境是指管理的具体工作环境。影响管理活动的组织内部环境包括物理环境、心理环境、文化环境等。物理环境要素包括工作地点的空气、光线、照明、声音、色彩等，它对员工的工作安全、工作心理和行为以及工作效率都有极大的影响。

物理环境因素对组织设计提出了人体化的要求，防止物理环境中消极性和破坏性因素，创造一种适应员工生理和心理要求的工作环境，这是实施有效和高效管理的基本保证。

心理环境是指组织内部的精神环境，它对组织管理有着直接的影响。心理环境制约着组织或企业成员的士气和合作程度的高低，影响着组织或企业成员的积极性和创造性的发挥，进而决定了组织或企业管理效率和管理目标的达成。心理环境包括组织内部和睦融洽的人际关系、人事关系、组织成员的责任心、归属感、合作精神和奉献精神等。组织文化环境至少包括两个层面的内容：一是组织或企业的制度文化，包括组织或企业的工艺操作规程、规章制度、考核奖励制度以及健全的组织结构等；二是组织或企业的精神文化，包括组织或企业的价值观念、组织信念、经营管理哲学以及组织或企业的精神风貌等。一个良好的组织文化是组织或企业生存和发展的基础和动力。组织外部环境是指组织所处的社会环境，它影响着组织管理系统。组织的外部环境，实际上也是管理的外部环境。外部环境可以分为一般外部环境和特定外部环境。一般外部环境包括的因素有社会人口、文化、经济、政治、法律、技术、资源等。一般外部环境的这些因素，对组织的影响是间接的、长远的。当外部环境发生剧烈变化时，会导致组织发展的重大变革。特定外部环境因素主要是针对企业组织而言的，包括因素有供应商、顾客、竞争者、政府和社会团体等。特定外部环境的这些因素对企业组织的影响是直接的、迅速的。

外部环境从总体上说是不易控制的，因此它的影响是相当大的，有时甚至能影响整个组织结构的变化。作外部环境分析的目的是要寻找出这个环境中可以把握住哪些机会，要回避哪些风险，抓住机遇，健康发展。

（二）组织环境复杂化的趋势

现在人们所面临的时代是一个"十倍速"的时代，当今社会经济变化的大环境使得管理环境的复杂性前所未有，无论是宏观管理还是微观管理都是如此。例如，，就企业管理而言，企业的外部环境不再是国内市场环境，其竞争对手不再是国内竞争对手；由于产品寿命周期急剧缩短，企业如果不能及时对市场作出反应，就会随时面临倒闭的危险。企业内部的管理也是如此，由于人力资本是第一要素，如何让员工更聪明、更愉快地工作，如何恰如其分地评价、奖励员工成为了管理的难题。

另外，管理环境还体现出企业组织虚拟化、管理方法集成化、管理行为人性化和管理决策知识化的趋势。

由于环境复杂多变，为增强企业的灵活性与应变性，提高为顾客服务的效率，降低企业的经营风险，企业不再封闭运行，盲目贪大求全，而是通过建立虚拟组织来解决企业的敏捷制造、快速服务以及低成本运行问题。每个企业集中发展具有核心能力的技术、产品或服务，将其他相关业务进行外包。企业组织体现出了虚拟化趋势。

从 19 世纪末 20 世纪初泰罗的科学管理，到 20 世纪 80 年代孔茨的"管理理论的丛林"，管理科学与管理方法迅速发展。科学的交叉融合、管理实践的强力推动，产生了许多新的管理方法，如当今的准时生产（JIT）、精益生产（LP）、柔性制造（FM）、计算机集成制造系统（CIMS）、敏捷制造（AM）、虚拟制造（VM）、并行工程（CE）、供应链管理（SCM）、企业经营过程重组（BPR）、企业资源计划（ERP）、学习型组织、电子商务等。然而，未来发展的管理方法不仅是上述管理方法的单独运用，而是借助信息技术，将各种先进的管理方法进行集成，新的计算机集成制造系统（CIMS）即将到来。

从产品经营到资本经营，从融资到融智是企业经营的必由之路。由于人力资本为当今企业的第一要素，如何对人力资本进行有效的管理是管理的难题之一。要对人才与人力资本进行有效管理，充分调动人的积极性和创造性，最根本的是要坚持管理人性化。每个员工不再是"工具"，而是企业的主人，每个员工都追求自身的价值实现。尊重人、关心人、激发人、使人更聪明地工作是管理的主导行为。

知识经济社会要求管理决策也是知识化决策，决策过程就是知识与信息的收集、储存、加工和利用的过程。企业经营的成败首先取决于科学准确的知识化决策。国外不少先进的企业已设立知识主管，其任务主要是负责企业信息与知识的收集与利用，向管理当局决策提供咨询；负责对企业员工进行培训，更新员工观念，提高员工的知识化程度。

四、管理实践多样化

（一）管理实践的内涵

管理实践是社会机构特别是工商业中领导、指挥和决策的执行核心，是一种普遍的职能。这种普遍的职能在任何一个国家都面临着同样的基本任务。管理者必须为他所管理的实践组织指引方向；必须深入思考本次实践的使命，为之制定目标；为了达到本组织必须做出的成果而组织实践所需要的资源。

（二）管理实践的多样化

管理发展到当今社会，随着科学技术的不断发展，管理实践也呈现出多样化的形式。

随着人类社会的进步、科学技术的不断发展，尤其是现代信息技术的日新月异，使得世界各国的经济增长越来越依靠知识、技能、人力资本和信息等无形资产的产生和应用，这使得每个国家都把发展教育、加快科技进步、加强无形资产管理、保护知识产权放在发展国民经济的重要位置。而管理实践也从当时局限于企业的实践拓展到其他任何组织和单位的发展，从重视企业资源的硬件资源到重视企业的软件资源，从重视物的有效利用到以人为本，从围绕组织自身的单独发展到重视组织与社会、环境等外部条件的和谐发展。

精彩阅读

"产品冠军"

美国的 3M 公司，不仅鼓励工程师也鼓励每个人成为"产品冠军"。公司鼓励每个人关心市场需求动态，成为关心新产品构思的人，让他们做一些家庭作业，以发现开发新产品的信息与知识，公司开发的新产品销售市场在哪里，以及可能的销售与利益状况，等等。如果新产品构思得到公司的支持，就将相应地建立一个新产品开发试验组，该组由生产部门、营销部门和法律部门等的代表组成。每组由"执行冠军"领导，他负责训练试验组，并且保护试验组免受官僚主义的干涉。如果一旦研制出"式样健全的产品"，试验组就一直工作下去，直到将产品成功地推向市场。有些开发组经过 3～4 次的努力，才使一个新产品构思最终获得成功；而在有些情况下，却十分顺利。3M 公司知道千万个新产品构思可能成功 1～2 个。一个有价值的口号是"为了发现王子，你必须与无数个青蛙接吻"。"接吻青蛙"经常意味着失败，但 3M 公司把失败和走进死胡同作为创新工作的一部分。其哲学是"如果你不想犯错误，那么什么也别干"。

（资料来源：3M 公司和富士公司的创新激励措施．成功励志网，2006 - 11 - 30）

第二节　管理理论的新趋势

管理理论发展趋势体现在以下两个方面：一是企业管理将从"硬环境"和"软环境"两个方面重塑企业形象；二是科学管理与人本管理相结合，即表现为知识管理、企业再造、学习型组织、虚拟组织、供应链管理和全面质量管理。

一、知识管理

知识管理是管理发展的新趋势，也是现在国内外谈论最多的管理话题之一。知识管理是伴随着知识经济出现的。

（一）知识经济兴起与知识管理

早在 20 多年前，极富预见性的未来学家就已经预见到，在传统的经济模式之后，一种新的经济模式将在 20 世纪末 21 世纪初出现。尽管这些学者使用的概念不尽相同，但基本思路却大体一致，那就是农业、工业两次经济革命之后，又一次新的经济革命很快就会到来，而这次革命不是在土地或工厂里实现，而几乎是在大脑里实现，其核心是知识。如今，知识的核心再也不是人们的预测，而是已经实现了。如果说农业革命是第一次经济革命，工业革命是第二次经济革命，那么知识经济可作为第三次经济革命。

1. 知识经济的含义

为了更深入地了解什么是知识经济，首先必须了解什么是知识。国内外对知识普遍认同的解释一般用"4W"来概括，即"知道是什么"（Know What），"知道为什么"（Know Why），"知道怎么做"（Know How），"知道是谁做"（Know Who）。

"知识经济"中所说的"知识"是一个广义的概念，包括人类迄今为止所创造的所有知识。其中，科学技术、管理科学的知识是最重要的部分。概括地讲，知识本身具有以下特性：不可替代性、不可逆性、非磨损性、可共享性和无限增值性。知识的这些特点决定了知识与一般生产要素相比有本质的区别，在知识经济中，知识已不再是经济增长的"外生变量"，而是经济增长的内在的核心因素。当知识成为主要经济要素后，经济的增长方式会发生根本变化，长期高速增长成为可能。

在人类历史上，无论哪个国家、哪个地区在哪方面的知识首先得到发展，最终都必将造福于全人类，这就是知识的共享性。知识产品与物质产品最大的区别在于：知识产品可以同时供无穷多的人使用，而物质产品在同一时刻只能供有限的人使用。

正是由于知识具有以上特性，世界上无论任何民族、任何种族的任何一种活动都离不开知识，人类经济的发展当然也不例外。目前，知识对经济的作用表现得尤为突出，据统计，目前经济合作与发展组织（OECD）主要成员的知识经济已经超过其国内生产总值的 50%。

知识经济是何时产生的？专家认为，美国微软公司的成功标志着知识经济的正式形成。微软公司是目前世界上第一大软件制造商，股票市场价值 2000 年最高峰曾达到 5 000 亿美元，总裁比尔·盖茨个人资产达 1 000 亿美元。

知识的威力与价值也在我国日益显现。据社会调查显示，社会上高收入阶层，其文化程度普遍较高，有知识、有文化的人在市场经济中充分发挥了自己的优势。知识已经在社会经济中发挥越来越重要的作用，知识经济的时代已向我们走来。

什么是知识经济？国内许多专家学者提出了各自的看法。有人认为，知识经济就是以知识为基础的经济，这种经济直接依赖于知识和信息的生产、扩散和应用。有的学者提出，知识经济就是知识成为经济的主导因素，处于中心地位，知识替代物质成为战略资源。还有学者认为，知识经济在本质上是以智力资源的占有、配置和以科学技术为主的知识的生产、分配和消费（使用）为最重要因素的经济。

可以看出，这些学者对知识经济的认识在本质上是相同的，即在知识经济中，知识是主要的、核心的和第一要素。如果说在工业社会中，战略性资源是资本，那么在知识经济中，战略性资源则是知识。

在知识经济中，高新技术产业是核心产业，按联合国组织的分类，高新技术主要有信息科学技术、生命科学技术、新能源与可再生能源科学技术、新材料科学技术、空间科学技术、海洋科学技术、有益于环境的科学技术和管理科学技术（又称软科学技术）。

2. 知识经济的特点

知识经济与以往的经济形态最大的不同在于：知识经济的繁荣不是直接取决于资源、资本、硬件技术的数量、规模和增量，而是直接依赖于知识或有效信息的积累和利用。知识经济是建立在日益发达的、成为未来经济主流的信息产业之上的，它强调产品和服务的数字化、网络化、智能化，主张敏捷制造和个性化商品生产，它是能够按照用户需要进行有效生产和服务的经济。知识经济的特点主要表现在以下几个方面。

（1）信息技术的广泛应用。信息技术作为一种产品，具有投入少、产出多且资源可重复使用和复制的特点，其产业规模的扩展程度完全取决于对知识的理解和运用。信息技术的运用必将使经济系统中产品、服务、效率、企业形象、生产、流通、交易等概念及操作方面都面临着深刻的变化。

（2）经济产值的"轻型化"。比如，用光纤取代铜线，用数字产品取代模拟产品等。由于知识的含量增大，产品的附加值也成倍地提高。人们将这种以知识投入带来优化的经济称为"轻型经济"。在当今经济最发达的美国，其国内生产总值如果以吨位来衡量，几乎同100年前差不多，但其实际价值却增长了20倍。据说，如果以不变价格计算，现在美国出口同样价值的产品其平均重量仅及1970年的一半。

（3）创新是知识经济发展主要的内在驱动力。知识经济是以创新的速度、方向决定成败的经济，它改变了过去那种以资源、资本的总量或增量决定的模式。创新优势可以用来弥补资源和资本上的不足。加强创新，就可以在未来的市场经济中占据优势。

（4）管理和决策的知识化。随着管理和决策的知识化，知识管理将成为社会企业管理的主要方法。目前，西方国家的一些大公司为尽快获得、掌握和保存最有价值的知识，专门设立了一批新式高级经理职务，即"知识主管"。这些人向公司提供的不仅是数据，而是经过提炼和创造的知识资本。

（5）知识经济发展的可持续性。知识经济是以知识为基础的经济，它所依赖的真正的生产资料不再是以资金、设备和原料为主，而是以人的知识为主。通过知识，一方面可以科学、合理、高效地利用现有的自然资源，另一方面可以不断探索开发新的资源。所以，知识经济是可持续发展的经济。

正如世界银行副行长瑞斯查德所说，在知识经济时代，"知识是比原料、资本、劳动力、汇率更重要的经济因素"。美国著名的管理学家彼得·德鲁克认为："在现代经济中，知识正成为真正的资本与首要的财富。"

知识经济对企业管理的影响具体表现在以下几方面。

一是环境的变化。主要体现在两个方面：首先是基础变化，知识经济是以不断创新的知识为基础的，是典型的知识密集型经济形态；其次是主导性要素的变化，知识经济中主导性要素是人力资源。

二是竞争的焦点。知识经济中竞争的焦点在于谁能创造符合人们新的需求的事实标准，引导时代的潮流。

三是战略调整。在投资战略上，重点转移到人才培训、激励创新方面，同时生产和分配要向知识产品及服务倾斜；在竞争战略上，注意利用知识产权的武器；在成长战略上，由靠规模经济促进企业发展调整到大力依靠无形资产的创造和增值来实现企业的成长。

随着生产力的不断发展，人类社会正在悄悄地从工业文明时代迈向知识经济时代，知识化、信息化正成为社会发展的主流趋势。与知识经济相对应，未来将出现一个全新的管理领域——知识管理。

（二）知识管理概述

1. 知识管理——第二次管理革命

随着知识经济的形成与发展，需要有与之相适应的管理模式、管理理论和实践。正如彼得·德鲁克所强调的，"因为知识社会是一个组织的社会，其中心器官是管理，仅仅管理就能使今日的所有知识成为有效。"如果说诞生在美国的科学引发了管理的"第一次革命"，那么在人类走向未来之时，全球的企业管理将迎来以"人性化"的知识管理为标志的管理的"第二次革命"。

知识管理是知识经济时代的必然要求。首先，知识管理是培养企业能力的基础性工作。在知识经济时代，企业内部能力的培养和各种能力的综合运用看做是企业取得和维持竞争优势最关键的因素。企业竞争的成功不再被看做是转瞬即逝的产品开发或战略经营的结果，而是企业能力发挥作用的结果。加强知识管理，企业员工通过对外来知识的学习，能迅速适应外部环境的变化，对内部知识的学习能增强他们在碰到类似问题时解决问题的能力。企业也只有加强知识管理，才能逐步积累能力。其次，知识管理是企业在知识经济时代有效、正确决策的基础。在没有知识管理的时候，当员工需要某些知识时，他可能得不到或无法及时得到所需要的准确知识。如果他得不到所需的知识，那么他作出的决策可能是"拍脑袋"式的，且会影响到决策的效率，从而无法适应环境的快速变化；若他所得到的是过时的错误信息，作出的决策可能是不正确的，将给企业带来致命的影响。

知识资源同其他资源相比有自己的特殊之处。其特点如下。

第一，知识不像其他资源那样是有形的，它近似无形、难以计量。知识可以以出版物、数据库内容的形式出现，也可以存在于员工的头脑中。

第二，企业的知识一部分来自于企业外部，这就要求企业始终对外界保持关注，从浩瀚的知识海洋中敏感而及时地发现对自己有用的知识和信息；企业的另一部分知识要靠企业在生产实践过程中积累归纳形成。知识不像企业所需要的人力资源那样可以到市场上去寻找，也不像金融资本那样可以到金融市场上去筹集。

第三，知识不会因使用的人多，而使每个人分到的减少或产生任何的损耗，而且其发挥作用的范围越大，对企业的价值越大。

第四，一个人是否愿意把自己头脑中的知识拿出来与大家共享，取决于他个人的意愿，不能强迫。

知识资源具有的这些特点，使知识管理与以往的管理具有很大不同，也使得知识管理更加重要。

2. 知识管理的含义

对于知识管理的含义，不同的学者有不同的解释，目前还没有一个被大家广泛认可的定义。如有人认为，知识管理就是以知识为核心的管理。知识管理是对企业的知识资源进行有效管理的过程。下面是一些具有代表性的观点。

"知识管理是对知识进行管理和应用的学问。"

"知识管理是关于有效利用公司的知识资本创造商业机会和技术创新的过程。"

"知识管理是利用组织的无形资产创造新价值的艺术。"

"知识管理是运用集体的智慧提高应变和创新能力，是为企业实现显性知识和隐性知识共享提供的新途径。"

以上观点有一个共同点，即强调必须以知识为核心并充分发挥其作用。

从结构上看，知识管理可分为人力资源管理和信息管理两个方面。人力资源管理是知识管理的核心内容，具体而言，人力资源管理就是一种以"人"为中心，将人看做是最重要资源的现代管理思想。知识时代，决定企业经营成败的最主要的因素就是企业员工的知识创新能力。知识管理的目标也就是要提高企业所有知识共享水平和知识创新的能力。良好的信息管理是实现有效的知识管理的基础。信息管理分为三个层面：最底层的是通信网络，用来支持信息的传播；第二层是高性能计算机服务器，这是存取信息、数据的关键环节之一，与信息网络一起为信息管理提供硬件支持；第三层是信息库、数据库系统层，它是信息管理系统的关键层，和计算机服务器一起组成了信息管理系统的高性能信息、数据服务器，为各种信息转化为知识应用提供了有力的支持。由此可见，知识管理不同于信息管理，它的含义更加广泛，主要是通过知识共享、运用集体的智慧提高组织的应变和创新能力。对于企业来说，知识管理的实施在于建立激励员工参与知识共享的机制，设立知识总监，培养企业创新和集体创造力。

3. 知识管理的特点

知识管理是一个内涵极其丰富的管理领域，不仅管理对象多样化，而且管理角度也是多方面的。知识管理的基本特点如下。

（1）知识管理是基于对"知识具有价值、知识能够创造价值"的认识而产生的，其目的是通过知识的更有效利用来提高个人或组织创造价值的能力。知识管理的基础活动是对知识的识别、获取、开发、分解、使用和存储。特定的知识管理活动需要投入金钱与劳动力，这些活动包括：第一，知识的获得，即创建文件并把文件导入计算机系统；第二，通过编选、组合和整理，给知识增添价值；第三，开发知识分类方法，并标示对知识的新贡献的特点；第四，发展信息技术基础，实行知识分配；第五，就知识的创造、分离和利用对雇员进行教育。

（2）对于企业而言，知识管理是一种全新的经营管理模式，其出发点是将知识视为企业最重要的战略资源，把最大限度地掌握和利用知识作为提高企业竞争力的关键。知识管理把存在于企业中的人力资源的不同方面的知识和信息技术、市场分析乃至企业的经营战略等协调统一起来，共同为企业发展服务，创造整体大于局部之和的效果。

（3）知识管理不仅是最新的管理模式，而且代表了理解和探索知识在管理和工作中的作用的新发展，这种理解和探索的方式更加有效、全面。当企业面对日益增长的非连续性的环境变化时，知识管理是针对组织的适应性、组织的生存及组织的能力等重要方面的一种迎合性措施。本质上，它嵌入组织的发展进程中，并寻求将信息技术所提供的对数据和信息的处理能力与人的发明和创新能力进行有机结合。个人和组织要适应现代经济日益复杂多变的环境，知识管理是真正的向导。

（4）知识管理产生的根本原因是科技进步在社会经济中的作用日益增大。随着知识经济的到来，知识管理将遍及社会各个领域，它将使大到一国，小到企业、机构和个人摆脱传统资源或资本的限制，获得新的竞争优势，进而具有强大的生命力和广阔的发展前景。

4. 知识管理的方法

对知识进行收集和管理，使每一个员工都最大限度地贡献出其积累的知识、实现知识共享是企业进行知识管理的目标。

在知识管理中，从企业对知识管理的范围看，涉及知识的内部管理和外部管理。知识的内部管理包含在企业内部的生成、交流、积累和应用3个环节。企业知识的内部管理应该能够营造一个有利于员工生成、交流、验证知识的宽松环境；建立一个企业内部信息网，便于员工进行知识交流；制定各种激励政策鼓励员工进行知识交流；利用各种知识数据库、专利数据库存放知识、积累知识；放松对员工在知识应用方面的控制，鼓励员工在企业内部进行个人创业，促进知识的应用。知识的外部管理目的是通过企业之间及其他的知识供应商之间的交流、合作等对知识进行有效的管理，使企业积累更多的知识、获得更大的收益。知识的外部管理应该能够使企业可以有效地和其他企业进行知识交流、知识共享，有效地与其他专门的知识外部供应商进行合作，与企业竞争者共享知识，共同开拓和培育市场。

从知识所涉及的管理过程来看，可以将知识管理分成知识生成管理、知识交流管理、知识积累管理和知识应用管理。知识的应用是知识管理的目的，知识交流是生成新知识的必要手段，知识的更新是企业创新的动力，知识的积累是企业发展的基础。由于知识发展迅速，知识数量急剧扩大、更新迅速，企业只有通过不断学习、探索、更新，才能拥有最新的知识。企业知识生成管理的目的在于，促进企业员工不断学习知识、交流知识，通过不断更新、补充知识，员工能够不断超越自我，激活员工和企业的创新能力，给企业带来新的活力。

企业如何进行知识管理？这是摆在每一个公司、每一位企业管理者面前的重要问题，又是一道难题，因为知识管理刚刚出现，没有大量的、成熟的经验可供借鉴。根据国外企业仅有的经验和专家的研究，企业可以尝试从以下几个方面开展知识管理。

（1）企业要消除知识的中间流通环节，尽量减少知识在企业内部的损耗、衰减。

（2）在企业内部消除人员之间知识交流的障碍，实现知识的自由、直接交流。

（3）允许、鼓励企业内的每一位员工向企业及其内部员工贡献自己的知识和经验，最好填充到企业的网络中，使每一位员工的知识都成为企业系统知识平台的组成部分。

（4）企业知识系统平台要建立全方位开放式的，给员工提供便利的硬件和软件设备，方便员工随时随地进行知识和信息的交流与共享。

实施有效的知识管理所要求的远不止仅仅拥有合适的软件系统和充分的培训，它要求公司的领导层把集体知识共享和创新视为赢得竞争优势的支柱。知识内部共享和知识创新是实行知识管理的两个关键点。如果公司员工为了保住工作而隐瞒信息，如果公司所采取的安全措施常常是为了鼓励保密而非信息公开共享，那么这将对公司构成巨大挑战。相比之下，知识管理要求雇员共同分享他们所拥有的知识，并且要求管理层对那些能够做到这一点的人加以鼓励。

中国企业无论是为了迎接知识管理的出现，还是要建立与知识管理相适应的管理模式，都需要在以下几个方面进行变革。

（1）建立以人为本、尊重知识、尊重人才的管理理念。

（2）建立企业员工进行交流的设施和环境，逐步做到企业内部的管理手段和设施的计算机化、网络化。

（3）重视企业组织结构和领导方式的转变。

（4）加强对员工的素质培训、技术培训和知识培训。

美国雅虎（Yahoo）公司的创业过程在一定程度上充分说明了"人才是决定企业前途"的关键资源。雅虎当年既没有微软庞大的财力，也没有 IBM 那样成熟的经验和技术资本，甚至 Netscape 公司创业时还有克拉克带来的 400 万美元。而雅虎的两位创始人杨致远和 David Filo（当时还是美国斯坦福大学攻读博士学位的学生），几乎是从零开始。杨致远，一位 20 多岁的中国移民，与同窗 David Filo 合作，为方便查找网上资料编出了一个专门用于整理网上各个节点资料的程序，并于 1994 年 4 月正式在互联网上推出，可以说从那时起在信息领域，雅虎重新组织了信息世界。许多上网的人就是从雅虎起步进而才较全面地认识了互联网的，这就是互联网上第一批"数字金矿"。1995 年 4 月，雅虎正式在华尔街上市，上市的第一天的股票总市价就达 5 亿美元，一夜之间，杨致远和 David Filo 就步入了亿万富翁之列，而作出如此骄人成绩雅虎仅用了一年时间，它实现资金积累的速度与它在信息世界对人类的贡献都是工业经济时代的企业无法达到的。而其成功的最关键因素就是他们的知识创新能力。

二、企业再造

（一）企业再造的基本内涵

企业再造也被称作"公司再造"、"再造工程"。它是 1993 年开始在美国出现的关于企业经营管理方式的一种新的理论和方法。所谓企业再造，简单地说就是以工业流程为中心，重新设计企业的经营、管理及运作方式。按照该理论创始人、原美国麻省理工学院教授迈克·哈默（M. Hammer）与詹姆斯·钱皮（J. Champy）的说法，它是指"为了飞跃性地改善成本、质量、服务、速度等重大的现代企业的运营基础，对工作流程进行根本性重新思考并彻底改革"。也就是说，"从头改变，重新设计。"为了能够适应新的世界竞争环境，企业必须摒弃已成惯例的运营模式和工作方法，以工作流程为中心，重新设计企业的经营、管理及运营方式。

企业再造理论强调从"硬"、"实"的方面构建企业管理新模式，其基本思想是对企业的业务流程做根本的重新思考和彻底的重新设计，以业务流程重组重点，以求在质量、成本和业务处理周期等绩效指标上取得显著改造。企业再造在欧美企业受到高度重视，带来了显著经济效益，涌现出大量成功范例，通过再造减少了费用，提高了顾客满意度。同时，企业再造理论考虑企业的总体经营战略，注重作业流程之间的联络作业，协调经营流程和管理流程关系。有效的管理学者提出"MTP"（Manage Through Process）即流程管理的新办法，对流程规划、设计、构造、调控所有环节系统管理，企业管理理论应将"硬环境"和"软环境"理论有机结合。

企业再造理论认为，企业再造活动绝不是对原有组织进行简单修补的一次改良运动，而是重大的突变式改革。企业再造是对根植于企业内部的、影响企业的各种经营活动开展的，向固有的基本信念提出了挑战；企业再造必须对组织中人的观念、组织的运作机制和组织的运作流程进行彻底的更新，要在经营业绩上取得显著的改进。企业再造理论的"企业再造"就是"流程再造"，其实施方法是以先进的计算机信息系统和其他生产制造技术为手段，以顾客中长期需求为目标，在人本管理、顾客至上、效率和效益为中心的思想的指导下，通过最大限度地减少对产品增值无实质作用的环节和过程，建立起科学的组织结构和业务流程，使产品质量和规模发生质的变化，从而保证企业能以最小的成本、高质量的产品和优质的服务在不断加剧的市场竞争中战胜对手，获得发展的机遇。

（二）企业再造的程序

企业再造就是重新设计和安排企业的整个生产、服务和经营过程，使之合理化。通过对企业原来生产经营的各个方面、每个环节进行全面的调查研究和细致分析，对其中不合理、不必要的环节进行彻底的变革。在具体实施过程中，可以按以下程序进行。

1. 对原有流程进行全面的功能和效率分析，发现其存在的问题

根据企业现行的作业程序，绘制细致、明了的作业流程图。一般来说，原来的作业程序是与过去的市场需求、技术条件相适应的，并由一定的组织结构、作业规范作为其保证的。当市场需求、技术条件发生的变化使现有作业程序难以适应时，作业效率或组织结构的效能就会降低。因此，必须从以下几个方面分析现行作业流程的问题。

（1）功能障碍。随着技术的发展，技术上具有不可分性的团队工作（TNE），个人可完成的工作额度就会发生变化，这就会使原来的作业流程或者支离破碎增加管理成本，或者核算单位太大造成权责利脱节，并会造成组织机构设计的不合理，形成企业发展的瓶颈。

（2）重要性。不同的作业流程环节对企业的影响是不同的。随着市场的发展，顾客对产品、服务需求的变化，作业流程中的关键环节以及各个环节的重要性也在变化。

（3）可行性。根据市场、技术变化的特点及企业的现实情况，分清问题的轻重缓急，找出流程再造的切入点。为了对上述问题的认识更具有针对性，还必须深入现场，具体观测、分析现存作业流程的功能、制约因素以及表现的关键问题。

2. 设计新的流程改进方案，并进行评估

为了设计更加科学、合理的作业流程，必须群策群力、集思广益、鼓励创新。在设计新的流程改进方案时，可以考虑以下几个方面：

（1）将现在的数项业务或工作组合合并为一；

（2）工作流程的各个步骤按其自然顺序进行；

（3）给予职工参与决策的权利；

（4）为同一种工作流程设置若干种进行方式；

（5）工作应当超越组织的界限，在最适当的场所进行；

（6）尽量减少检查、控制、调整等管理工作；

（7）设置项目负责人。

对于提出的多个流程改进方案，还要从成本、效益、技术条件和风险程度等方面进行评估，选取可行性强的方案。

3. 制定与流程改进方案相配套的组织结构、人力资源配置和业务规范等方面的改进规划，形成系统的企业再造方案

企业业务流程的实施，是以相应组织结构、人力资源配置方式、业务规范、沟通渠道甚至企业文化作为保证的，所以，只有以流程改进为核心形成系统的企业再造方案，才能达到预期的目的。

4. 组织实施与持续改善

实施企业再造方案，必然会触及原有的利益格局。因此，必须精心组织，谨慎推进。既要态度坚定、克服阻力，又要积极宣传，达成共识，以保证企业再造的顺利进行。企业再造方案的实施并不意味着企业再造的总结，在社会发展日益加快的时代，企业总是不断面临新的挑战，这就需要对企业再造方案不断地改进，以适应新形势的需要。

三、学习型组织

（一）学习型组织的基本内涵

学习型组织是一个能熟练地创造、获取和传递知识的组织，同时也要善于修正自身的行为，以适应新的知识和见解。当今世界所有的企业，不论遵循什么理论进行管理，主要有两种类型，一类是等级权力控制型，另一类是非等级权力控制型，即学习型企业。

等级权力控制是以等级为基础，以权力为特征，对上级负责的垂直型单向线性系统。它强调"制度＋控制"，使人"更勤奋地工作"，达到提高企业生产效率、增加利润的目的。等级权力控制型企业管理在工业经济时代前期发挥了有效作用，它对生产、工作的执行和有效指挥具有积极意义。但在工业经济后期，尤其是进入信息时代、知识时代以后，这种管理模式越来越不能适应企业在科技迅速发展、市场瞬息万变的竞争中取胜的需要。企业家、经济学家和管理学家都在探寻一种更有效的能顺应发展需要的管理模式，即另一类非等级权力控制型管理模式，学习型组织理论就是在这一背景下产生的。

学习型组织理论认为，在新的经济背景下，企业要持续发展，必须增强企业的整体能力，提高整体素质。也就是说，企业的发展不能再指靠像福特、斯隆、沃森登那样伟大的领导者一夫当关、运筹帷幄、指挥全局，未来真正出色的企业将是能够设法使各阶层人员全身心投入并有能力不断学习的组织，即学习型企业。

成功的学习型企业应具备6个要素：一是拥有终身学习的理念和机制，重在形成终身学习的步骤；二是多元反馈和开放的学习系统，重在开创多种学习途径，运用各种方法引进知识；三是形成学习共享与互动的组织范围，重在企业文化；四是现实共同目标的不断增长的动力，重在共同目标不断创新；五是工作学习使成员活化生命意义，重在激发人的潜能，提升人生价值；六是学习工作化使企业不断创新发展，重在提升应变能力。

知识经济迅速崛起，对企业提出了严峻挑战，现代人工作价值取向的转变，终身教育、可持续发展战略等当代社会主流理念对组织群体的积极渗透，为组织学习提供了理论上的支持。

结合研究现状，现提出学习型组织的内涵。

（1）学习型组织的基础——团结、协调及和谐。组织学习普遍存在"学习智障"，个体自我保护心理必然造成团体成员间相互猜忌，这种所谓的"办公室政治"导致高智商个体，组织群体效率反而低下。从这个意义上说，班子的团结、组织上下协调以及群体环境的民主、和谐是建构学习型组织的基础。

（2）学习型组织的核心——在组织内部建立完善的"自学习机制"。组织成员在工作中学习，在学习中工作，学习成为工作的新形式。

（3）学习型组织的精神——学习、思考和创新。此处的学习是团体学习、全员学习，思考是系统、非线性的思考，创新是观念、制度、方法及管理等多方面的更新。

（4）学习型组织的关键特征——系统思考。只有站在系统的角度认识系统，认识系统的环境，才能避免陷入系统动力的旋涡里。

（5）组织学习的基础——团队学习。团队是现代组织中学习的基本单位。许多组织不乏就组织现状、前景的热烈辩论，但团队学习依靠的是深度会谈，而不是辩论。深度会谈是一个团队的所有成员，摊出心中假设，而进行真正的一起思考的能力。深度会谈的目的是一起思考，得出比个人思考更正确、更好的结论；而辩论是每个人都试图用自己的观点说服别人同意的过程。

（二）学习型组织的基本要素

1. 建立共同愿景

愿景可以凝聚公司上下的意志力，通过组织共识，大家努力的方向一致，个人乐于奉献，为组织目标奋斗。

2. 团队学习

团队智慧应大于个人智慧的平均值，以作出正确的组织决策，通过集体思考和分析，找出个人弱点，强化团队向心力。

3. 改变心智模式

组织的障碍，多来自于个人的旧思维，如固执己见、本位主义，唯有通过团队学习，以及标杆学习，才能改变心智模式，有所创新。

4. 自我超越

个人有意愿投入工作，个人与愿景之间有种"创造性的张力"，正是自我超越的来源。

5. 系统思考

应通过资讯收集，掌握事件的全貌，培养综观全局的思考能力，看清楚问题的本质，有助于清楚了解因果关系。

学习是心灵的正向转换，企业如果能够顺利导入学习型组织，不仅能够达到更高的组织绩效，更能够带动组织的生命力。

四、虚拟组织

（一）虚拟组织的基本内涵

虚拟组织是一种区别于传统组织的一种以信息技术为支撑的人机一体化组织。其特征以现代通信技术、信息存储技术、机器智能产品为依托，实现传统组织结构、职能及目标。在形式上，它没有固定的地理空间，也没有时间限制。组织成员通过高度自律和高度的价值取向共同实现在团队中的共同目标。

国外研究虚拟企业理论的专门组织目前主要有两个，分别是美国的"敏捷性论坛"（Agility Forums）和英国的"欧洲敏捷性论坛"（Europe Agility Forum）。Agility Forums 由《21 世纪制造企业研究》项目组于 1994 年演变而成，主要从事敏捷虚拟企业理论研究、传播以及虚拟化商务实践的战略咨询。Europe Agility Forum 是由英国的战略咨询家于 1995 年在 Cheshire 成立的研究敏捷企业的虚拟组织，主要追踪研究此领域的国际动向，为产业界的敏捷化工程提供思想、方法和工具。1993 年，约翰·伯恩（John A. Byrne）将虚拟企业描述成企业伙伴间的联盟关系，是一些相互独立的企业（如供应商、客户、甚至竞争者）通过信息技术连接的暂时联盟。这些企业在诸如设计、制造、分销等领域分别为该联盟贡献出自己的核心能力，以实现技能共享和成本分担，其目的在于建立起某种特定产品或服务的世界一流竞争能力，把握快速变化的市场机遇，它既没有办公中心也没有组织结构图，可能还是无层级、无垂直一体化的组织。

在虚拟组织平台上，企业间的创新协作可以实现优势互补、风险共担。在网络环境下，企业用虚拟组织的形式组织生产与研发工作，这样可以适应全球化竞争的态势，更好地满足消费者多变的需求，使企业快速发展。

（二）虚拟组织的特点

虚拟组织是工业经济时代的全球化协作生产的延续，是信息时代的企业组织创新形式。目前，人们对它的认识仍然处在不断探索的阶段，在相关文献中有虚拟企业、虚拟公司、虚拟团队、虚拟组织等称谓。不过总的来说，虚拟组织具有以下主要特点。

1. 合作型竞争

虚拟组织建立在共同目标上的合作型竞争，在数字化信息时代，合作比竞争更加重要。虚拟企业一般由一个核心企业和几个成员企业组成，在推出新产品时能以信息网络为依托，选用不同企业的资源，把具有不同优势的企业组合成单一的靠信息技术联系起来的动态联盟，共同对付市场的挑战，联合参与国际竞争。虚拟企业以网络技术为依托，跨越空间的界限，在全球范围内的许多备选组织中精选出合作伙伴，可以保证合作各方实现资源共享、优势互补和有效合作。虚拟企业是建立在共同目标上的联盟，它随着市场和产品的变化而进行调整，一般情况下在项目完成后联盟便可以解散。

2. 动态性

虚拟组织能动态地集合和利用资源，从而保持技术领先。它快速有效地利用信息技术和网络技术，各成员企业以及各个环节的员工都能参与技术创新的研究和实施工作，从而维持技术领先地位。虚拟企业不仅向顾客提供产品和服务，更重视向顾客提供产品和服务背后的实际问题的"解决方案"。传统的组织常常为大量顾客提供同一产品，而忽视了同一产品对不同顾客在价值上的差异，虚拟组织则能从顾客的这种差异入手，综合所有参与者给顾客提供一个完整的解决方案。因此，虚拟企业能够按照产品新观念和灵敏性的要求，有针对性地选择和利用经济上可承受、已有或已开发的技术与方法，同时十分重视高技术的研究与开发，保证了技术的领先性。

3. 组织扁平化

扁平化的网络组织能对市场环境变化作出快速反应。信息技术的高度发展将极大地改变企业内部信息的沟通方式和中间管理层的作用，虚拟企业通过社会化协作和契约关系，使得企业的管理组织扁平化、信息化，削减了中间层次，使决策层贴近执行层。企业的组织结构是"橄榄型"或"哑铃型"，组织的构成单位就从职能部门转化成以任务为导向、充分发挥个人能动性和多方面才能的过程小组，使企业的所有目标都直接或间接地通过团队来完成。

组织的边界不断被扩大，在建立起组织要素与外部环境要素互动关系的基础上，向顾客提供优质的产品或服务。企业能随时把握企业战略调整和产品方向转移、组织内部和外部团队的重新构成，以战略为中心建立网络组织，通盘考虑顾客满意和自身竞争力的需要，不断进行动态演化，以对环境变化作出快速响应。

4. 学习型组织

虚拟企业竞争的核心是学习型组织。学习型组织提倡"无为而治"的有机管理，突破了传统的层次组织。虚拟企业在其经营过程中，往往处在十分复杂的动态变化中，企业经营者必须不断地根据环境的变化作出适应性的调整。所以，虚拟企业的经营过程是企业管理者和员工互动式教育的过程，因此人力资源不仅要从学校里产生，而且也要从企业中产生。企业要建立一种适应动态变化的学习能力。虚拟企业的学习过程不仅仅局限在避免组织犯错误或者是避免组织脱离既定的目标和规范，而是鼓励打破常规的探索性的试验，是一种允许出现错误的复杂的组织学习过程。它在很大程度上依赖反馈机制，是一个循环的学习过程。

五、供应链管理

（一）供应链管理的基本内涵

所谓供应链，其实就是由供应商、制造商、仓库、配送中心和渠道商构成的物流网络。同一企业可能构成这个网络的不同组成节点，但更多的情况下是由不同的企业构成这个网络中的不同节点。比如，在某个供应链中，同一企业可能既在制造商、仓库节点，又在配送中心节点等占有位置。在分工要求越高的供应链中，不同节点基本上由不同企业组成。在供应链各成员单位间流动的原材料、在制品库存和产成品等构成了供应链上的物流。

随着移动网络的发展，供应链已经进入了移动时代。移动供应链，是利用无线网络实现供应链的技术。它将原有供应链系统上的公司客户关系管理功能迁移到手机。移动供应链系统具有传统供应链系统无法比拟的优越性。移动供应链系统使业务摆脱了时间和场所的局限，随时随地与公司业务平台沟通，有效地提高了管理效率，推动了企业效益增长。数码的移动供应链系统就是一个集3G移动技术、智能移动终端、VPN、身份认证、地理信息系统、商业智能等技术于一体的移动供应链产品。

供应链管理（Supply Chain Management，SCM）是一种集成的管理思想和方法，它执行供应链中从供应商到最终用户的物流的计划和控制等职能。从单一的企业角度来看，是指企业通过改善上下游供应链关系，整合和优化供应链中的信息流、物流、资金流，以获得企业的竞争优势。

供应链管理是企业的有效性管理，表现了企业在战略和战术上对企业整个作业流程的优化。整合并优化了供应商、制造商、零售商的业务效率，使商品以正确的数量、正确的品质、在正确的地点、以正确的时间、最佳的成本进行生产和销售。

国家标准《物流术语》（GB/T 18354—2006）对供应链管理的定义是：供应链管理是对供应链涉及的全部活动进行计划、组织、协调与控制。全球供应链论坛对供应链管理的定义是：为消费者带来有价值的产品、服务以及信息的，从源头供应商到最终消费者的集成业务流程。

（二）供应链管理的要素

不管是批发商、零售商，还是制造商，都需要处理好3个重点：流程、人和技术。供应链的成功不是偶然的，它需要整个公司各部门以及外部供应商和服务商的共同关注和努力。物流涉及公司的每一方面，所以供应链管理在方法和范围上必须是多维的。这就关乎流程、人和技术。同样，如果公司实施的是精益生产策略，那么该公司也需要向敏捷、灵活和协同生产方面转化，当然也要处理好这3个重点。

供应链可能很长、很复杂，延伸到不同国家。一个公司有各种各样的顾客，他们有不同的订单和运输要求。公司也有各种各样的供应商，他们来自不同的国家和地区，而他们对于订单完成期都需要不同的要求和计划。所有这些工作都是为了达到一个目的——在客户下订单时，拥有足够的产品以履行订单。

除了企业外部的客户和供应商管理，企业内部的供应链管理也很复杂，包括国内外的仓库选址；库存预测，以及库存在不同仓库间的分配；订单处理、准备发货；工厂和供应商间的生产安排。

1. 流程

流程是指为某一特定目的（如满足顾客需求）而采取的一项运作、一系列活动。客户对供应商的期望越来越高，不论公司规模多大，也不论该公司是什么行业，这都是既存的事实。并且，供应链管理对顾客满意度也是至关重要的。

供应链流程是以满足某一顾客需求为目的的一连串活动。它包括物流、配送、采购、客服、销售、制造和会计在内的所有内部职能以及公司外部的相关企业。同时，供应链流程也是一个逆向的过程——从满足客户订单，到通过供应商提供产品、配件和装配来获取每份订单所要的货物。

供应链流程有它的构造，这与一些公司所说的流程不同，它们所说的流程可能只是一系列重复的、相对独立的事务。流程都有其相应的标准，这些标准对于流程所要完成的工作都有其自身的理解。虽然流程有其相应的标准，同样，它在应对现实业务中的突发事件和变化方面也有一定的弹性。

2. 人

组织由人构成，人对供应链的成功非常重要。他们需要有实用的专业知识和技能，需要了解仓库、库存、运输和采购的管理及运作方法；他们对每天的作业应该有战术上的见解，而针对他们在供应链上的作用、如何适应供应链以及如何促进供应链发展，他们应有战略眼光。

个人成功对于组织文化也非常重要，影响到公司内外怎样看待自己、定义自己以及公司的运作方式。组织文化可能是流程的推动力，也可能是抑制剂。如果公司目光短浅，这就对公司的响应能力产生消极的影响。

同样地，如果组织的设置是层级式的，那么就会给水平式的供应链流程制造障碍。组织模块会使供应链流程产生中断。每个模块都有其内部目标，并共同来完成供应链流程。尽管供应链流程关注的是顾客、销售规划、物流和财务，在各个功能领域它们可能都会实现最优化，但是这可能只是流程的局部优化。

3. 技术

供应链管理有时会被错误地定义为一种技术。流程要是过分强调软、硬件，而不是目的的话，那它确实可以被定义为技术。

供应链管理软件在销售时，可能被宣称为解决供应链问题的灵丹妙药。这就导致了用户对这些软件的过度期望，而伴随着软件的安装使用和实际上达到的结果，随之而来的又是失望。

每家公司都离不开供应商管理，它要么处理供应商关系，要么自己就是供应商。供应商管理是整个供应链管理中的关键部分，而且它必须同满足顾客需求的目标相结合。

提高供应链可视性是实现供应链管理有效性的切实方法，而且它也是供应链入库作业最需要的。在整个供应链中，入库作业非常复杂，而且涉及重大的财务责任。众多的采购订单，众多供应商从多个工厂和仓库中发出不同的货物，这些货物从本国或其他不同国家的港口或机场发出，这一复杂的过程在管理上无疑是一项重大的挑战。再加上不同的文化、时区和商业习惯，要实现全球供应链系统的可视性确实不是一件容易的事情。

供应商管理作为入库供应链管理的一部分，需要流程、人和技术。它需要一个流程，而不是一系列采购订单的处理。它需要有眼光、有技能的人才，需要他们对一系列复杂的因素进行管理、与合作伙伴建立协同关系、处理因销售和其他事件带来的采购需求变化。人与人之间需要沟通。这就要靠技术来获取采购订单、供应商以及运输货物的可视性；而利用意外事件管理来处理所有可能发生的突发事件也需要技术支持。

（三）常见的供应链管理方法

1. 快速反应

快速反应是指物流企业面对多品种、小批量的买方市场，不是储备了"产品"，而是准备了各种"要素"，在用户提出要求时，能以最快速度抽取"要素"，以及"组装"，提供所需服务或产品。快速反应是美国纺织服装业发展起来的一种供应链管理方法。

2. 有效客户反应

有效客户反应是1992年从美国的食品杂货业发展起来的一种供应链管理策略，也是一个由生产厂家、批发商和零售商等供应链成员组成的，各方相互协调和合作，更好、更快并以更低的成本满足消费者需要为目的的供应链管理解决方案。有效客户反应是以满足顾客要求和最大限度降低物流过程费用为原则，能及时作出准确反应，使提供的物品供应或服务流程最佳化的一种供应链管理战略。

（四）供应链管理的主要技术

1. 全方位连接技术

近年来，各种无线连接技术如雨后春笋般涌现，包括个人局域网用的蓝牙技术、无线局域网、支持语音及数据通信的蜂窝式无线广域网等。它们在供应链领域的最新应用趋势是汇聚在同一种设备里，提供多样化的无线通信服务，这为用户以及相关的 IT 管理人员带来了便利。

2. 语音及 GPS 技术

供应链方案的另一个发展趋势是手持式电脑结合了语音通信及 GPS 功能，令它可以同时支持数据采集、数据通信及手机通信。

3. 语音识别技术

语音识别技术使得手持式电脑的使用者不需分心留意屏幕。在 IT 产业提倡开放系统及互操作性的大潮下，目前语音合成已经能轻易地融合进多种已有的供应链应用软件里，包括仓库管理、提货及存放、库存、检验、品质监控等，这主要是得益于终端仿真语音识别技术的面世。

4. 数码成像技术

企业级移动计算机也增添了数码成像技术，不少运输和配送公司已经使用整合了数码照相机的移动计算机，使得他们的送货司机能采集配送完成的证明，存储已盖章的发票并将未能完成送货的原因记录在案。

5. 便捷式打印技术

目前移动打印是打印行业中发展最为迅速的一环。销售、服务及配送人员使用便捷式打印设备可以立即为客户提交所需文件，同时马上建立一个电子记录文档，不需另行处理纸张文件。在工业环境中使用便捷式打印设备，可以节省工人前往打印中心提取标签、提货单或其他输出文件的时间。

6. 二维条码技术

二维条码技术的效益早已获得市场肯定，但由于使用环境不同会导致有些标识难以读取，所以其广泛性还有待提高。但随着自动对焦的面世，二维条码逐渐成为进行物品管理、追踪以及其他运营工作的主流支持技术之一。

大多数机构需要使用不同的条码应用软件来处理各式各样的标识以及编码数据。比如，对于用在仓库货架的标签，使用大规格线性标识技术较为理想；而对于在货船货物上用的标签，有条码区域的 102 毫米标签是常用的规格。由于携带两个独立的条码阅读器是不切实际的，很多机构放弃使用二维条码，只是使用普通的线性条码。

现在用户不必再作出取舍。例如，Intermec 公司的 EX25 自动对焦扫描引擎是能够同时读取线性和二维码的条码阅读器。照明技术的进一步发展，使得条码在以前无法读取的黑暗环境中也可以使用。

7. RFID 技术

RFID 的应用也日趋普及，它在资产管理及供应链管理领域所能发挥的价值尤为明显。例如，美国海军在一项存储管理关键任务中使用 RFID 技术数据输入，操作时间节省了98% 。TNT 物流部使用 RFID 技术来自动记录装载于拖车上的货品，确认程序所需时间节省 24% 。

RFID 技术在存货管理及配送运营中的新应用模式，是使用车载 RFID 设备和其他移动 RFID 解读器，以增强或取代传统的固定 RFID 设备。

8. 实时定位系统技术

实时定位系统能将无线局域网拓展至资产追踪系统，其中一个很大的市场驱动力是思科系统的无线定位设备。它可以通过思科的无线局域网进行资产追踪，任何一台和无线局域网连接的设备都可以被追踪和定位。一个应用就是通过车载计算机的射频信号来追踪叉车。无线定位设备和支持软件可以实时追逐射频信号，高效地支持存储、路由、数据收集及资产使用率分析等操作。

9. 远程管理技术

使用无线局域网来追踪仓库和工厂资产是远程管理的一个例子。其实，远程管理技术的应用范围十分广泛，包括对条码阅读器及打印机、RFID 设备、计算机以及其他数据采集设备和通信器材进行配置、监控及修复，可大幅度减低供应链设备管理工作所需的时间及成本。

10. 安全技术

更高的安全技术是支持供应链管理技术的另一个主要的业务趋势和需求。例如，可以为移动计算机加锁，即使设备丢失或被窃，机主的信息和其他数据也不会被别人窃取。无线计算机和数据采集设备也支持许多领先的企业级无线网络安全技术，其中包括 WPA、RADIUS 服务器及 VPNS 等。支持 CCX 的无线数据采集设备可以完全融合在思科整合式无线网络中，得到其可靠性和安全性方面的支持，这包括对黑客及捣乱无线访问点的检测、身份鉴别与加密、防火墙整合等。

六、全面质量管理

（一）全面质量管理的基本内涵

全面质量管理（TQC）是指一个组织以质量为中心，以全员参与为基础，目的在于通过顾客满意和本组织所有成员及社会受益而达到长期成功的管理途径。在全面质量管理中，质量这个概念和全部管理目标的实现有关。

（二）全面质量管理的基本观点

1. 为用户服务的观点

在企业内部，凡接收上道工序的产品进行再生产的下道工序，就是上道工序的用户，"为用户服务"和"下道工序就是用户"是全面质量管理的一个基本观点。通过每道工序的质量控制，达到提高最终产品质量的目的。

所谓全面质量管理，就是进行全过程的管理、全企业的管理和全员的管理。

（1）全过程的管理。全面质量管理要求对产品生产过程进行全面控制。

（2）全企业的管理。全企业的管理的一个重要特点，是强调质量管理工作不局限于质量管理部门，要求企业所属各单位、各部门都要参与质量管理工作，共同对产品质量负责。

（3）全员的管理。全面质量管理要求把质量控制工作落实到每一名员工，让每一名员工都关心产品质量。

2. 以预防为主的观点

以预防为主，就是对产品质量进行事前控制，把事故消灭在发生之前，使每一道工序都处于控制状态。

3. 用数据说话的观点

科学的质量管理，必须依据正确的数据资料进行加工、分析和处理找出规律，再结合专业技术和实际情况，对存在的问题作出正确判断并采取正确措施。

（三）全面质量管理领域的新思想——顾客完全满意

在介绍顾客完全满意之前，先来界定一下顾客。顾客有两种界定标准，一种是"具有消费能力或消费潜力的人"，另一种是"任何接受我们的产品或服务的人"。顾客可以分为内部顾客和外部顾客。内部顾客是指企业内部的从业人员，包括基层员工、主管、经理乃至股东；外部顾客分为显著型和隐蔽型两种。显著型外部顾客是指具有消费能力对某商品有购买需求，了解商品信息和购买渠道，能立即为企业带来收入的顾客。隐蔽型（潜在）外部顾客是指预算不足或没有购买该商品的需求，缺乏商品信息和购买渠道，可能随环境、条件、需要的变化，成为显著顾客。

顾客最关注的是卓越的产品质量、优质的服务、货真价实，以及按时交货。顾客眼中的价值是从产品或劳务中得到的收益减去商业成本所得的利益。收益主要包括所获效用；实用性，购物享受等；成本主要包括金钱支出；为获得满足所花时间、精力；获取信息和实物时所经历的种种不便等。而顾客所获得产品的功能主要体现在产品效用、利益，以及隐含的个性化需求上。

而"顾客完全满意"就是倡导的一种"以顾客为中心"的文化。企业把顾客放在经营的中心位置，让顾客需求引导企业的决策。在那些建立"顾客完全满意"管理模式的企业中，企业需要了解顾客及其业务，了解他们使用产品的目的、时间、方式、周期；企业需要以顾客的角度进行思考，即"用顾客的眼睛看世界"。

可以通过对比不同的竞争优势获取策略，来分析企业建立"顾客完全满意"的长期优越性。不同的竞争优势获取策略主要有以下几种。

（1）商品策略。假定该企业的产品和服务与竞争对手基本相同；靠高生产率低成本竞争。

（2）技术导向。在技术上超过竞争者，建立技术上的暂时性垄断地位。

（3）质量导向。重视产品质量，促进消费者购买。

（4）服务导向。通过提供服务，给产品增加额外的价值。

（5）顾客导向。把消费者的意见带进企业内部，企业根据消费者需求制定策略、设计产品。

其中，"顾客导向"的竞争策略，要求企业全面提高质量意识，提供优质服务。企业获得的将是一种长期的效果：永远留住顾客。

（四）专家对全面质量管理的展望

以下是世界上著名的质量管理专家就21世纪的质量管理理论和实践的展望。

著名质量管理专家朱兰博士指出：过去的20世纪是生产率的世纪，而21世纪是质量的世纪。质量是全民的事业，与人有关、人人有责。必须全民参与质量活动，全社会监督质量活动。必须在质量管理方面作出革命性变革，以追求世界级质量。全面质量管理就是为了达到世界级质量的领导地位所要做的一切事情。

菲根堡姆博士提出：质量是一个综合的概念，要把战略、质量、价格、成本、生产率、服务和人力资源、能源和环境学一起进行考虑，即要认识到现代经济中质量的广泛性，树立"大质量"概念。要求未来市场竞争的全面质量管理技术的支撑，它们是质量成为全面强调整个公司向顾客提供服务的竞争纪律的一种方式——所谓顾客是指最终使用者，或你旁边桌子和工作台的员工。他们使质量成为同时达到顾客完全满意、人力资源和低成本的公司的行为方式。

美国营销学家菲利普·科勒特指出：产品质量分为绩效质量与吻合质量。绩效质量是产品的绝对工作质量，它是单纯以产品中所包含的工程技术水平来衡量的质量，而不考虑质量的市场定位；吻合质量是指由市场定位决定的，与目标市场的需要相一致的质量。

日本著名质量管理专家石川馨博士指出：全面质量管理是经营的一种思想革命，新的经营哲学。

国际质量科学院院士刘源张指出：世界上最好的东西莫过于全面质量管理了。他对全面质量管理有十分精辟的见解：

（1）全面质量管理可改善职工素质和企业素质，以达到提高质量、降低消耗和增加效益的目的；

（2）全面质量管理关键是质量管理工作的协调和督促，而这件事最后只有一把手有权去做，TQC 是"大 QC"；

（3）管理的历史就是从管人到尊重人。

全面质量管理（TQC）必将成为 21 世纪质量管理创新的焦点。

管理定律

快鱼法则

当今市场竞争不是大鱼吃小鱼，而是快鱼吃慢鱼，这就是快鱼法则。这个法则是美国思科公司总裁约翰·钱伯斯总结出来的，他在谈到新经济的规律时说，现代竞争已"不是大鱼吃小鱼，而是快的吃慢的"。这个法则在商战中也同样适用。在当今市场经济的激烈竞争中，几乎所有的经营型服务型企业都在用尽全身解数抢占市场、扩大销量。

思考与讨论

1. 企业再造应该遵循什么样的程序？
2. 学习型组织的基本内涵是什么？
3. 供应链管理的基本要求有哪些？
4. 阐述全面质量管理的基本观点。

管理游戏

为成功而穿衣

［游戏形式］集体参与（分成 3～4 组）。

［游戏时间］10～15 分钟。

［游戏材料］选择几张（每组至少 5 张）杂志或者平面广告上的人物照片。这些照片应尽可能代表不同的人群（这些照片应避免是名人或是熟人）。

［游戏目的］游戏揭示参与者对人们外表的偏爱和印象，然后讨论购买者对自己的外表会有什么印象。

［游戏程序］将学生分成 3～4 组，分给每组几张照片以供确认。首先让他们讨论这些

照片上的人在他们的脑海中留下了什么印象。大约 5 分钟之后，让一些自愿者来简要汇报每个小组的印象。然后让他们考虑并讨论基于他们的外表，购买者会对他们（销售员）有什么印象。

这个游戏的目的不是为了争辩这些第一印象是否公平。销售员要将注意力集中于他们的外表给潜在的购买者留下了什么印象。

综合分析

联想集团并购 IBM PC 事业部

2004 年 12 月 8 日，联想集团宣布并购 IBM PC 事业部，这件事引起了全球相当大的关注和反响。

20 世纪 80 年代以前，IBM 是一个软硬件都自己设计和制造的企业。到了 90 年代，它开始挑战战略，逐渐把自己变成一个软件、服务型企业。因此，IBM 公司连续出售了它的生产制造部门，包括大容量硬盘、打印机等几大块业务。这次出售 PC 业务也是 IBM 公司原定战略的继续。

作为中国第一大计算机厂商，联想今天的成功从一定程度上讲也标志着整个中国计算机产业的成功。然而，联想在成本控制上比不上直销起家的戴尔，而在技术创新上又远不是以标新立异著称的苹果电脑的对手，那么在整个 PC 产业趋于低迷的今天，在 PC 鼻祖 IBM 也宣布退出的时候，联想又凭什么敢于接受这块烫手的山芋呢？

联想如果不能走出中国，它将失去 PC 90% 的市场份额。如果联想能够成功收购 IBM 公司的 PC 事业部，那么必然会对联想的重组起到积极的推动作用，但从另一方面看，联想进行大规模的收购也可能使公司陷入困境，从而在国内的竞争中更加力不从心。其中最突出的就是如何在利润率日渐萎缩的 PC 市场获得较高赢利。

2005 年 5 月 1 日，联想正式宣布完成收购 IBM 全球 PC 业务。2005 年 8 月柳传志首次披露 IBM PC 部门的决策内幕。柳传志认为，尽管是亏损，但 IBM PC 业务的毛利是相当高的，达到 24%，联想本身毛利才 14%。但是，联想在 14% 的毛利中实现了 5% 的净利，而 IBM 24% 的毛利却是亏损。原因非常简单，就是 IBM PC 部门的费用成本太高，而有些费用是 IBM PC 部分因为处在 IBM 整个系统中所无法避免的。联想认为，制造业本身就是一个毛巾拧水的行业，钱要一点一滴地通过管理挤出来。所以从长远来看，收购 IBM PC 业务不是亏损不亏损的问题，而是赢利规模多大的问题。其次，就是在并购前深入调查和谈判之后，联想发现双方的工作语言是共同的，管理模式基本上是一个层次。这就奠定了双方业务整合的基础。

此外，IBM 的主要客户在欧美，联想的主要客户在中国；IBM 最擅长的是高档笔记本，联想最擅长的是台式机。这样总体看来，双方从业务关系上也是互补居多。

问题：
（1）联想收购 IBM PC 事业部体现了哪些管理发展上的新趋势？
（2）请分别评价 IBM 和联想此次的战略行为。

参考答案：
（1）联想收购 IBM PC 事业部，在管理环境上体现了观念创新化的思想，在管理理论上应用了企业文化和企业再造的思想，同时运用了现代化和信息化的管理手段。

（2）在整个 PC 产业趋于低迷的不利环境下，联想又面对发展多种经营失败的困境，如果不走出中国，联想将失去 PC 90% 的市场份额，而收购 IBM PC 事业部有利于联想的重组，且有利于实现业务上的互补，从而获取更多的市场份额，有利于趋利避害。尽管在磨合期会出现诸如企业文化冲突、经营理念迥异等众多问题，但从长远来看，联想的此次并购行为仍不失为一次高瞻远瞩的战略尝试。

IBM 连续出售包括 PC 部门在内的几大块业务，将精力集中于构建软件、服务型企业，就是慎重而有限度地利用自身长处来对付外部环境威胁的一招妙棋。IBM 的出售战略是从长远利益和全局利益出发，正视与合理地处理了长远与当前、全局与局部利益的冲突，跳出了短期利益的诱惑，为实现其长远目标奠定了基础，有利于促进其向高精尖方向发展。

参 考 文 献

[1] 周健临. 管理学教程. 上海：上海财经大学出版社，2002.

[2] 周三多. 管理学：原理与方法. 4 版. 上海：复旦大学出版社，2003.

[3] 陈传明，周小虎. 管理学原理. 北京：机械工业出版社，2012.

[4] 方振邦. 管理学基础. 北京：中国人民大学出版社，2011.

[5] 徐盛华，林业霖. 现代企业管理学. 北京：清华大学出版社，2011.

[6] 周健临. 管理学教程. 上海：上海财经大学出版社，2011.

[7] 单凤儒. 管理学基础. 北京：高等教育出版社，2003.

[8] 郑晓明. 现代人力资源管理导论. 北京：机械工业出版社，2002.

[9] 郭克沙. 人力资源. 北京：商务印书馆，2003.

[10] 吴洛夫. 管理学. 长沙：湖南人民出版社，2008.

[11] 杨锡怀. 企业战略管理：理论与案例. 北京：高等教育出版社，1999.

[12] 雷家骕. 企业成长管理学. 北京：清华大学出版社，2012.

[13] 董速建，董群惠. 现代企业管理. 北京：经济管理出版社，2002.

[14] 吕实. 管理学. 北京：清华大学出版社，2010.

[15] 王克夷. 管理学. 北京：清华大学出版社，2010.

[16] 刘涛. 管理学原理. 北京：清华大学出版社，2010.

[17] 苗雨君. 管理学. 北京：清华大学出版社，2009.

[18] 张军. 现代管理学. 北京：清华大学出版社，2009.

[19] 叶萍. 管理学基础. 北京：电子工业出版社，2009.

[20] 邢以群. 管理学. 杭州：浙江大学出版社，2005.

[21] 陈传明，周小虎. 管理学. 北京：清华大学出版社，2004.

[22] 王凤彬，李东. 管理学. 北京：中国人民大学出版社，2004.

[23] 刘熙瑞，张康之. 现代管理学. 北京：高等教育出版社，2002.

[24] 娄成武. 管理学基础. 沈阳：东北大学出版社，2002.

[25] 李新庚，熊钟琪. 管理学原理. 长沙：中南大学出版社，2004.

[26] 侯先荣，吴奕湖. 企业管理与实践. 北京：电子工业出版社，2003.

[27] 盛大生. 如何进行创新管理. 北京：北京出版社，2004.

[28] 赵继新，吴永林，郑强国. 管理学. 北京：清华大学出版社，2012.

[29] 汤普森，等. 战略管理：获取竞争优势. 蓝海林，译. 北京：机械工业出版社，2006.

[30] 彭维刚. 全球企业战略. 孙卫，译. 北京：人民邮电出版社，2007.

[31] 达夫特. 管理学. 范海滨，王青，译. 北京：清华大学出版社，2009.

[32] 柯林斯. 基业长青. 北京：中信出版社，2002.

[33] 卡斯特，等. 组织与管理：系统与权变的方法. 傅严，译. 北京：中国社会科学出版社，2000.

[34] 克瑞尼. 管理学原理. 姜思琪，吴茜，刘路娟，译. 北京：清华大学出版社，2012.